T&P BOOKS

I0151278

PORTUGEES
WOORDENSCHAT

NEDERLANDS
PORTUGEES

De meest bruikbare woorden
Om uw woordenschat uit te breiden en
uw taalvaardigheid aan te scherpen

7000 woorden

Thematische woordenschat Nederlands-Portugees - 7000 woord

Door Andrey Taranov

Woordenlijsten van T&P Books zijn bedoeld om u woorden van een vreemde taal te he leren, onthouden, en bestudering. Dit woordenboek is ingedeeld in thema's en beha alle belangrijk terreinen van het dagelijkse leven, bedrijven, wetenschap, cultuur, etc.

Het proces van het leren van woorden met behulp van de op thema's gebaseerde aanp van T&P Books biedt u de volgende voordelen:

- Correct gegroepeerde informatie is bepalend voor succes bij opeenvolgende stadia van het leren van woorden
- De beschikbaarheid van woorden die van dezelfde stam zijn maakt het mogelijk om woordgroepen te onthouden (in plaats van losse woorden)
- Kleine groepen van woorden faciliteren het proces van het aanmaken van associatieve verbindingen, die nodig zijn bij het consolideren van de woordenschat
- Het niveau van talenkennis kan worden ingeschat door het aantal geleerde woorden

T&P Books Publishing
www.tpbooks.com

ISBN: 978-1-78492-318-1

Dit boek is ook beschikbaar in e-boek formaat.
Gelieve www.tpbooks.com te bezoeken of de belangrijkste online boekwinkels.

PORTUGESE WOORDENSCHAT
nieuwe woorden leren

T&P Books woordenlijsten zijn bedoeld om u te helpen vreemde woorden te leren, te onthouden, en te bestuderen. De woordenschat bevat meer dan 7000 veel gebruikte woorden die thematisch geordend zijn.

- De woordenlijst bevat de meest gebruikte woorden
- Aanbevolen als aanvulling bij welke taalcursus dan ook
- Voldoet aan de behoeften van de beginnende en gevorderde student in vreemde talen
- Geschikt voor dagelijks gebruik, bestudering en zelftestactiviteiten
- Maakt het mogelijk om uw woordenschat te evalueren

Bijzondere kenmerken van de woordenschat

- De woorden zijn gerangschikt naar hun betekenis, niet volgens alfabet
- De woorden worden weergegeven in drie kolommen om bestudering en zelftesten te vergemakkelijken
- Woorden in groepen worden verdeeld in kleine blokken om het leerproces te vergemakkelijken
- De woordenschat biedt een handige en eenvoudige beschrijving van elk buitenlands woord

De woordenschat bevat 198 onderwerpen zoals:

Basisconcepten, getallen, kleuren, maanden, seizoenen, meeteenheden, kleding en accessoires, eten & voeding, restaurant, familieleden, verwanten, karakter, gevoelens, emoties, ziekten, stad, dorp, bezienswaardigheden, winkelen, geld, huis, thuis, kantoor, werken op kantoor, import & export, marketing, werk zoeken, sport, onderwijs, computer, internet, gereedschap, natuur, landen, nationaliteiten en meer ...

INHOUDSOPGAVE

UITSPRAAKGIDS

T&P fonetisch alfabet	Portugees voorbeeld	Nederlands voorbeeld

Klinkers

[a]	baixo ['baɪʃu]	acht
[ɐ]	junta ['ʒũtɐ]	hart
[e]	erro ['eʀu]	delen, spreken
[ɛ]	leve ['lɛvə]	elf, zwembad
[ə]	cliente [kli'ẽtə]	formule, wachten
[i]	lancil [lã'sil]	bidden, tint
[ɪ]	baixo ['baɪʃu]	iemand, die
[o], [ɔ]	boca, orar ['bokɐ], [ɔ'rar]	overeenkomst, bot
[u]	urgente [ur'ʒẽtə]	hoed, doe
[ã]	toranja [tu'rãʒɐ]	nasale [a]
[ẽ]	gente ['ʒẽtə]	zwemmen, existeren
[ĩ]	seringa [sə'rĩgɐ]	nasale [i]
[õ]	ponto ['põtu]	nasale [o]
[ũ]	umbigo [ũ'bigu]	nasale [u]

Medeklinkers

[b]	banco ['bãku]	hebben
[d]	duche ['duʃə]	Dank u, honderd
[f]	facto ['faktu]	feestdag, informeren
[g]	gorila [gu'rilɐ]	goal, tango
[ˈ]	margem ['marʒẽ]	New York, januari
[j]	feira ['fejrɐ]	New York, januari
[k]	claro ['klaru]	kennen, kleur
[l]	Londres ['lõdrəʃ]	delen, luchter
[ʎ]	molho ['moʎu]	biljet, morille
[m]	montanha [mõ'tɐɲɐ]	morgen, etmaal
[n]	novela [nu'vɛlɐ]	nemen, zonder
[ɲ]	senhora [sə'ɲorɐ]	cognac, nieuw
[ŋ]	marketing ['markətiŋ]	optelling
[p]	prata ['pratɐ]	parallel, koper
[ʀ]	regador [ʀɐgɐ'dor]	gutturale R
[r]	aberto [ɐ'bɛrtu]	korte aangetipte tongpunt- r
[s]	safira [sɐ'firɐ]	spreken, kosten
[ʃ]	texto ['tɛʃtu]	shampoo, machine
[t]	teto ['tɛtu]	tomaat, taart

T&P fonetisch alfabet	Portugees voorbeeld	Nederlands voorbeeld
[ʧ]	cappuccino [kapu'ʧinu]	Tsjechië, cello
[v]	alvo ['alvu]	beloven, schrijven
[z]	vizinha [vi'ziɲɐ]	zeven, zesde
[ʒ]	juntos ['ʒũtuʃ]	journalist, rouge
[w]	sequoia [sɘ'kwɔjɐ]	twee, willen

AFKORTINGEN
gebruikt in de woordenschat

Nederlandse afkortingen

abn	-	als bijvoeglijk naamwoord
bijv.	-	bijvoorbeeld
bn	-	bijvoeglijk naamwoord
bw	-	bijwoord
enk.	-	enkelvoud
enz.	-	enzovoort
form.	-	formele taal
inform.	-	informele taal
mann.	-	mannelijk
mil.	-	militair
mv.	-	meervoud
on.ww.	-	onovergankelijk werkwoord
ontelb.	-	ontelbaar
ov.	-	over
ov.ww.	-	overgankelijk werkwoord
telb.	-	telbaar
vn	-	voornaamwoord
vrouw.	-	vrouwelijk
vw	-	voegwoord
vz	-	voorzetsel
wisk.	-	wiskunde
ww	-	werkwoord

Nederlandse artikelen

de	-	gemeenschappelijk geslacht
de/het	-	gemeenschappelijk geslacht, onzijdig
het	-	onzijdig

Portugese afkortingen

f	-	vrouwelijk zelfstandig naamwoord
f pl	-	vrouwelijk meervoud
m	-	mannelijk zelfstandig naamwoord
m pl	-	mannelijk meervoud
m, f	-	mannelijk, vrouwelijk

pl	-	meervoud
v aux	-	hulp werkwoord
vi	-	onovergankelijk werkwoord
vi, vt	-	onovergankelijk, overgankelijk werkwoord
vr	-	reflexief werkwoord
vt	-	overgankelijk werkwoord

BASISBEGRIPPEN

Basisbegrippen Deel 1

1. Voornaamwoorden

ik	eu	['eu]
jij, je	tu	[tu]
hij	ele	['ɛlə]
zij, ze	ela	['ɛlɐ]
wij, we	nós	[nɔʃ]
jullie	vocês	[vɔ'seʃ]
zij, ze (mann.)	eles	['ɛləʃ]
zij, ze (vrouw.)	elas	['ɛlɐʃ]

2. Begroetingen. Begroetingen. Afscheid

Hallo! Dag!	Olá!	[ɔ'la]
Hallo!	Bom dia!	[bõ 'diɐ]
Goedemorgen!	Bom dia!	[bõ 'diɐ]
Goedemiddag!	Boa tarde!	['boɐ 'tardə]
Goedenavond!	Boa noite!	['boɐ 'nojtə]
gedag zeggen (groeten)	cumprimentar (vt)	[kũprimẽ'tar]
Hoi!	Olá!	[ɔ'la]
groeten (het)	saudação (f)	[seudɐ'sãu]
verwelkomen (ww)	saudar (vt)	[seu'dar]
Hoe gaat het met u?	Como vai?	['komu 'vaj]
Hoe is het?	Como vais?	['komu 'vaɪʃ]
Is er nog nieuws?	O que há de novo?	[ukə a də 'novu]
Dag! Tot ziens!	Até à vista!	[e'tɛ a 'viʃtə]
Tot snel! Tot ziens!	Até breve!	[e'tɛ 'brɛvə]
Vaarwel!	Adeus!	[e'deuʃ]
afscheid nemen (ww)	despedir-se (vr)	[dəʃpə'dirsə]
Tot kijk!	Até logo!	[e'tɛ 'lɔgu]
Dank u!	Obrigado! -a!	[ɔbri'gadu, -ɐ]
Dank u wel!	Muito obrigado! -a!	['mujtu ɔbri'gadu, -ɐ]
Graag gedaan	De nada	[də 'nadə]
Geen dank!	Não tem de quê	['nãu tẽ' də 'ke]
Geen moeite.	De nada	[də 'nadə]
Excuseer me, … (inform.)	Desculpa!	[də'ʃkulpɐ]
Excuseer me, … (form.)	Desculpe!	[də'ʃkulpə]

excuseren (verontschuldigen)	desculpar (vt)	[dəʃkul'par]
zich verontschuldigen	desculpar-se (vr)	[dəʃkul'parsə]
Mijn excuses.	As minhas desculpas	[eʃ 'miɲeʃ də'ʃkulpeʃ]
Het spijt me!	Desculpe!	[də'ʃkulpə]
vergeven (ww)	perdoar (vt)	[pərdu'ar]
Maakt niet uit!	Não faz mal	['nãu faʃ 'mal]
alsjeblieft	por favor	[pur fɐ'vor]
Vergeet het niet!	Não se esqueça!	['nãu sə ə'ʃkesɐ]
Natuurlijk!	Certamente!	[sɛrtɐ'mẽtə]
Natuurlijk niet!	Claro que não!	['klaru kə 'nãu]
Akkoord!	Está bem! De acordo!	[ə'ʃta bẽⁱ], [də ɐ'kordu]
Zo is het genoeg!	Basta!	['baʃtɐ]

3. Kardinale getallen. Deel 1

nul	zero	['zɛru]
een	um	[ũ]
twee	dois	['doɪʃ]
drie	três	[treʃ]
vier	quatro	[ku'atru]
vijf	cinco	['sĩku]
zes	seis	['seɪʃ]
zeven	sete	['sɛtə]
acht	oito	['ojtu]
negen	nove	['nɔvə]
tien	dez	[dɛʒ]
elf	onze	['õzə]
twaalf	doze	['dozə]
dertien	treze	['trezə]
veertien	catorze	[kɐ'torzə]
vijftien	quinze	['kĩzə]
zestien	dezasseis	[dəzɐ'seɪʃ]
zeventien	dezassete	[dəzɐ'sɛtə]
achttien	dezoito	[də'zojtu]
negentien	dezanove	[dəzɐ'nɔvə]
twintig	vinte	['vĩtə]
eenentwintig	vinte e um	['vĩtə i 'ũ]
tweeëntwintig	vinte e dois	['vĩtə i 'doɪʃ]
drieëntwintig	vinte e três	['vĩtə i 'treʃ]
dertig	trinta	['trĩtɐ]
eenendertig	trinta e um	['trĩtɐ i 'ũ]
tweeëndertig	trinta e dois	['trĩtɐ i 'doɪʃ]
drieëndertig	trinta e três	['trĩtɐ i 'treʃ]
veertig	quarenta	[kuɐ'rẽtɐ]
eenenveertig	quarenta e um	[kuɐ'rẽtɐ i 'ũ]
tweeënveertig	quarenta e dois	[kuɐ'rẽtɐ i 'doɪʃ]
drieënveertig	quarenta e três	[kuɐ'rẽtɐ i 'treʃ]

vijftig	cinquenta	[sĩku'ẽtɐ]
eenenvijftig	cinquenta e um	[sĩku'ẽtɐ i 'ũ]
tweeënvijftig	cinquenta e dois	[sĩku'ẽtɐ i 'doɪʃ]
drieënvijftig	cinquenta e três	[sĩku'ẽtɐ i 'treʃ]

zestig	sessenta	[sə'sẽtɐ]
eenenzestig	sessenta e um	[sə'sẽtɐ i 'ũ]
tweeënzestig	sessenta e dois	[sə'sẽtɐ i 'doɪʃ]
drieënzestig	sessenta e três	[sə'sẽtɐ i 'treʃ]

zeventig	setenta	[sə'tẽtɐ]
eenenzeventig	setenta e um	[sə'tẽtɐ i 'ũ]
tweeënzeventig	setenta e dois	[sə'tẽtɐ i 'doɪʃ]
drieënzeventig	setenta e três	[sə'tẽtɐ i 'treʃ]

tachtig	oitenta	[oj'tẽtɐ]
eenentachtig	oitenta e um	[oj'tẽtɐ i 'ũ]
tweeëntachtig	oitenta e dois	[oj'tẽtɐ i 'doɪʃ]
drieëntachtig	oitenta e três	[oj'tẽtɐ i 'treʃ]

negentig	noventa	[nu'vẽtɐ]
eenennegentig	noventa e um	[nu'vẽtɐ i 'ũ]
tweeënnegentig	noventa e dois	[nu'vẽtɐ i 'doɪʃ]
drieënnegentig	noventa e três	[nu'vẽtɐ i 'treʃ]

4. Kardinale getallen. Deel 2

honderd	cem	[sẽʲ]
tweehonderd	duzentos	[du'zẽtuʃ]
driehonderd	trezentos	[trə'zẽtuʃ]
vierhonderd	quatrocentos	[kuatru'sẽtuʃ]
vijfhonderd	quinhentos	[ki'ɲẽtuʃ]

zeshonderd	seiscentos	[seɪ'ʃsẽtuʃ]
zevenhonderd	setecentos	[sɛtə'sẽtuʃ]
achthonderd	oitocentos	[ojtu'sẽtuʃ]
negenhonderd	novecentos	[nɔvə'sẽtuʃ]

duizend	mil	[mil]
tweeduizend	dois mil	['doɪʃ mil]
drieduizend	três mil	['treʃ mil]
tienduizend	dez mil	['dɛʒ mil]
honderdduizend	cem mil	[sẽʲ mil]
miljoen (het)	um milhão	[ũ mi'ʎãu]
miljard (het)	mil milhões	[mil mi'ʎoɪʃ]

5. Getallen. Breuken

breukgetal (het)	fração (f)	[fra'sãu]
half	um meio	[ũ 'meju]
een derde	um terço	[ũ 'tersu]
kwart	um quarto	[ũ ku'artu]

een achtste	um oitavo	[ũ oj'tavu]
een tiende	um décimo	[ũ 'dɛsimu]
twee derde	dois terços	['doɪʃ 'tersuʃ]
driekwart	três quartos	[treʃ ku'artuʃ]

6. Getallen. Eenvoudige berekeningen

aftrekking (de)	subtração (f)	[subtra'sãu]
aftrekken (ww)	subtrair (vi, vt)	[subtrɐ'ir]
deling (de)	divisão (f)	[divi'zãu]
delen (ww)	dividir (vt)	[divi'dir]

optelling (de)	adição (f)	[ɐdi'sãu]
erbij optellen	somar (vt)	[su'mar]
(bij elkaar voegen)		
optellen (ww)	adicionar (vt)	[ɐdisju'nar]
vermenigvuldiging (de)	multiplicação (f)	[multiplikɐ'sãu]
vermenigvuldigen (ww)	multiplicar (vt)	[multipli'kar]

7. Getallen. Diversen

cijfer (het)	algarismo, dígito (m)	[algɐ'riʒmu], ['diʒitu]
nummer (het)	número (m)	['numɐru]
telwoord (het)	numeral (m)	[numɐ'ral]
minteken (het)	menos (m)	['menuʃ]
plusteken (het)	mais (m)	['maɪʃ]
formule (de)	fórmula (f)	['formulɐ]

berekening (de)	cálculo (m)	['kalkulu]
tellen (ww)	contar (vt)	[kõ'tar]
bijrekenen (ww)	calcular (vt)	[kalku'lar]
vergelijken (ww)	comparar (vt)	[kõpɐ'rar]

| Hoeveel? (ontelb.) | Quanto? | [ku'ãtu] |
| Hoeveel? (telb.) | Quantos? -as? | [ku'ãtuʃ, -ɐʃ] |

som (de), totaal (het)	soma (f)	['somɐ]
uitkomst (de)	resultado (m)	[ʀɐzul'tadu]
rest (de)	resto (m)	['ʀɛʃtu]

enkele (bijv. ~ minuten)	alguns, algumas ...	[al'gũʃ], [al'gumɐʃ]
weinig (telb.)	poucos, poucas	['pokuʃ], ['pokɐʃ]
een beetje (ontelb.)	um pouco ...	[ũ 'poku]
restant (het)	resto (m)	['ʀɛʃtu]

| anderhalf | um e meio | [ũ i 'meju] |
| dozijn (het) | dúzia (f) | ['duziɐ] |

middendoor (bw)	ao meio	[au 'meju]
even (bw)	em partes iguais	[ẽ 'partɐʃ igu'aɪʃ]
helft (de)	metade (f)	[mɐ'tadɐ]
keer (de)	vez (f)	[veʒ]

8. De belangrijkste werkwoorden. Deel 1

aanbevelen (ww)	recomendar (vt)	[ʀəkumẽ'dar]
aandringen (ww)	insistir (vi)	[ĩsi'ʃtir]
aankomen (per auto, enz.)	chegar (vi)	[ʃə'gar]
aanraken (ww)	tocar (vt)	[tu'kar]
adviseren (ww)	aconselhar (vt)	[ɐkõsə'ʎar]
afdalen (on.ww.)	descer (vi)	[də'ʃser]
afslaan (naar rechts ~)	virar (vi)	[vi'rar]
antwoorden (ww)	responder (vt)	[ʀəʃpõ'der]
bang zijn (ww)	ter medo	[ter 'medu]
bedreigen (bijv. met een pistool)	ameaçar (vt)	[ɐmiɐ'sar]
bedriegen (ww)	enganar (vt)	[ẽgɐ'nar]
beëindigen (ww)	acabar, terminar (vt)	[ɐkɐ'bar], [tərmi'nar]
beginnen (ww)	começar (vt)	[kumə'sar]
begrijpen (ww)	compreender (vt)	[kõpriẽ'der]
beheren (managen)	dirigir (vt)	[diri'ʒir]
beledigen (met scheldwoorden)	insultar (vt)	[ĩsul'tar]
beloven (ww)	prometer (vt)	[prumə'ter]
bereiden (koken)	preparar (vt)	[prəpɐ'rar]
bespreken (spreken over)	discutir (vt)	[diʃku'tir]
bestellen (eten ~)	pedir (vt)	[pə'dir]
bestraffen (een stout kind ~)	punir (vt)	[pu'nir]
betalen (ww)	pagar (vt)	[pɐ'gar]
betekenen (beduiden)	significar (vt)	[signifi'kar]
betreuren (ww)	arrepender-se (vr)	[ɐʀipẽ'dersə]
bevallen (prettig vinden)	gostar (vt)	[gu'ʃtar]
bevelen (mil.)	ordenar (vt)	[ɔrdə'nar]
bevrijden (stad, enz.)	libertar (vt)	[libər'tar]
bewaren (ww)	guardar (vt)	[guɐr'dar]
bezitten (ww)	possuir (vt)	[pusu'ir]
bidden (praten met God)	rezar, orar (vi)	[ʀə'zar], [ɔ'rar]
binnengaan (een kamer ~)	entrar (vi)	[ẽ'trar]
breken (ww)	quebrar (vt)	[kə'brar]
controleren (ww)	controlar (vt)	[kõtru'lar]
creëren (ww)	criar (vt)	[kri'ar]
deelnemen (ww)	participar (vi)	[pɐrtisi'par]
denken (ww)	pensar (vt)	[pẽ'sar]
doden (ww)	matar (vt)	[mɐ'tar]
doen (ww)	fazer (vt)	[fɐ'zer]
dorst hebben (ww)	ter sede	[ter 'sedə]

9. De belangrijkste werkwoorden. Deel 2

een hint geven	dar uma dica	[dar 'umɐ 'dikɐ]
eisen (met klem vragen)	exigir (vt)	[ezi'ʒir]

excuseren (vergeven)	desculpar (vt)	[dəʃkul'par]
existeren (bestaan)	existir (vi)	[ezi'ʃtir]
gaan (te voet)	ir (vi)	[ir]

gaan zitten (ww)	sentar-se (vr)	[sẽ'tarsə]
gaan zwemmen	ir nadar	[ir ne'dar]
geven (ww)	dar (vt)	[dar]
glimlachen (ww)	sorrir (vi)	[su'ʀir]
goed raden (ww)	adivinhar (vt)	[ɐdivi'ɲar]

grappen maken (ww)	brincar (vi)	[brĩ'kar]
graven (ww)	cavar (vt)	[kɐ'var]

hebben (ww)	ter (vt)	[ter]
helpen (ww)	ajudar (vt)	[ɐʒu'dar]
herhalen (opnieuw zeggen)	repetir (vt)	[ʀəpə'tir]
honger hebben (ww)	ter fome	[ter 'fɔmə]

hopen (ww)	esperar (vt)	[əʃpə'rar]
horen	ouvir (vt)	[o'vir]
(waarnemen met het oor)		
huilen (wenen)	chorar (vi)	[ʃu'rar]
huren (huis, kamer)	alugar (vt)	[ɐlu'gar]
informeren (informatie geven)	informar (vt)	[ĩfur'mar]

instemmen (akkoord gaan)	concordar (vi)	[kõkur'dar]
jagen (ww)	caçar (vi)	[kɐ'sar]
kennen (kennis hebben van iemand)	conhecer (vt)	[kuɲə'ser]
kiezen (ww)	escolher (vt)	[əʃku'ʎer]
klagen (ww)	queixar-se (vr)	[keɪ'ʃarsə]

kosten (ww)	custar (vt)	[ku'ʃtar]
kunnen (ww)	poder (vi)	[pu'der]
lachen (ww)	rir (vi)	[ʀir]
laten vallen (ww)	deixar cair (vt)	[deɪ'ʃar kɐ'ir]
lezen (ww)	ler (vt)	[ler]

liefhebben (ww)	amar (vt)	[ɐ'mar]
lunchen (ww)	almoçar (vi)	[almu'sar]
nemen (ww)	pegar (vt)	[pə'gar]
nodig zijn (ww)	ser necessário	[ser nəsə'sariu]

10. De belangrijkste werkwoorden. Deel 3

onderschatten (ww)	subestimar (vt)	[subəʃti'mar]
ondertekenen (ww)	assinar (vt)	[ɐsi'nar]
ontbijten (ww)	tomar o pequeno-almoço	[tu'mar u pə'kenu al'mosu]
openen (ww)	abrir (vt)	[ɐ'brir]
ophouden (ww)	cessar (vt)	[sə'sar]
opmerken (zien)	perceber (vt)	[pərsə'ber]

opscheppen (ww)	jactar-se, gabar-se (vr)	[ʒɐ'ktarsə], [gɐ'barsə]
opschrijven (ww)	anotar (vt)	[ɐnu'tar]

plannen (ww)	planear (vt)	[ple'njar]
prefereren (verkiezen)	preferir (vt)	[prəfə'rir]
proberen (trachten)	tentar (vt)	[tẽ'tar]
redden (ww)	salvar (vt)	[sa'lvar]

rekenen op ...	contar com ...	[kõ'tar kõ]
rennen (ww)	correr (vi)	[ku'Rer]
reserveren (een hotelkamer ~)	reservar (vt)	[Rəzər'var]
roepen (om hulp)	chamar (vt)	[ʃe'mar]
schieten (ww)	disparar, atirar (vi)	[diʃpe'rar], [eti'rar]
schreeuwen (ww)	gritar (vi)	[gri'tar]

schrijven (ww)	escrever (vt)	[əʃkrə'ver]
souperen (ww)	jantar (vi)	[ʒã'tar]
spelen (kinderen)	brincar, jogar (vi, vt)	[brĩ'kar], [ʒu'gar]
spreken (ww)	falar (vi)	[fe'lar]
stelen (ww)	roubar (vt)	[Ro'bar]
stoppen (pauzeren)	parar (vi)	[pe'rar]

studeren (Nederlands ~)	estudar (vt)	[əʃtu'dar]
sturen (zenden)	enviar (vt)	[ẽ'vjar]
tellen (optellen)	contar (vt)	[kõ'tar]
toebehoren aan ...	pertencer a ...	[pertẽ'ser e]
toestaan (ww)	permitir (vt)	[pərmi'tir]
tonen (ww)	mostrar (vt)	[mu'ʃtrar]

twijfelen (onzeker zijn)	duvidar (vt)	[duvi'dar]
uitgaan (ww)	sair (vi)	[se'ir]
uitnodigen (ww)	convidar (vt)	[kõvi'dar]
uitspreken (ww)	pronunciar (vt)	[prunũ'sjar]
uitvaren tegen (ww)	repreender (vt)	[Rəprię'der]

11. De belangrijkste werkwoorden. Deel 4

vallen (ww)	cair (vi)	[ke'ir]
vangen (ww)	apanhar (vt)	[epe'ɲar]
veranderen (anders maken)	mudar (vt)	[mu'dar]
verbaasd zijn (ww)	surpreender-se (vr)	[surprię'dersə]
verbergen (ww)	esconder (vt)	[əʃkõ'der]

verdedigen (je land ~)	defender (vt)	[dəfẽ'der]
verenigen (ww)	unir (vt)	[u'nir]
vergelijken (ww)	comparar (vt)	[kõpe'rar]
vergeten (ww)	esquecer (vt)	[əʃkɛ'ser]
vergeven (ww)	perdoar (vt)	[pərdu'ar]

verklaren (uitleggen)	explicar (vt)	[əʃpli'kar]
verkopen (per stuk ~)	vender (vt)	[vẽ'der]
vermelden (praten over)	mencionar (vt)	[mẽsiu'nar]
versieren (decoreren)	decorar (vt)	[dəku'rar]
vertalen (ww)	traduzir (vt)	[tredu'zir]
vertrouwen (ww)	confiar (vt)	[kõ'fjar]
vervolgen (ww)	continuar (vt)	[kõtinu'ar]

verwarren (met elkaar ~)	confundir (vt)	[kõfũ'dir]
verzoeken (ww)	pedir (vt)	[pə'dir]
verzuimen (school, enz.)	faltar a ...	[fal'tar ɐ]

vinden (ww)	encontrar (vt)	[ẽkõ'trar]
vliegen (ww)	voar (vi)	[vu'ar]
volgen (ww)	seguir ...	[sə'gir]
voorstellen (ww)	propor (vt)	[pru'por]
voorzien (verwachten)	prever (vt)	[prə'ver]
vragen (ww)	perguntar (vt)	[pərgũ'tar]

waarnemen (ww)	observar (vt)	[ɔbsər'var]
waarschuwen (ww)	advertir (vt)	[ɐdvər'tir]
wachten (ww)	esperar (vt)	[əʃpə'rar]
weerspreken (ww)	objetar (vt)	[ɔbʒɛ'tar]
weigeren (ww)	negar-se a ...	[ne'garse a]

werken (ww)	trabalhar (vi)	[trɐbɐ'ʎar]
weten (ww)	saber (vt)	[sɐ'ber]
willen (verlangen)	querer (vt)	[kə'rer]
zeggen (ww)	dizer (vt)	[di'zer]
zich haasten (ww)	apressar-se (vr)	[ɐprə'sarsə]

zich interesseren voor ...	interessar-se (vr)	[ĩtərə'sarsə]
zich vergissen (ww)	equivocar-se (vi)	[ẽgɐ'narsə]
zich verontschuldigen	desculpar-se (vr)	[dəʃkul'parsə]
zien (ww)	ver (vt)	[ver]

zoeken (ww)	buscar (vt)	[bu'ʃkar]
zwemmen (ww)	nadar (vi)	[nɐ'dar]
zwijgen (ww)	ficar em silêncio	[fi'kar ẽ si'lẽsiu]

12. Kleuren

kleur (de)	cor (f)	[kor]
tint (de)	matiz (m)	[mɐ'tiʒ]
kleurnuance (de)	tom (m)	[tõ]
regenboog (de)	arco-íris (m)	['arku 'iriʃ]

wit (bn)	branco	['brãku]
zwart (bn)	preto	['pretu]
grijs (bn)	cinzento	[sĩ'zẽtu]

groen (bn)	verde	['verdə]
geel (bn)	amarelo	[ɐmɐ'rɛlu]
rood (bn)	vermelho	[vər'meʎu]

blauw (bn)	azul	[ɐ'zul]
lichtblauw (bn)	azul claro	[ɐ'zul 'klaru]
roze (bn)	rosa	['ʀɔzɐ]
oranje (bn)	laranja	[lɐ'rãʒə]
violet (bn)	violeta	[viu'letə]
bruin (bn)	castanho	[kɐ'ʃtɐɲu]
goud (bn)	dourado	[do'radu]

zilverkleurig (bn)	prateado	[prɐ'tjadu]
beige (bn)	bege	['bɛʒə]
roomkleurig (bn)	creme	['krɛmə]
turkoois (bn)	turquesa	[tur'keze]
kersrood (bn)	vermelho cereja	[vər'meʎu sə'reʒe]
lila (bn)	lilás	[li'laʃ]
karmijnrood (bn)	carmesim	[kɐrmə'zĩ]

licht (bn)	claro	['klaru]
donker (bn)	escuro	[ə'ʃkuru]
fel (bn)	vivo	['vivu]

kleur-, kleurig (bn)	de cor	[də kor]
kleuren- (abn)	a cores	[ɐ 'korəʃ]
zwart-wit (bn)	preto e branco	['pretu i 'brãku]
eenkleurig (bn)	unicolor	[uniku'lor]
veelkleurig (bn)	multicor, multicolor	[multi'kor], [multiku'lor]

13. Vragen

Wie?	Quem?	[kẽj]
Wat?	Que?	[ke]
Waar?	Onde?	['õdə]
Waarheen?	Para onde?	['pɐrɐ 'õdə]
Waarvandaan?	De onde?	[də 'õdə]
Wanneer?	Quando?	[ku'ãdu]
Waarom?	Para quê?	['pɐrɐ ke]
Waarom?	Porquê?	[pur'ke]

Waarvoor dan ook?	Para quê?	['pɐrɐ ke]
Hoe?	Como?	['komu]
Wat voor ...?	Qual?	[ku'al]
Welk?	Qual?	[ku'al]

Aan wie?	A quem?	[ɐ kẽj]
Over wie?	De quem?	[də kẽj]
Waarover?	Do quê?	[du ke]
Met wie?	Com quem?	[kõ kẽj]

Hoeveel? (telb.)	Quantos? -as?	[ku'ãtuʃ, -eʃ]
Hoeveel? (ontelb.)	Quanto?	[ku'ãtu]
Van wie? (mann.)	De quem?	[də kẽj]

14. Functiewoorden. Bijwoorden. Deel 1

Waar?	Onde?	['õdə]
hier (bw)	aqui	[ɐ'ki]
daar (bw)	lá, ali	[la], [ɐ'li]

ergens (bw)	em algum lugar	[ɛn al'gũ lu'gar]
nergens (bw)	em lugar nenhum	[ẽ lu'gar nə'ɲũ]
bij ... (in de buurt)	ao pé de ...	['au pɛ də]

bij het raam	ao pé da janela	['au pɛ de ʒe'nɛle]
Waarheen?	Para onde?	['pere 'ōdə]
hierheen (bw)	para cá	['pere ka]
daarheen (bw)	para lá	['pere la]
hiervandaan (bw)	daqui	[de'ki]
daarvandaan (bw)	de lá, dali	[də la], [de'li]
dichtbij (bw)	perto	['pɛrtu]
ver (bw)	longe	['lōʒə]
in de buurt (van …)	perto de …	['pɛrtu də]
dichtbij (bw)	ao lado de	[au 'ladu də]
niet ver (bw)	perto, não fica longe	['pɛrtu], ['nãu 'fike 'lōʒə]
linker (bn)	esquerdo	[ə'ʃkerdu]
links (bw)	à esquerda	[a ə'ʃkerde]
linksaf, naar links (bw)	para esquerda	['pere ə'ʃkerde]
rechter (bn)	direito	[di'rejtu]
rechts (bw)	à direita	[a di'rejte]
rechtsaf, naar rechts (bw)	para direita	['pere di'rejte]
vooraan (bw)	adiante, à frente	[edi'ãtə], [a 'frētə]
voorste (bn)	da frente	[de 'frētə]
vooruit (bw)	para a frente	['pere a 'frētə]
achter (bw)	atrás de …	[e'traʃ də]
van achteren (bw)	por detrás	[pur de'traʃ]
achteruit (naar achteren)	para trás	['pere 'traʃ]
midden (het)	meio (m), metade (f)	['meju], [me'tadə]
in het midden (bw)	no meio	[nu 'meju]
opzij (bw)	de lado	[de 'ladu]
overal (bw)	em todo lugar	[ãn 'todu lu'gar]
omheen (bw)	ao redor	['au ʀe'dɔr]
binnenuit (bw)	de dentro	[de 'dētru]
naar ergens (bw)	para algum lugar	['pere al'gũ lu'gar]
rechtdoor (bw)	diretamente	[dirɛte'mētə]
terug (bijv. ~ komen)	de volta	['pare 'traʃ]
ergens vandaan (bw)	de algum lugar	[de al'gũ lu'gar]
ergens vandaan (en dit geld moet ~ komen)	de algum lugar	[de al'gũ lu'gar]
ten eerste (bw)	em primeiro lugar	[ē pri'mejru lu'gar]
ten tweede (bw)	em segundo lugar	[ē se'gũdu lu'gar]
ten derde (bw)	em terceiro lugar	[ē tər'sejru lu'gar]
plotseling (bw)	de súbito, de repente	[de 'subitu], [de ʀe'pētə]
in het begin (bw)	no início	[nu i'nisiu]
voor de eerste keer (bw)	pela primeira vez	['pele pri'mejre 'veʒ]
lang voor … (bw)	muito antes de …	['mujtu 'ãteʃ də]
opnieuw (bw)	de novo	[de 'novu]
voor eeuwig (bw)	para sempre	['pere 'sēprə]

nooit (bw)	nunca	['nũkɐ]
weer (bw)	de novo	[də 'novu]
nu (bw)	agora	[ɐ'gɔrɐ]
vaak (bw)	frequentemente	[frɐkuẽtə'mẽtə]
toen (bw)	então	[ẽ'tãu]
urgent (bw)	urgentemente	[urʒẽtə'mẽtə]
meestal (bw)	usualmente	[uzual'mẽtə]

trouwens, ... (tussen haakjes)	a propósito, ...	[ɐ pru'pɔzitu]
mogelijk (bw)	é possível	[ɛ pu'sivɛl]
waarschijnlijk (bw)	provavelmente	[pruvavɛl'mẽtə]
misschien (bw)	talvez	[ta'lveʒ]
trouwens (bw)	além disso, ...	[a'lẽⁱ 'disu]
daarom ...	por isso ...	[pur 'isu]
in weerwil van ...	apesar de ...	[ɐpə'zar də]
dankzij ...	graças a ...	['grasɐʃ ɐ]

wat (vn)	que	[kə]
dat (vw)	que	[kə]
iets (vn)	algo	[algu]
iets	alguma coisa	[al'gumɐ 'kojzɐ]
niets (vn)	nada	['nadɐ]

wie (~ is daar?)	quem	[kẽⁱ]
iemand (een onbekende)	alguém	[al'gẽⁱ]
iemand (een bepaald persoon)	alguém	[al'gẽⁱ]

niemand (vn)	ninguém	[nĩ'gẽⁱ]
nergens (bw)	para lugar nenhum	['pɐrɐ lu'gar nə'ɲũ]
niemands (bn)	de ninguém	[də nĩ'gẽⁱ]
iemands (bn)	de alguém	[də al'gẽⁱ]

zo (Ik ben ~ blij)	tão	['tãu]
ook (evenals)	também	[tɐ̃'bẽⁱ]
alsook (eveneens)	também	[tɐ̃'bẽⁱ]

15. Functiewoorden. Bijwoorden. Deel 2

Waarom?	Porquê?	[pur'ke]
om een bepaalde reden	por alguma razão	[pur al'gumɐ ʀɐ'zãu]
omdat ...	porque ...	['purkə]
voor een bepaald doel	por qualquer razão	['pur kual'kɛr ʀɐ'zãw]

en (vw)	e	[i]
of (vw)	ou	['ou]
maar (vw)	mas	[mɐʃ]
voor (vz)	para	['pɐrɐ]

te (~ veel mensen)	demasiado, muito	[dəmɐzi'adu], ['mujtu]
alleen (bw)	só, somente	[sɔ], [sɔ'mẽtə]
precies (bw)	exatamente	[ezatɐ'mẽtə]
ongeveer (~ 10 kg)	cerca de ...	['serkɐ də]

omstreeks (bw)	aproximadamente	[eprɔsimade'mētə]
bij benadering (bn)	aproximado	[eprɔsi'madu]
bijna (bw)	quase	[ku'azə]
rest (de)	resto (m)	['rɛʃtu]

de andere (tweede)	o outro	[u 'otru]
ander (bn)	outro	['otru]
elk (bn)	cada	['kɐdɐ]
om het even welk	qualquer	[kua'lkɛr]
veel (telb.)	muitos, muitas	['mujtuʃ], ['mujtɐʃ]
veel (ontelb.)	muito	['mujtu]
veel mensen	muitas pessoas	['mujtɐʃ pə'soɐʃ]
iedereen (alle personen)	todos	['toduʃ]

in ruil voor ...	em troca de ...	[ē 'trɔkɐ də]
in ruil (bw)	em troca	[ē 'trɔkɐ]
met de hand (bw)	à mão	[a 'mãu]
onwaarschijnlijk (bw)	pouco provável	['poku pru'vavɛl]

waarschijnlijk (bw)	provavelmente	[pruvavɛl'mētə]
met opzet (bw)	de propósito	[də pru'pɔzitu]
toevallig (bw)	por acidente	[pur ɐsi'dētə]

zeer (bw)	muito	['mujtu]
bijvoorbeeld (bw)	por exemplo	[pur e'zēplu]
tussen (~ twee steden)	entre	['ētrə]
tussen (te midden van)	entre, no meio de ...	['ētrə], [nu 'meju də]
zoveel (bw)	tanto	['tãtu]
vooral (bw)	especialmente	[əʃpəsjal'mētə]

Basisbegrippen Deel 2

16. Tegenovergestelden

rijk (bn)	rico	['ʀiku]
arm (bn)	pobre	['pɔbrə]
ziek (bn)	doente	[du'ẽtə]
gezond (bn)	são	['sãu]
groot (bn)	grande	['grãdə]
klein (bn)	pequeno	[pə'kenu]
snel (bw)	rapidamente	[ʀapidɐ'mẽtə]
langzaam (bw)	lentamente	[lẽte'mẽtə]
snel (bn)	rápido	['ʀapidu]
langzaam (bn)	lento	['lẽtu]
vrolijk (bn)	alegre	[ɐ'lɛgrə]
treurig (bn)	triste	['triʃtə]
samen (bw)	juntos	['ʒũtuʃ]
apart (bw)	separadamente	[səpɐradɐ'mẽtə]
hardop (~ lezen)	em voz alta	[ẽ vɔʒ 'altɐ]
stil (~ lezen)	para si	['pɐrɐ si]
hoog (bn)	alto	['altu]
laag (bn)	baixo	['baɪʃu]
diep (bn)	profundo	[pru'fũdu]
ondiep (bn)	pouco fundo	['poku 'fũdu]
ja	sim	[sĩ]
nee	não	[nãu]
ver (bn)	distante	[di'ʃtãtə]
dicht (bn)	próximo	['prɔsimu]
ver (bw)	longe	['lõʒə]
dichtbij (bw)	perto	['pɛrtu]
lang (bn)	longo	['lõgu]
kort (bn)	curto	['kurtu]
vriendelijk (goedhartig)	bom, bondoso	[bõ], [bõ'dozu]
kwaad (bn)	mau	['mau]
gehuwd (mann.)	casado	[kɐ'zadu]

ongehuwd (mann.)	solteiro	[sɔl'tejru]
verbieden (ww)	proibir (vt)	[prui'bir]
toestaan (ww)	permitir (vt)	[pərmi'tir]
einde (het)	fim (m)	[fĩ]
begin (het)	princípio, começo (m)	[prĩ'sipiu], [ku'mesu]
linker (bn)	esquerdo	[ə'ʃkerdu]
rechter (bn)	direito	[di'rejtu]
eerste (bn)	primeiro	[pri'mejru]
laatste (bn)	último	['ultimu]
misdaad (de)	crime (m)	['krimə]
bestraffing (de)	castigo (m)	[kɐ'ʃtigu]
bevelen (ww)	ordenar (vt)	[ɔrdə'nar]
gehoorzamen (ww)	obedecer (vt)	[ɔbədə'ser]
recht (bn)	reto	['rɛtu]
krom (bn)	curvo	['kurvu]
paradijs (het)	paraíso (m)	[pɐrɐ'izu]
hel (de)	inferno (m)	[ĩ'fɛrnu]
geboren worden (ww)	nascer (vi)	[nɐ'ʃser]
sterven (ww)	morrer (vi)	[mu'rer]
sterk (bn)	forte	['fɔrtə]
zwak (bn)	fraco, débil	['fraku], ['dɛbil]
oud (bn)	velho, idoso	['vɛʎu], [i'dozu]
jong (bn)	jovem	['ʒɔvẽj]
oud (bn)	velho	['vɛʎu]
nieuw (bn)	novo	['novu]
hard (bn)	duro	['duru]
zacht (bn)	mole	['mɔlə]
warm (bn)	tépido	['tɛpidu]
koud (bn)	frio	['friu]
dik (bn)	gordo	['gordu]
dun (bn)	magro	['magru]
smal (bn)	estreito	[ə'ʃtrejtu]
breed (bn)	largo	['largu]
goed (bn)	bom	[bõ]
slecht (bn)	mau	['mau]
moedig (bn)	valente	[vɐ'lẽtə]
laf (bn)	cobarde	[ku'bardə]

17. Dagen van de week

maandag (de)	segunda-feira (f)	[sə'gũdɐ 'fejrɐ]
dinsdag (de)	terça-feira (f)	['tersɐ 'fejrɐ]
woensdag (de)	quarta-feira (f)	[ku'art 'fejrɐ]
donderdag (de)	quinta-feira (f)	['kĩtɐ 'fejrɐ]
vrijdag (de)	sexta-feira (f)	['sɐʃtɐ 'fejrɐ]
zaterdag (de)	sábado (m)	['sabɐdu]
zondag (de)	domingo (m)	[du'mĩgu]

vandaag (bw)	hoje	['ɔʒə]
morgen (bw)	amanhã	[ame'ɲã]
overmorgen (bw)	depois de amanhã	[də'poɪʃ də ame'ɲã]
gisteren (bw)	ontem	['õtẽ^j]
eergisteren (bw)	anteontem	[ãti'õtẽ^j]

dag (de)	dia (m)	['diɐ]
werkdag (de)	dia (m) de trabalho	['diɐ də trɐ'baʎu]
feestdag (de)	feriado (m)	[fə'rjadu]
verlofdag (de)	dia (m) de folga	['diɐ də 'fɔlgɐ]
weekend (het)	fim (m) de semana	[fĩ də sə'mɐnɐ]

de hele dag (bw)	o dia todo	[u 'diɐ 'todu]
de volgende dag (bw)	no dia seguinte	[nu 'diɐ sə'gĩtɐ]
twee dagen geleden	há dois dias	[a 'doɪʃ 'diɐʃ]
aan de vooravond (bw)	na véspera	[nɐ 'vɛʃpərɐ]
dag-, dagelijks (bn)	diário	[di'ariu]
elke dag (bw)	todos os dias	['toduʃ uʃ 'diɐʃ]

week (de)	semana (f)	[sə'mɐnɐ]
vorige week (bw)	na semana passada	[nɐ sə'mɐnɐ pɐ'sadɐ]
volgende week (bw)	na próxima semana	[nɐ 'prɔsimɐ sə'mɐnɐ]
wekelijks (bn)	semanal	[səmɐ'nal]
elke week (bw)	cada semana	['kɐdɐ sə'mɐnɐ]
twee keer per week	duas vezes por semana	['duɐʃ 'vezəʃ pur sə'mɐnɐ]
elke dinsdag	cada terça-feira	['kɐdɐ tersɐ 'fejrɐ]

18. Uren. Dag en nacht

morgen (de)	manhã (f)	[mɐ'ɲã]
's morgens (bw)	de manhã	[də mɐ'ɲã]
middag (de)	meio-dia (m)	['mɐju 'diɐ]
's middags (bw)	à tarde	[a 'tardə]

avond (de)	noite (f)	['nojtə]
's avonds (bw)	à noite	[a 'nojtə]
nacht (de)	noite (f)	['nojtə]
's nachts (bw)	à noite	[a 'nojtə]
middernacht (de)	meia-noite (f)	['mɐjɐ 'nojtə]

seconde (de)	segundo (m)	[sə'gũdu]
minuut (de)	minuto (m)	[mi'nutu]
uur (het)	hora (f)	['ɔrɐ]

halfuur (het)	meia hora (f)	['mɐje 'ɔrɐ]
kwartier (het)	quarto (m) de hora	[ku'artu də 'ɔrɐ]
vijftien minuten	quinze minutos	['kĩzə mi'nutuʃ]
etmaal (het)	vinte e quatro horas	['vĩtə i ku'atru 'ɔrɐʃ]

zonsopgang (de)	nascer (m) do sol	[nɐ'ʃer du sɔl]
dageraad (de)	amanhecer (m)	[ɐmɐɲə'ser]
vroege morgen (de)	madrugada (f)	[mɐdru'gadɐ]
zonsondergang (de)	pôr (m) do sol	[por du 'sɔl]

's morgens vroeg (bw)	de madrugada	[də mɐdru'gadɐ]
vanmorgen (bw)	hoje de manhã	['oʒə də mɐ'ɲã]
morgenochtend (bw)	amanhã de manhã	[amɐ'ɲã də mɐ'ɲã]

vanmiddag (bw)	hoje à tarde	['oʒə a 'tardə]
's middags (bw)	à tarde	[a 'tardə]
morgenmiddag (bw)	amanhã à tarde	[amɐ'ɲã a 'tardə]

| vanavond (bw) | esta noite, hoje à noite | ['ɛʃtɐ 'nojtə], ['oʒə a 'nojtə] |
| morgenavond (bw) | amanhã à noite | [amɐ'ɲã a 'nojtə] |

klokslag drie uur	às três horas em ponto	[aʃ treʃ 'ɔreʃ ẽ 'põtu]
ongeveer vier uur	por volta das quatro	[pur 'vɔltɐ deʃ ku'atru]
tegen twaalf uur	às doze	[aʃ 'dozə]

over twintig minuten	dentro de vinte minutos	['dẽtru də 'vĩtə mi'nutuʃ]
over een uur	dentro duma hora	['dẽtru 'dumɐ 'ɔrɐ]
op tijd (bw)	a tempo	[ɐ 'tẽpu]

kwart voor ...	... menos um quarto	['menuʃ 'ũ ku'artu]
binnen een uur	durante uma hora	[du'rãtə 'umɐ 'ɔrɐ]
elk kwartier	a cada quinze minutos	[ɐ 'kedɐ 'kĩzə mi'nutuʃ]
de klok rond	as vinte e quatro horas	[ɐʃ 'vĩtə i ku'atru 'ɔrɐʃ]

19. Maanden. Seizoenen

januari (de)	janeiro (m)	[ʒɐ'nejru]
februari (de)	fevereiro (m)	[fəvə'rejru]
maart (de)	março (m)	['marsu]
april (de)	abril (m)	[ɐ'bril]
mei (de)	maio (m)	['maju]
juni (de)	junho (m)	['ʒuɲu]

juli (de)	julho (m)	['ʒuʎu]
augustus (de)	agosto (m)	[ɐ'goʃtu]
september (de)	setembro (m)	[sə'tẽbru]
oktober (de)	outubro (m)	[o'tubru]
november (de)	novembro (m)	[nu'vẽbru]
december (de)	dezembro (m)	[də'zẽbru]

lente (de)	primavera (f)	[primɐ'vɛrɐ]
in de lente (bw)	na primavera	[nɐ primɐ'vɛrɐ]
lente- (abn)	primaveril	[primɐvə'ril]
zomer (de)	verão (m)	[və'rãu]

29

in de zomer (bw)	no verão	[nu və'rãu]
zomer-, zomers (bn)	de verão	[də və'rãu]

herfst (de)	outono (m)	[o'tonu]
in de herfst (bw)	no outono	[nu o'tonu]
herfst- (abn)	outonal	[otu'nal]

winter (de)	inverno (m)	[ĩ'vɛrnu]
in de winter (bw)	no inverno	[nu ĩ'vɛrnu]
winter- (abn)	de inverno	[də ĩ'vɛrnu]
maand (de)	mês (m)	[meʃ]
deze maand (bw)	este mês	['eʃtə meʃ]
volgende maand (bw)	no próximo mês	[nu 'prɔsimu meʃ]
vorige maand (bw)	no mês passado	[nu meʃ pe'sadu]

een maand geleden (bw)	há um mês	[a ũ meʃ]
over een maand (bw)	dentro de um mês	['dẽtru də ũ meʃ]
over twee maanden (bw)	dentro de dois meses	['dẽtru də 'doiʃ 'mezəʃ]
de hele maand (bw)	todo o mês	['todu u meʃ]
een volle maand (bw)	um mês inteiro	[ũ meʃ ĩ'tejru]

maand-, maandelijks (bn)	mensal	[mẽ'sal]
maandelijks (bw)	mensalmente	[mẽsal'mẽtə]
elke maand (bw)	cada mês	['kɐdɐ meʃ]
twee keer per maand	duas vezes por mês	['dueʃ 'vezəʃ pur meʃ]

jaar (het)	ano (m)	['ɐnu]
dit jaar (bw)	este ano	['eʃtə 'ɐnu]
volgend jaar (bw)	no próximo ano	[nu 'prɔsimu 'ɐnu]
vorig jaar (bw)	no ano passado	[nu 'ɐnu pe'sadu]
een jaar geleden (bw)	há um ano	[a ũ 'ɐnu]
over een jaar	dentro dum ano	['dẽtru dũ 'ɐnu]
over twee jaar	dentro de dois anos	['dẽtru də 'doiʃ 'ɐnuʃ]
het hele jaar	todo o ano	['todu u 'ɐnu]
een vol jaar	um ano inteiro	[ũ 'ɐnu ĩ'tejru]

elk jaar	cada ano	['kɐdɐ 'ɐnu]
jaar-, jaarlijks (bn)	anual	[ɐnu'al]
jaarlijks (bw)	anualmente	[ɐnual'mẽtə]
4 keer per jaar	quatro vezes por ano	[ku'atru 'vezəʃ pur 'ɐnu]

datum (de)	data (f)	['datɐ]
datum (de)	data (f)	['datɐ]
kalender (de)	calendário (m)	[kɐlẽ'dariu]

een half jaar	meio ano	['mɐju 'ɐnu]
zes maanden	seis meses	['sɐiʃ 'mezəʃ]
seizoen (bijv. lente, zomer)	estação (f)	[əʃtɐ'sãu]
eeuw (de)	século (m)	['sɛkulu]

20. Tijd. Diversen

tijd (de)	tempo (m)	['tẽpu]
ogenblik (het)	momento (m)	[mu'mẽtu]

moment (het)	instante (m)	[ĩˈʃtãtə]
ogenblikkelijk (bn)	instantâneo	[ĩʃtãˈtɐniu]
tijdsbestek (het)	lapso (m) de tempo	[ˈlapsu də ˈtẽpu]
leven (het)	vida (f)	[ˈvidɐ]
eeuwigheid (de)	eternidade (f)	[etərniˈdadə]

epoche (de), tijdperk (het)	época (f)	[ˈɛpukɐ]
era (de), tijdperk (het)	era (f)	[ˈɛrɐ]
cyclus (de)	ciclo (m)	[ˈsiklu]
periode (de)	período (m)	[pəˈriudu]
termijn (vastgestelde periode)	prazo (m)	[ˈprazu]

toekomst (de)	futuro (m)	[fuˈturu]
toekomstig (bn)	futuro	[fuˈturu]
de volgende keer	da próxima vez	[dɐ ˈprɔsimɐ veʒ]
verleden (het)	passado (m)	[pɐˈsadu]
vorig (bn)	passado	[pɐˈsadu]
de vorige keer	na vez passada	[nɐ veʒ pɐˈsadɐ]
later (bw)	mais tarde	[ˈmaiʃ ˈtardə]
na (~ het diner)	depois	[dəˈpoiʃ]
tegenwoordig (bw)	atualmente	[ɐtualˈmẽtə]
nu (bw)	agora	[ɐˈgɔrɐ]
onmiddellijk (bw)	imediatamente	[iməˈdjatɐˈmẽtə]
snel (bw)	em breve	[ẽi̯ ˈbrɛvə]
bij voorbaat (bw)	de antemão	[də ãtəˈmãu]

lang geleden (bw)	há muito tempo	[a ˈmujtu ˈtẽpu]
kort geleden (bw)	há pouco tempo	[a ˈpoku ˈtẽpu]
noodlot (het)	destino (m)	[dəˈʃtinu]
herinneringen (mv.)	recordações (f pl)	[ʀəkurdɐˈsoiʃ]
archief (het)	arquivo (m)	[ɐrˈkivu]
tijdens ... (ten tijde van)	durante ...	[duˈrãtə]
lang (bw)	durante muito tempo	[duˈrãtə ˈmujtu ˈtẽpu]
niet lang (bw)	pouco tempo	[ˈpoku ˈtẽpu]
vroeg (bijv. ~ in de ochtend)	cedo	[ˈsedu]
laat (bw)	tarde	[ˈtardə]

voor altijd (bw)	para sempre	[ˈpɐrɐ ˈsẽprə]
beginnen (ww)	começar (vt)	[kuməˈsar]
uitstellen (ww)	adiar (vt)	[ɐˈdjar]

tegelijkertijd (bw)	simultaneamente	[ˈaw ˈmeʒmu ˈtẽpu]
voortdurend (bw)	permanentemente	[pərmɐnẽtɐˈmẽtə]
voortdurend	constante	[kõˈʃtãtə]
tijdelijk (bn)	temporário	[tẽpuˈrariu]

soms (bw)	às vezes	[aʃ ˈvezəʃ]
zelden (bw)	raras vezes, raramente	[ˈʀarɐʃ ˈvezəʃ] [ʀarɐˈmẽtə]
vaak (bw)	frequentemente	[frəkuẽtɐˈmẽtə]

21. Lijnen en vormen

| vierkant (het) | quadrado (m) | [kuɐˈdradu] |
| vierkant (bn) | quadrado | [kuɐˈdradu] |

cirkel (de)	círculo (m)	['sirkulu]
rond (bn)	redondo	[ʀə'dõdu]
driehoek (de)	triângulo (m)	[tri'ãgulu]
driehoekig (bn)	triangular	[triãgu'lar]

ovaal (het)	oval (f)	[ɔ'val]
ovaal (bn)	oval	[ɔ'val]
rechthoek (de)	retângulo (m)	[ʀɛ'tãgulu]
rechthoekig (bn)	retangular	[ʀɛtãgu'lar]

piramide (de)	pirâmide (f)	[pi'ʀemidə]
ruit (de)	rombo, losango (m)	['ʀõbu], [lu'zãgu]
trapezium (het)	trapézio (m)	[tɾe'pɛziu]
kubus (de)	cubo (m)	['kubu]
prisma (het)	prisma (m)	['pɾiʒmɐ]

omtrek (de)	circunferência (f)	[sirkũfə'ʀẽsiɐ]
bol, sfeer (de)	esfera (f)	[ə'ʃfɛʀɐ]
bal (de)	globo (m)	['globu]
diameter (de)	diâmetro (m)	['djɐmətru]
straal (de)	raio (m)	['ʀaju]
omtrek (~ van een cirkel)	perímetro (m)	[pə'ʀimətru]
middelpunt (het)	centro (m)	['sẽtru]

horizontaal (bn)	horizontal	[ɔrizõ'tal]
verticaal (bn)	vertical	[vərti'kal]
parallel (de)	paralela (f)	[peʀe'lɛlɐ]
parallel (bn)	paralelo	[peʀe'lɛlu]

lijn (de)	linha (f)	['liɲɐ]
streep (de)	traço (m)	['trasu]
rechte lijn (de)	reta (f)	['ʀɛtɐ]
kromme (de)	curva (f)	['kurvɐ]
dun (bn)	fino	['finu]
omlijning (de)	contorno (m)	[kõ'tornu]

snijpunt (het)	interseção (f)	[ĩtərsɛ'sãu]
rechte hoek (de)	ângulo (m) reto	[ãgulu 'ʀɛtu]
segment (het)	segmento (m)	[sɛ'gmẽtu]
sector (de)	setor (m)	[sɛ'tor]
zijde (de)	lado (m)	['ladu]
hoek (de)	ângulo (m)	[ãgulu]

22. Meeteenheden

gewicht (het)	peso (m)	['pezu]
lengte (de)	comprimento (m)	[kõpri'mẽtu]
breedte (de)	largura (f)	[ler'gurɐ]
hoogte (de)	altura (f)	[al'turɐ]
diepte (de)	profundidade (f)	[prufũdi'dadə]
volume (het)	volume (m)	[vu'lumə]
oppervlakte (de)	área (f)	['ariɐ]
gram (het)	grama (m)	['gremɐ]
milligram (het)	miligrama (m)	[mili'gremɐ]

kilogram (het)	quilograma (m)	[kilu'grɐmɐ]
ton (duizend kilo)	tonelada (f)	[tunə'ladɐ]
pond (het)	libra (f)	['librɐ]
ons (het)	onça (f)	['õsɐ]

meter (de)	metro (m)	['mɛtru]
millimeter (de)	milímetro (m)	[mi'limɐtru]
centimeter (de)	centímetro (m)	[sẽ'timɐtru]
kilometer (de)	quilómetro (m)	[ki'lɔmɐtru]
mijl (de)	milha (f)	['miʎɐ]

duim (de)	polegada (f)	[pulə'gadɐ]
voet (de)	pé (m)	[pɛ]
yard (de)	jarda (f)	['ʒardɐ]

| vierkante meter (de) | metro (m) quadrado | ['mɛtru kuɐ'dradu] |
| hectare (de) | hectare (m) | [ɛ'ktarə] |

liter (de)	litro (m)	['litru]
graad (de)	grau (m)	['grau]
volt (de)	volt (m)	['vɔltə]
ampère (de)	ampere (m)	[ã'pɛrə]
paardenkracht (de)	cavalo-vapor (m)	[kɐ'valu vɐ'por]

hoeveelheid (de)	quantidade (f)	[kuãti'dadə]
een beetje ...	um pouco de ...	[ũ 'poku də]
helft (de)	metade (f)	[mə'tadə]
dozijn (het)	dúzia (f)	['duziɐ]
stuk (het)	peça (f)	['pɛsɐ]

| afmeting (de) | dimensão (f) | [dimẽ'sãu] |
| schaal (bijv. ~ van 1 op 50) | escala (f) | [ə'ʃkalɐ] |

minimaal (bn)	mínimo	['minimu]
minste (bn)	menor, mais pequeno	[mə'nɔr], ['maɪʃ pə'kenu]
medium (bn)	médio	['mɛdiu]
maximaal (bn)	máximo	['masimu]
grootste (bn)	maior, mais grande	[mɐ'jɔr], ['maɪʃ 'grãdə]

23. Containers

glazen pot (de)	boião (m) de vidro	[bo'jãu də 'vidru]
blik (conserven~)	lata (f)	['latɐ]
emmer (de)	balde (m)	['baldə]
ton (bijv. regenton)	barril (m)	[bɐ'ʀil]

ronde waterbak (de)	bacia (f)	[bɐ'siɐ]
tank (bijv. watertank-70-ltr)	tanque (m)	['tãkə]
heupfles (de)	cantil (m) de bolso	[kã'til de 'bolsu]
jerrycan (de)	bidão (m) de gasolina	[bi'dãu də gɐzu'linɐ]
tank (bijv. ketelwagen)	cisterna (f)	[si'ʃtɛrnɐ]

| beker (de) | caneca (f) | [kɐ'nɛkɐ] |
| kopje (het) | chávena (f) | ['ʃavɐnɐ] |

schoteltje (het)	pires (m)	['pirəʃ]
glas (het)	copo (m)	['kɔpu]
wijnglas (het)	taça (f) de vinho	['tasɐ də 'viɲu]
pan (de)	panela, caçarola (f)	[pɐ'nɛlɐ], [kɐsɐ'rɔlɐ]

| fles (de) | garrafa (f) | [gɐ'ʀafɐ] |
| flessenhals (de) | gargalo (m) | [gɐr'galu] |

karaf (de)	garrafa (f)	[gɐ'ʀafɐ]
kruik (de)	jarro (m)	['ʒaʀu]
vat (het)	recipiente (m)	[ʀəsipi'ẽtə]
pot (de)	pote (m)	['pɔtə]
vaas (de)	vaso (m), jarra (f)	['vazu], ['ʒaʀɐ]

flacon (de)	frasco (m)	['fraʃku]
flesje (het)	frasquinho (m)	[fre'ʃkiɲu]
tube (bijv. ~ tandpasta)	tubo (m)	['tubu]

zak (bijv. ~ aardappelen)	saca (f)	['sakɐ]
tasje (het)	saco (m)	['saku]
pakje (~ sigaretten, enz.)	maço (m)	['masu]

doos (de)	caixa (f)	['kaɪʃɐ]
kist (de)	caixa (f)	['kaɪʃɐ]
mand (de)	cesto (m), cesta (f)	['seʃtu], ['seʃtɐ]

24. Materialen

materiaal (het)	material (m)	[mɐtə'rjal]
hout (het)	madeira (f)	[mɐ'dɐjrɐ]
houten (bn)	de madeira	[də mɐ'dɐjrɐ]

| glas (het) | vidro (m) | ['vidru] |
| glazen (bn) | de vidro | [də 'vidru] |

| steen (de) | pedra (f) | ['pɛdrɐ] |
| stenen (bn) | de pedra | [də 'pɛdrɐ] |

| plastic (het) | plástico (m) | ['plaʃtiku] |
| plastic (bn) | de plástico | [də 'plaʃtiku] |

| rubber (het) | borracha (f) | [bu'ʀaʃɐ] |
| rubber-, rubberen (bn) | de borracha | [də bu'ʀaʃɐ] |

| stof (de) | tecido, pano (m) | [tə'sidu], ['pɐnu] |
| van stof (bn) | de tecido | [də tə'sidu] |

| papier (het) | papel (m) | [pɐ'pɛl] |
| papieren (bn) | de papel | [də pɐ'pɛl] |

karton (het)	cartão (m)	[kɐr'tãu]
kartonnen (bn)	de cartão	[də kɐr'tãu]
polyethyleen (het)	polietileno (m)	[poliɛti'lenu]
cellofaan (het)	celofane (m)	[səlu'fɐnə]

multiplex (het)	contraplacado (m)	[kõtrɐple'kadu]
porselein (het)	porcelana (f)	[pursə'lɛnə]
porseleinen (bn)	de porcelana	[də pursə'lɛnə]
klei (de)	argila (f), barro (m)	[er'ʒilɐ], ['baʀu]
klei-, van klei (bn)	de barro	[də 'baʀu]
keramiek (de)	cerâmica (f)	[sə'ʀemikɐ]
keramieken (bn)	de cerâmica	[də sə'ʀemikɐ]

25. Metalen

metaal (het)	metal (m)	[mə'tal]
metalen (bn)	metálico	[mə'taliku]
legering (de)	liga (f)	['ligɐ]

goud (het)	ouro (m)	['oru]
gouden (bn)	de ouro	[də 'oru]
zilver (het)	prata (f)	['pratɐ]
zilveren (bn)	de prata	[də 'pratɐ]

ijzer (het)	ferro (m)	['fɛʀu]
ijzeren	de ferro	[də 'fɛʀu]
staal (het)	aço (m)	['asu]
stalen (bn)	de aço	[də 'asu]
koper (het)	cobre (m)	['kɔbrɐ]
koperen (bn)	de cobre	[də 'kɔbrɐ]

aluminium (het)	alumínio (m)	[ɐlu'miniu]
aluminium (bn)	de alumínio	[də ɐlu'miniu]
brons (het)	bronze (m)	['brõzə]
bronzen (bn)	de bronze	[də 'brõzə]

messing (het)	latão (m)	[lɐ'tãu]
nikkel (het)	níquel (m)	['nikɛl]
platina (het)	platina (f)	[plɐ'tinɐ]
kwik (het)	mercúrio (m)	[mər'kuriu]
tin (het)	estanho (m)	[ə'ʃteɲu]
lood (het)	chumbo (m)	['ʃũbu]
zink (het)	zinco (m)	['zĩku]

MENS

Mens. Het lichaam

26. Mensen. Basisbegrippen

mens (de)	ser (m) humano	[ser u'mɛnu]
man (de)	homem (m)	['ɔmẽⁱ]
vrouw (de)	mulher (f)	[mu'ʎɛr]
kind (het)	criança (f)	[kri'ãsɐ]

meisje (het)	menina (f)	[mə'ninɐ]
jongen (de)	menino (m)	[mə'ninu]
tiener, adolescent (de)	adolescente (m)	[ɐdulə'ʃẽtə]
oude man (de)	velho (m)	['vɛʎu]
oude vrouw (de)	velha, anciã (f)	['vɛʎɐ], [ãsi'ã]

27. Menselijke anatomie

organisme (het)	organismo (m)	[ɔrgɐ'niʒmu]
hart (het)	coração (m)	[kurɐ'sãu]
bloed (het)	sangue (m)	['sãgə]
slagader (de)	artéria (f)	[ɐr'tɛriɐ]
ader (de)	veia (f)	['vɐjɐ]

hersenen (mv.)	cérebro (m)	['sɛrəbru]
zenuw (de)	nervo (m)	['nervu]
zenuwen (mv.)	nervos (m pl)	['nervuʃ]
wervel (de)	vértebra (f)	['vɛrtəbrɐ]
ruggengraat (de)	coluna (f) vertebral	[ku'lunɐ vərtə'bral]

maag (de)	estômago (m)	[ə'ʃtɔmɐgu]
darmen (mv.)	intestinos (m pl)	[ĩtə'ʃtinuʃ]
darm (de)	intestino (m)	[ĩtə'ʃtinu]
lever (de)	fígado (m)	['figɐdu]
nier (de)	rim (m)	[Rĩ]

been (deel van het skelet)	osso (m)	['osu]
skelet (het)	esqueleto (m)	[əʃkə'letu]
rib (de)	costela (f)	[ku'ʃtɛlɐ]
schedel (de)	crânio (m)	['krɐniu]

spier (de)	músculo (m)	['muʃkulu]
biceps (de)	bíceps (m)	['bisɛps]
triceps (de)	tríceps (m)	['trisɛps]
pees (de)	tendão (m)	[tẽ'dãu]
gewricht (het)	articulação (f)	[ɐrtikulɐ'sãu]

longen (mv.)	pulmões (m pl)	[pul'moɪʃ]
geslachtsorganen (mv.)	órgãos (m pl) genitais	['ɔrgãuʃ ʒəni'taɪʃ]
huid (de)	pele (f)	['pɛlə]

28. Hoofd

hoofd (het)	cabeça (f)	[kɐ'besɐ]
gezicht (het)	cara (f)	['karɐ]
neus (de)	nariz (m)	[nɐ'riʒ]
mond (de)	boca (f)	['bokɐ]

oog (het)	olho (m)	['oʎu]
ogen (mv.)	olhos (m pl)	['ɔʎuʃ]
pupil (de)	pupila (f)	[pu'pilɐ]
wenkbrauw (de)	sobrancelha (f)	[subrã'sɐʎɐ]
wimper (de)	pestana (f)	[pə'ʃtɐnɐ]
ooglid (het)	pálpebra (f)	['palpɐbrɐ]

tong (de)	língua (f)	['lĩguɐ]
tand (de)	dente (m)	['dẽtə]
lippen (mv.)	lábios (m pl)	['labiuʃ]
jukbeenderen (mv.)	maçãs (f pl) do rosto	[mɐ'sãʃ du 'roʃtu]
tandvlees (het)	gengiva (f)	[ʒẽ'ʒivɐ]
gehemelte (het)	palato (m)	[pɐ'latu]

neusgaten (mv.)	narinas (f pl)	[nɐ'rinɐʃ]
kin (de)	queixo (m)	['keɪʃu]
kaak (de)	mandíbula (f)	[mã'dibulɐ]
wang (de)	bochecha (f)	[bu'ʃeʃɐ]

voorhoofd (het)	testa (f)	['tɛʃtɐ]
slaap (de)	têmpora (f)	['tẽpurɐ]
oor (het)	orelha (f)	[ɔ'rɐʎɐ]
achterhoofd (het)	nuca (f)	['nukɐ]
hals (de)	pescoço (m), colo (m)	[pə'ʃkosu], ['kɔlu]
keel (de)	garganta (f)	[gɐr'gãtɐ]

haren (mv.)	cabelos (m pl)	[kɐ'beluʃ]
kapsel (het)	penteado (m)	[pẽ'tjadu]
haarsnit (de)	corte (m) de cabelo	['kɔrtə də kɐ'belu]
pruik (de)	peruca (f)	[pə'rukɐ]

snor (de)	bigode (m)	[bi'gɔdə]
baard (de)	barba (f)	['barbɐ]
dragen (een baard, enz.)	usar, ter (vt)	[u'zar], [ter]
vlecht (de)	trança (f)	['trãsɐ]
bakkebaarden (mv.)	suíças (f pl)	[su'isɐʃ]

ros (roodachtig, rossig)	ruivo	['ʀujvu]
grijs (~ haar)	grisalho	[gri'zaʎu]
kaal (bn)	calvo	['kalvu]
kale plek (de)	calva (f)	['kalvɐ]
paardenstaart (de)	rabo-de-cavalo (m)	[ʀabu də kɐ'valu]
pony (de)	franja (f)	['frãʒɐ]

29. Menselijk lichaam

hand (de)	mão (f)	['mãu]
arm (de)	braço (m)	['brasu]

vinger (de)	dedo (m)	['dedu]
teen (de)	dedo (m)	['dedu]
duim (de)	polegar (m)	[pulə'gar]
pink (de)	dedo (m) mindinho	['dedu mĩ'diɲu]
nagel (de)	unha (f)	['uɲɐ]

vuist (de)	punho (m)	['puɲu]
handpalm (de)	palma (f)	['palmɐ]
pols (de)	pulso (m)	['pulsu]
voorarm (de)	antebraço (m)	[ãtə'brasu]
elleboog (de)	cotovelo (m)	[kutu'velu]
schouder (de)	ombro (m)	['õbru]

been (rechter ~)	perna (f)	['pɛrnɐ]
voet (de)	pé (m)	[pɛ]
knie (de)	joelho (m)	[ʒu'ɐʎu]
kuit (de)	barriga (f) da perna	[bɐ'ʀigɐ dɐ 'pɛrnɐ]
heup (de)	anca (f)	[ãkɐ]
hiel (de)	calcanhar (m)	[kalkɐ'ɲar]

lichaam (het)	corpo (m)	['korpu]
buik (de)	barriga (f)	[bɐ'ʀigɐ]
borst (de)	peito (m)	['pejtu]
borst (de)	seio (m)	['seju]
zijde (de)	lado (m)	['ladu]
rug (de)	costas (f pl)	['kɔʃtɐʃ]
lage rug (de)	região (f) lombar	[ʀɐ'ʒjãu lõ'bar]
taille (de)	cintura (f)	[sĩ'turɐ]

navel (de)	umbigo (m)	[ũ'bigu]
billen (mv.)	nádegas (f pl)	['nadəgɐʃ]
achterwerk (het)	traseiro (m)	[trɐ'zejru]

huidvlek (de)	sinal (m)	[si'nal]
moedervlek (de)	sinal (m) de nascença	[si'nal dɐ nɐ'ʃsẽsɐ]
tatoeage (de)	tatuagem (f)	[tɐtu'aʒẽʲ]
litteken (het)	cicatriz (f)	[sikɐ'triʒ]

Kleding en accessoires

30. Bovenkleding. Jassen

kleren (mv.)	roupa (f)	['ʀopɐ]
bovenkleding (de)	roupa (f) exterior	['ʀopɐ əʃtə'ʀjor]
winterkleding (de)	roupa (f) de inverno	['ʀopɐ də ĩ'vɛrnu]

jas (de)	sobretudo (m)	[sobrɐ'tudu]
bontjas (de)	casaco (m) de peles	[kɐ'zaku də 'pɛləʃ]
bontjasje (het)	casaco curto (m) de pele	[kɐ'zaku 'kurtu də 'pɛlə]
donzen jas (de)	casaco (m) acolchoado	[kɐ'zaku ɐkɔlʃu'adu]

jasje (bijv. een leren ~)	casaco, blusão (m)	[kɐ'zaku], [blu'zãu]
regenjas (de)	impermeável (m)	[ĩpərmi'avɛl]
waterdicht (bn)	impermeável	[ĩpər'mjavɛl]

31. Heren & dames kleding

overhemd (het)	camisa (f)	[kɐ'mizɐ]
broek (de)	calças (f pl)	['kalsəʃ]
jeans (de)	calças (f pl) de ganga	['kalsəʃ də 'gãgɐ]
colbert (de)	casaco (m)	[kɐ'zaku]
kostuum (het)	fato (m)	['fatu]

jurk (de)	vestido (m)	[və'ʃtidu]
rok (de)	saia (f)	['sajɐ]
blouse (de)	blusa (f)	['bluzɐ]
wollen vest (de)	casaco (m) de malha	[kɐ'zaku də 'maʎɐ]
blazer (kort jasje)	casaco, blazer (m)	[kɐ'zaku], ['blɐjzɐr]

T-shirt (het)	T-shirt, camiseta (f)	['tiʃɐrt], [kɐmi'zetɐ]
shorts (mv.)	short (m), calções (m pl)	['ʃɔrt], [ka'lsoɪʃ]
trainingspak (het)	fato (m) de treino	['fatu də 'trɐjnu]
badjas (de)	roupão (m) de banho	[ʀo'pãu də 'bɐɲu]
pyjama (de)	pijama (m)	[pi'ʒemɐ]

sweater (de)	suéter (m)	[su'ɛtɛr]
pullover (de)	pulôver (m)	[pu'lovɛr]

gilet (het)	colete (m)	[ku'letə]
rokkostuum (het)	fraque (m)	['frakə]
smoking (de)	smoking (m)	['smokiŋ]

uniform (het)	uniforme (m)	[uni'fɔrmə]
werkkleding (de)	roupa (f) de trabalho	['ʀopɐ də trɐ'baʎu]
overall (de)	fato-macaco (m)	['fatu mɐ'kaku]
doktersjas (de)	bata (f)	['batɐ]

32. Kleding. Ondergoed

ondergoed (het)	roupa (f) interior	['ʀopɐ ĩtə'rjor]
herenslip (de)	cuecas boxer (f pl)	[ku'ɛkeʃ 'bɔksɐr]
slipjes (mv.)	cuecas (f pl)	[ku'ɛkeʃ]
onderhemd (het)	camisola (f) interior	[kɐmi'zɔlɐ ĩtə'rjor]
sokken (mv.)	peúgas (f pl)	['pjugeʃ]
nachthemd (het)	camisa (f) de noite	[kɐ'mizɐ də 'nojtə]
beha (de)	sutiã (m)	[su'tjã]
kniekousen (mv.)	meias longas (f pl)	['mɐjeʃ 'lõgeʃ]
panty (de)	meia-calça (f)	['mɐjɐ 'kalsɐ]
nylonkousen (mv.)	meias (f pl)	['mɐjeʃ]
badpak (het)	fato (m) de banho	['fatu də 'beɲu]

33. Hoofddeksels

hoed (de)	chapéu (m)	[ʃe'pɛu]
deukhoed (de)	chapéu (m) de feltro	[ʃe'pɛu də 'feltru]
honkbalpet (de)	boné (m) de beisebol	[bɔ'nɛ də 'bɛjzbɔl]
kleppet (de)	boné (m)	[bɔ'nɛ]
baret (de)	boina (f)	['bɔjnɐ]
kap (de)	capuz (m)	[kɐ'puʃ]
panamahoed (de)	panamá (m)	[pɐnɐ'ma]
gebreide muts (de)	gorro (m) de malha	['goʀu də 'maʎɐ]
hoofddoek (de)	lenço (m)	['lẽsu]
dameshoed (de)	chapéu (m) de mulher	[ʃe'pɛu də mu'ʎɛr]
veiligheidshelm (de)	capacete (m)	[kɐpɐ'setə]
veldmuts (de)	bibico (m)	[bi'biku]
helm, valhelm (de)	capacete (m)	[kɐpɐ'setə]
bolhoed (de)	chapéu-coco (m)	[ʃe'pɛu 'koku]
hoge hoed (de)	chapéu (m) alto	[ʃe'pɛu 'altu]

34. Schoeisel

schoeisel (het)	calçado (m)	[kal'sadu]
schoenen (mv.)	botinas (f pl)	[bu'tineʃ]
vrouwenschoenen (mv.)	sapatos (m pl)	[sɐ'patuʃ]
laarzen (mv.)	botas (f pl)	['bɔteʃ]
pantoffels (mv.)	pantufas (f pl)	[pã'tufeʃ]
sportschoenen (mv.)	ténis (m pl)	['tɛniʃ]
sneakers (mv.)	sapatilhas (f pl)	[sɐpɐ'tiʎeʃ]
sandalen (mv.)	sandálias (f pl)	[sã'dalieʃ]
schoenlapper (de)	sapateiro (m)	[sɐpɐ'tejru]
hiel (de)	salto (m)	['saltu]

paar (een ~ schoenen)	par (m)	[par]
veter (de)	atacador (m)	[ɐtɐkɐ'dor]
rijgen (schoenen ~)	apertar os atacadores	[ɐpɐr'tar uʃ ɐtɐkɐ'doɾɐʃ]
schoenlepel (de)	calçadeira (f)	[kalsɐ'dɐjɾɐ]
schoensmeer (de/het)	graxa (f) para calçado	['graʃɐ 'pɐɾɐ ka'lsadu]

35. Textiel. Weefsel

katoen (de/het)	algodão (m)	[algu'dãu]
katoenen (bn)	de algodão	[də algu'dãu]
vlas (het)	linho (m)	['liɲu]
vlas-, van vlas (bn)	de linho	[də 'liɲu]

zijde (de)	seda (f)	['sedɐ]
zijden (bn)	de seda	[də 'sedɐ]
wol (de)	lã (f)	[lã]
wollen (bn)	de lã	[də lã]

fluweel (het)	veludo (m)	[və'ludu]
suède (de)	camurça (f)	[kɐ'mursɐ]
ribfluweel (het)	bombazina (f)	[bõbɐ'zinɐ]

nylon (de/het)	nylon (m)	['najlɔn]
nylon-, van nylon (bn)	de náilon	[də 'najlɔn]
polyester (het)	poliéster (m)	[poli'ɛstɛr]
polyester- (abn)	de poliéster	[də poli'ɛstɛr]

leer (het)	couro (m)	['koru]
leren (van leer gemaak)	de couro	[də 'koru]
bont (het)	pele (f)	['pɛlə]
bont- (abn)	de peles, de pele	[də 'pɛləʃ], [də 'pɛlə]

36. Persoonlijke accessoires

handschoenen (mv.)	luvas (f pl)	['luvɐʃ]
wanten (mv.)	mitenes (f pl)	[mi'tɛnəʃ]
sjaal (fleece ~)	cachecol (m)	[kaʃə'kɔl]

bril (de)	óculos (m pl)	['ɔkuluʃ]
brilmontuur (het)	armação (f)	[ɐrmɐ'sãu]
paraplu (de)	guarda-chuva (m)	[guardɐ 'ʃuvɐ]
wandelstok (de)	bengala (f)	[bẽ'galɐ]
haarborstel (de)	escova (f) para o cabelo	[ə'ʃkovɐ 'pɐɾɐ u kɐ'belu]
waaier (de)	leque (m)	['lɛkə]

das (de)	gravata (f)	[grɐ'vatɐ]
strikje (het)	gravata-borboleta (f)	[grɐ'vatɐ burbu'letɐ]
bretels (mv.)	suspensórios (m pl)	[suʃpẽ'sɔriuʃ]
zakdoek (de)	lenço (m)	['lẽsu]

kam (de)	pente (m)	['pẽtə]
haarspeldje (het)	travessão (m)	[trɐvɐ'sãu]

| schuifspeldje (het) | gancho (m) de cabelo | ['gãʃu də ke'belu] |
| gesp (de) | fivela (f) | [fi'vɛle] |

| broekriem (de) | cinto (m) | ['sĩtu] |
| draagriem (de) | correia (f) | [ku'ʀɐje] |

handtas (de)	mala (f)	['male]
damestas (de)	mala (f) de senhora	['male də sə'ɲore]
rugzak (de)	mochila (f)	[mu'ʃile]

37. Kleding. Diversen

mode (de)	moda (f)	['mɔde]
de mode (bn)	na moda	[ne 'mɔde]
kledingstilist (de)	estilista (m)	[əʃti'liʃte]

kraag (de)	colarinho (m), gola (f)	[kule'riɲu], ['gɔle]
zak (de)	bolso (m)	['bolsu]
zak- (abn)	de bolso	[də 'bolsu]
mouw (de)	manga (f)	['mãge]
lusje (het)	alcinha (f)	[al'siɲe]
gulp (de)	braguilha (f)	[brɐ'giʌe]

rits (de)	fecho (m) de correr	['feʃu də ku'ʀer]
sluiting (de)	fecho (m), colchete (m)	['feʃu], [ko'lʃete]
knoop (de)	botão (m)	[bu'tãu]
knoopsgat (het)	casa (f) de botão	['kaze də bu'tãu]
losraken (bijv. knopen)	soltar-se (vr)	[sɔl'tarse]

naaien (kleren, enz.)	coser (vi)	[ku'zer]
borduren (ww)	bordar (vt)	[bur'dar]
borduursel (het)	bordado (m)	[bur'dadu]
naald (de)	agulha (f)	[e'guʌe]
draad (de)	fio (m)	['fiu]
naad (de)	costura (f)	[ku'ʃture]

vies worden (ww)	sujar-se (vr)	[su'ʒarse]
vlek (de)	mancha (f)	['mãʃe]
gekreukt raken (ov. kleren)	engelhar-se (vr)	[ẽʒe'ʌarse]
scheuren (ov.ww.)	rasgar (vt)	[ʀeʒ'gar]
mot (de)	traça (f)	['trase]

38. Persoonlijke verzorging. Schoonheidsmiddelen

tandpasta (de)	pasta (f) de dentes	['paʃte də 'dẽtəʃ]
tandenborstel (de)	escova (f) de dentes	[ə'ʃkove də 'dẽtəʃ]
tanden poetsen (ww)	escovar os dentes	[əʃku'var uʃ 'dẽtəʃ]

scheermes (het)	máquina (f) de barbear	['makine də berbi'ar]
scheerschuim (het)	creme (m) de barbear	['krɛmə də ber'bjar]
zich scheren (ww)	barbear-se (vr)	[ber'bjarse]
zeep (de)	sabonete (m)	[sebu'nete]

shampoo (de)	champô (m)	[ʃã'po]
schaar (de)	tesoura (f)	[tə'zoɾe]
nagelvijl (de)	lima (f) de unhas	['lime də 'uɲeʃ]
nagelknipper (de)	corta-unhas (m)	['kɔɾte 'uɲeʃ]
pincet (het)	pinça (f)	['pĩse]

cosmetica (mv.)	cosméticos (m pl)	[ku'ʒmɛtikuʃ]
masker (het)	máscara (f)	['maʃkeɾe]
manicure (de)	manicura (f)	[mɐni'kuɾe]
manicure doen	fazer a manicura	[fe'zeɾ ɐ mɐni'kuɾe]
pedicure (de)	pedicure (f)	[pedi'kuɾe]

cosmetica tasje (het)	mala (f) de maquilhagem	['male də mɐki'ʎaʒẽ']
poeder (de/het)	pó (m)	[pɔ]
poederdoos (de)	caixa (f) de pó	['kaɪʃe də pɔ]
rouge (de)	blush (m)	[bleʃ]

parfum (de/het)	perfume (m)	[pəɾ'fume]
eau de toilet (de)	água (f) de toilette	['ague də tua'lɛtə]
lotion (de)	loção (f)	[lu'sãu]
eau de cologne (de)	água-de-colónia (f)	['ague də ku'lɔnie]

oogschaduw (de)	sombra (f) de olhos	['sõbɾe də 'ɔʎuʃ]
oogpotlood (het)	lápis (m) delineador	['lapiʃ dəlinie'doɾ]
mascara (de)	máscara (f), rímel (m)	['maʃkeɾe], ['ʀimɛl]

lippenstift (de)	batom (m)	['batõ]
nagellak (de)	verniz (m) de unhas	[vəɾ'niʒ də 'uɲeʃ]
haarlak (de)	laca (f) para cabelos	['lake 'peɾe ke'beluʃ]
deodorant (de)	desodorizante (m)	[dezodoɾi'zãtə]

crème (de)	creme (m)	['kɾɛmə]
gezichtscrème (de)	creme (m) de rosto	['kɾɛmə də 'ʀoʃtu]
handcrème (de)	creme (m) de mãos	['kɾɛmə də 'mãuʃ]
antirimpelcrème (de)	creme (m) antirrugas	['kɾɛmə ãti'ʀugeʃ]
dagcrème (de)	creme (m) de dia	['kɾɛmə də 'die]
nachtcrème (de)	creme (m) de noite	['kɾɛmə də 'nojtə]
dag- (abn)	de dia	[də 'die]
nacht- (abn)	da noite	[de 'nojtə]

tampon (de)	tampão (m)	[tã'pãu]
toiletpapier (het)	papel (m) higiénico	[pe'pɛl i'ʒjɛniku]
föhn (de)	secador (m) elétrico	[seke'doɾ e'lɛtriku]

39. Juwelen

sieraden (mv.)	joias (f pl)	['ʒɔjeʃ]
edel (bijv. ~ stenen)	precioso	[pɾe'sjozu]
keurmerk (het)	marca (f) de contraste	['maɾke də kõ'tɾaʃtə]

ring (de)	anel (m)	[e'nɛl]
trouwring (de)	aliança (f)	[e'ljãse]
armband (de)	pulseira (f)	[pul'sejɾe]
oorringen (mv.)	brincos (m pl)	['bɾĩkuʃ]

43

halssnoer (het)	colar (m)	[ku'lar]
kroon (de)	coroa (f)	[ku'roɐ]
kralen snoer (het)	colar (m) de contas	[ku'lar də 'kõtɐʃ]

diamant (de)	diamante (m)	[diɐ'mãtə]
smaragd (de)	esmeralda (f)	[əʒmə'raldɐ]
robijn (de)	rubi (m)	[ʀu'bi]
saffier (de)	safira (f)	[sɐ'firɐ]
parel (de)	pérola (f)	['pɛrulɐ]
barnsteen (de)	âmbar (m)	[ãbar]

40. Horloges. Klokken

polshorloge (het)	relógio (m) de pulso	[ʀə'lɔʒiu də 'pulsu]
wijzerplaat (de)	mostrador (m)	[muʃtrɐ'dor]
wijzer (de)	ponteiro (m)	[põ'tejru]
metalen horlogeband (de)	bracelete (f) em aço	[brɐsə'lɛtə ãj 'asu]
horlogebandje (het)	bracelete (f) em couro	[brɐsə'lɛtə ãj 'koru]

batterij (de)	pilha (f)	['piʎɐ]
leeg zijn (ww)	acabar (vi)	[ɐkɐ'bar]
batterij vervangen	trocar a pilha	[tru'kar ɐ 'piʎɐ]
voorlopen (ww)	estar adiantado	[ə'ʃtar ɐdiã'tadu]
achterlopen (ww)	estar atrasado	[ə'ʃtar ɐtrɐ'zadu]

wandklok (de)	relógio (m) de parede	[ʀə'lɔʒiu də pɐ'redə]
zandloper (de)	ampulheta (f)	[ãpu'ʎetɐ]
zonnewijzer (de)	relógio (m) de sol	[ʀə'lɔʒiu də sɔl]
wekker (de)	despertador (m)	[dəʃpɐrtɐ'dor]
horlogemaker (de)	relojoeiro (m)	[ʀəluʒu'ejru]
repareren (ww)	reparar (vt)	[ʀəpɐ'rar]

Voedsel. Voeding

41. Voedsel

vlees (het)	carne (f)	['karnə]
kip (de)	galinha (f)	[gɐ'liɲɐ]
kuiken (het)	frango (m)	['frãgu]
eend (de)	pato (m)	['patu]
gans (de)	ganso (m)	['gãsu]
wild (het)	caça (f)	['kasɐ]
kalkoen (de)	peru (m)	[pə'ru]
varkensvlees (het)	carne (f) de porco	['karnə də 'porku]
kalfsvlees (het)	carne (f) de vitela	['karnə də vi'tɛlɐ]
schapenvlees (het)	carne (f) de carneiro	['karnə də kɐr'nɐjru]
rundvlees (het)	carne (f) de vaca	['karnə də 'vakɐ]
konijnenvlees (het)	carne (f) de coelho	['karnə də ku'ɐʎu]
worst (de)	chouriço, salsichão (m)	[ʃo'risu], [salsi'ʃãu]
saucijs (de)	salsicha (f)	[sa'lsiʃɐ]
spek (het)	bacon (m)	['bɐjkɐn]
ham (de)	fiambre (f)	['fjãbrə]
gerookte achterham (de)	presunto (m)	[prə'zũtu]
paté (de)	patê (m)	[pɐ'te]
lever (de)	fígado (m)	['figɐdu]
gehakt (het)	carne (f) moída	['karnə mu'idɐ]
tong (de)	língua (f)	['lĩguɐ]
ei (het)	ovo (m)	['ovu]
eieren (mv.)	ovos (m pl)	['ɔvuʃ]
eiwit (het)	clara (f) do ovo	['klarɐ du 'ovu]
eigeel (het)	gema (f) do ovo	['ʒemɐ du 'ovu]
vis (de)	peixe (m)	['pɐjʃə]
zeevruchten (mv.)	mariscos (m pl)	[mɐ'riʃkuʃ]
schaaldieren (mv.)	crustáceos (m pl)	[kru'ʃtasiuʃ]
kaviaar (de)	caviar (m)	[ka'vjar]
krab (de)	caranguejo (m)	[kɐrã'geʒu]
garnaal (de)	camarão (m)	[kɐmɐ'rãu]
oester (de)	ostra (f)	['ɔʃtrə]
langoest (de)	lagosta (f)	[lɐ'goʃtɐ]
octopus (de)	polvo (m)	['polvu]
inktvis (de)	lula (f)	['lulɐ]
steur (de)	esturjão (m)	[əʃtur'ʒãu]
zalm (de)	salmão (m)	[sal'mãu]
heilbot (de)	halibute (m)	[ali'butə]
kabeljauw (de)	bacalhau (m)	[bɐkɐ'ʎau]

makreel (de)	cavala, sarda (f)	[kɐ'valɐ], ['sardɐ]
tonijn (de)	atum (m)	[ɐ'tũ]
paling (de)	enguia (f)	[ẽ'giɐ]

forel (de)	truta (f)	['trutɐ]
sardine (de)	sardinha (f)	[sɐr'diɲɐ]
snoek (de)	lúcio (m)	['lusiu]
haring (de)	arenque (m)	[ɐ'rẽkɐ]

brood (het)	pão (m)	['pãu]
kaas (de)	queijo (m)	['kɐjʒu]
suiker (de)	açúcar (m)	[ɐ'sukar]
zout (het)	sal (m)	[sal]

rijst (de)	arroz (m)	[ɐ'ʀɔʒ]
pasta (de)	massas (f pl)	['masɐʃ]
noedels (mv.)	talharim (m)	[tɐʎɐ'rĩ]

boter (de)	manteiga (f)	[mã'tɐjgɐ]
plantaardige olie (de)	óleo (m) vegetal	['ɔliu vɐʒɐ'tal]
zonnebloemolie (de)	óleo (m) de girassol	['ɔliu də ʒirɐ'sɔl]
margarine (de)	margarina (f)	[mɐrgɐ'rinɐ]

| olijven (mv.) | azeitonas (f pl) | [ɐzɐj'tonɐʒ] |
| olijfolie (de) | azeite (m) | [ɐ'zɐjtɐ] |

melk (de)	leite (m)	['lɐjtɐ]
gecondenseerde melk (de)	leite (m) condensado	['lɐjtɐ kõdẽ'sadu]
yoghurt (de)	iogurte (m)	[jɔ'gurtɐ]
zure room (de)	nata (f) azeda	['natɐ ɐ'zedɐ]
room (de)	nata (f) do leite	['natɐ du 'lɐjtɐ]

| mayonaise (de) | maionese (f) | [maju'nezɐ] |
| crème (de) | creme (m) | ['krɛmɐ] |

graan (het)	grãos (m pl) de cereais	['grãuʃ də sɐ'rjaɪʃ]
meel (het), bloem (de)	farinha (f)	[fɐ'riɲɐ]
conserven (mv.)	enlatados (m pl)	[ẽlɐ'taduʃ]

maïsvlokken (mv.)	flocos (m pl) de milho	['flɔkuʃ də 'miʎu]
honing (de)	mel (m)	[mɛl]
jam (de)	doce (m)	['dosɐ]
kauwgom (de)	pastilha (f) elástica	[pɐ'ʃtiʎɐ e'laʃtikɐ]

42. Drankjes

water (het)	água (f)	['aguɐ]
drinkwater (het)	água (f) potável	['aguɐ pu'tavɛl]
mineraalwater (het)	água (f) mineral	['aguɐ minɐ'ral]

zonder gas	sem gás	[sẽʲ gaʃ]
koolzuurhoudend (bn)	gaseificada	[gɐziifi'kadɐ]
bruisend (bn)	com gás	[kõ gaʃ]
ijs (het)	gelo (m)	['ʒelu]

met ijs	com gelo	[kõ 'ʒelu]
alcohol vrij (bn)	sem álcool	[sɛm 'alkuɔl]
alcohol vrije drank (de)	bebida (f) sem álcool	[bə'bidɐ sɛn 'alkuɔl]
frisdrank (de)	refresco (m)	[ʀɐ'freʃku]
limonade (de)	limonada (f)	[limu'nadɐ]

alcoholische dranken (mv.)	bebidas (f pl) alcoólicas	[bə'bideʃ alku'ɔlikeʃ]
wijn (de)	vinho (m)	['viɲu]
witte wijn (de)	vinho (m) branco	['viɲu 'brãku]
rode wijn (de)	vinho (m) tinto	['viɲu 'tĩtu]

likeur (de)	licor (m)	[li'kor]
champagne (de)	champanhe (m)	[ʃã'pɐɲɐ]
vermout (de)	vermute (m)	[vɐr'mutɐ]

whisky (de)	uísque (m)	[u'iʃkɐ]
wodka (de)	vodca, vodka (f)	['vɔdkɐ]
gin (de)	gim (m)	[ʒĩ]
cognac (de)	conhaque (m)	[ku'ɲakɐ]
rum (de)	rum (m)	[ʀũ]

koffie (de)	café (m)	[kɐ'fɛ]
zwarte koffie (de)	café (m) puro	[kɐ'fɛ 'puru]
koffie (de) met melk	café (m) com leite	[kɐ'fɛ kõ 'lejtɐ]
cappuccino (de)	cappuccino (m)	[kapu'tʃinu]
oploskoffie (de)	café (m) solúvel	[kɐ'fɛ su'luvɛl]

melk (de)	leite (m)	['lejtɐ]
cocktail (de)	coquetel (m)	[kɔkə'tɛl]
milkshake (de)	batido (m) de leite	[bɐ'tidu də 'lejtɐ]

sap (het)	sumo (m)	['sumu]
tomatensap (het)	sumo (m) de tomate	['sumu də tu'matɐ]
sinaasappelsap (het)	sumo (m) de laranja	['sumu də lɐ'rãʒɐ]
vers geperst sap (het)	sumo (m) fresco	['sumu 'freʃku]

bier (het)	cerveja (f)	[sɐr'veʒɐ]
licht bier (het)	cerveja (f) clara	[sɐr'veʒɐ 'klarɐ]
donker bier (het)	cerveja (f) preta	[sɐr'veʒɐ 'pretɐ]

thee (de)	chá (m)	[ʃa]
zwarte thee (de)	chá (m) preto	[ʃa 'pretu]
groene thee (de)	chá (m) verde	[ʃa 'verdɐ]

43. Groenten

groenten (mv.)	legumes (m pl)	[lə'gumɐʃ]
verse kruiden (mv.)	verduras (f pl)	[vɐr'durɐʃ]

tomaat (de)	tomate (m)	[tu'matɐ]
augurk (de)	pepino (m)	[pə'pinu]
wortel (de)	cenoura (f)	[sə'norɐ]
aardappel (de)	batata (f)	[bɐ'tatɐ]
ui (de)	cebola (f)	[sə'bolɐ]

knoflook (de)	alho (m)	['aʎu]
kool (de)	couve (f)	['kovə]
bloemkool (de)	couve-flor (f)	['kovə 'flor]
spruitkool (de)	couve-de-bruxelas (f)	['kovə də bru'ʃɛleʃ]
broccoli (de)	brócolos (m pl)	['brɔkuluʃ]

rode biet (de)	beterraba (f)	[bətə'ʀabə]
aubergine (de)	beringela (f)	[bəɾĩʒɛle]
courgette (de)	curgete (f)	[kur'ʒɛtə]
pompoen (de)	abóbora (f)	[e'bɔburɐ]
raap (de)	nabo (m)	['nabu]

peterselie (de)	salsa (f)	['salsə]
dille (de)	funcho, endro (m)	['fũʃu], ['ẽdru]
sla (de)	alface (f)	[al'fasə]
selderij (de)	aipo (m)	['ajpu]
asperge (de)	espargo (m)	[ə'ʃpargu]
spinazie (de)	espinafre (m)	[əʃpi'nafrə]

erwt (de)	ervilha (f)	[er'viʎe]
bonen (mv.)	fava (f)	['favə]
maïs (de)	milho (m)	['miʎu]
nierboon (de)	feijão (m)	[fɐj'ʒãu]

peper (de)	pimentão (m)	[pimẽ'tãu]
radijs (de)	rabanete (m)	[ʀɐbɐ'netə]
artisjok (de)	alcachofra (f)	[alkɐ'ʃofrɐ]

44. Vruchten. Noten

vrucht (de)	fruta (f)	['frutə]
appel (de)	maçã (f)	[mɐ'sã]
peer (de)	pera (f)	['pɐrɐ]
citroen (de)	limão (m)	[li'mãu]
sinaasappel (de)	laranja (f)	[lɐ'rãʒe]
aardbei (de)	morango (m)	[mu'rãgu]

mandarijn (de)	tangerina (f)	[tãʒɐ'rinɐ]
pruim (de)	ameixa (f)	[ɐ'mɐjʃe]
perzik (de)	pêssego (m)	['pesəgu]
abrikoos (de)	damasco (m)	[dɐ'maʃku]
framboos (de)	framboesa (f)	[frãbu'eze]
ananas (de)	ananás (m)	[ɐnɐ'naʃ]

banaan (de)	banana (f)	[bɐ'nɐnɐ]
watermeloen (de)	melancia (f)	[məlã'siɐ]
druif (de)	uva (f)	['uvɐ]
zure kers (de)	ginja (f)	['ʒĩʒɐ]
zoete kers (de)	cereja (f)	[sə'rɐʒɐ]
meloen (de)	meloa (f), melão (m)	[mə'loɐ], [mə'lãu]

grapefruit (de)	toranja (f)	[tu'rãʒɐ]
avocado (de)	abacate (m)	[ɐbɐ'katə]
papaja (de)	papaia (f), mamão (m)	[pɐ'pajɐ], [mɐ'mãu]

| mango (de) | manga (f) | ['mãgɐ] |
| granaatappel (de) | romã (f) | [ʀu'mã] |

rode bes (de)	groselha (f) vermelha	[gru'zeʎɐ vɐr'meʎɐ]
zwarte bes (de)	groselha (f) preta	[gru'zeʎɐ 'pretɐ]
kruisbes (de)	groselha (f) espinhosa	[gru'zeʎɐ ɐʃpi'ɲɔzɐ]
blauwe bosbes (de)	mirtilo (m)	[mir'tilu]
braambes (de)	amora silvestre (f)	[ɐ'mɔɾɐ sil'vɛʃtɾə]

rozijn (de)	uvas (f pl) passas	['uveʃ 'paseʃ]
vijg (de)	figo (m)	['figu]
dadel (de)	tâmara (f)	['temɐɾɐ]

pinda (de)	amendoim (m)	[ɐmẽdu'ĩ]
amandel (de)	amêndoa (f)	[ɐ'mẽduɐ]
walnoot (de)	noz (f)	[nɔʒ]
hazelnoot (de)	avelã (f)	[ɐvɐ'lã]
kokosnoot (de)	coco (m)	['koku]
pistaches (mv.)	pistáchios (m pl)	[pi'ʃtaʃiuʃ]

45. Brood. Snoep

suikerbakkerij (de)	pastelaria (f)	[peʃtɐlɐ'ɾiɐ]
brood (het)	pão (m)	['pãu]
koekje (het)	bolacha (f)	[bu'laʃɐ]

chocolade (de)	chocolate (m)	[ʃuku'latə]
chocolade- (abn)	de chocolate	[də ʃuku'latə]
snoepje (het)	rebuçado (m)	[ʀɐbu'sadu]
cakeje (het)	bolo (m)	['bolu]
taart (bijv. verjaardags~)	bolo (m) de aniversário	['bolu də ɐnivɐr'sariu]

| pastei (de) | tarte (f) | ['tartə] |
| vulling (de) | recheio (m) | [ʀə'ʃeju] |

confituur (de)	doce (m)	['dosə]
marmelade (de)	geleia (f) de frutas	[ʒə'lɐjɐ də 'fruteʃ]
wafel (de)	waffle (m)	['wejfəl]
ijsje (het)	gelado (m)	[ʒə'ladu]
pudding (de)	pudim (m)	[pu'dĩ]

46. Bereide gerechten

gerecht (het)	prato (m)	['pratu]
keuken (bijv. Franse ~)	cozinha (f)	[ku'ziɲɐ]
recept (het)	receita (f)	[ʀɐ'sɐjtɐ]
portie (de)	porção (f)	[pur'sãu]

salade (de)	salada (f)	[sɐ'ladɐ]
soep (de)	sopa (f)	['sopɐ]
bouillon (de)	caldo (m)	['kaldu]
boterham (de)	sandes (f)	['sãdəʃ]

spiegelei (het)	ovos (m pl) estrelados	['ɔvuʃ əʃtrə'laduʃ]
hamburger (de)	hambúrguer (m)	[ã'burgɛr]
biefstuk (de)	bife (m)	['bifə]

garnering (de)	conduto (m)	[kõ'dutu]
spaghetti (de)	espaguete (m)	[əʃpɐ'getə]
aardappelpuree (de)	puré (m) de batata	[pu'rɛ də bɐ'tatɐ]
pizza (de)	pizza (f)	['pitzɐ]
pap (de)	papa (f)	['papɐ]
omelet (de)	omelete (f)	[ɔmə'lɛtə]

gekookt (in water)	cozido	[ku'zidu]
gerookt (bn)	fumado	[fu'madu]
gebakken (bn)	frito	['fritu]
gedroogd (bn)	seco	['seku]
diepvries (bn)	congelado	[kõʒə'ladu]
gemarineerd (bn)	em conserva	[ẽ kõ'sɛrvɐ]

zoet (bn)	doce, açucarado	['dosə], [ɐsukɐ'radu]
gezouten (bn)	salgado	[sa'lgadu]
koud (bn)	frio	['friu]
heet (bn)	quente	['kẽtə]
bitter (bn)	amargo	[ɐ'margu]
lekker (bn)	gostoso	[gu'ʃtozu]

koken (in kokend water)	cozinhar em água a ferver	[kuzi'ɲar ɛn 'aguɐ ɐ fər'ver]
bereiden (avondmaaltijd ~)	preparar (vt)	[prəpɐ'rar]
bakken (ww)	fritar (vt)	[fri'tar]
opwarmen (ww)	aquecer (vt)	[ɐkɛ'ser]

zouten (ww)	salgar (vt)	[sa'lgar]
peperen (ww)	apimentar (vt)	[ɐpimẽ'tar]
raspen (ww)	ralar (vt)	[ʀɐ'lar]
schil (de)	casca (f)	['kaʃkɐ]
schillen (ww)	descascar (vt)	[dəʃkɐ'ʃkar]

47. Kruiden

zout (het)	sal (m)	[sal]
gezouten (bn)	salgado	[sa'lgadu]
zouten (ww)	salgar (vt)	[sa'lgar]

zwarte peper (de)	pimenta (f) preta	[pi'mẽtɐ 'pretɐ]
rode peper (de)	pimenta (f) vermelha	[pi'mẽtɐ vər'mɐʎɐ]
mosterd (de)	mostarda (f)	[mu'ʃtardɐ]
mierikswortel (de)	raiz-forte (f)	[ʀɐ'iʃ 'fɔrtə]

condiment (het)	condimento (m)	[kõdi'mẽtu]
specerij, kruiderij (de)	especiaria (f)	[əʃpəsiɐ'riɐ]
saus (de)	molho (m)	['moʎu]
azijn (de)	vinagre (m)	[vi'nagrə]

| anijs (de) | anis (m) | [ɐ'niʃ] |
| basilicum (de) | manjericão (m) | [mãʒəri'kãu] |

kruidnagel (de)	cravo (m)	['kravu]
gember (de)	gengibre (m)	[ʒë'ʒibrə]
koriander (de)	coentro (m)	[ku'ëtru]
kaneel (de/het)	canela (f)	[kɐ'nɛlɐ]

sesamzaad (het)	sésamo (m)	['sɛzɐmu]
laurierblad (het)	folhas (f pl) de louro	['foʎɐʃ də 'loru]
paprika (de)	páprica (f)	['paprikɐ]
komijn (de)	cominho (m)	[ku'miɲu]
saffraan (de)	açafrão (m)	[ɐsɐ'frãu]

48. Maaltijden

| eten (het) | comida (f) | [ku'midɐ] |
| eten (ww) | comer (vt) | [ku'mer] |

ontbijt (het)	pequeno-almoço (m)	[pə'kenu al'mosu]
ontbijten (ww)	tomar o pequeno-almoço	[tu'mar u pə'kenu al'mosu]
lunch (de)	almoço (m)	[al'mosu]
lunchen (ww)	almoçar (vi)	[almu'sar]
avondeten (het)	jantar (m)	[ʒã'tar]
souperen (ww)	jantar (vi)	[ʒã'tar]

| eetlust (de) | apetite (m) | [ɐpə'titə] |
| Eet smakelijk! | Bom apetite! | [bõ ɐpə'titə] |

openen (een fles ~)	abrir (vt)	[ɐ'brir]
morsen (koffie, enz.)	derramar (vt)	[dɐʀɐ'mar]
zijn gemorst	derramar-se (vr)	[dɐʀɐ'marsə]

koken (water kookt bij 100°C)	ferver (vi)	[fər'ver]
koken (Hoe om water te ~)	ferver (vt)	[fər'ver]
gekookt (~ water)	fervido	[fər'vidu]

| afkoelen (koeler maken) | arrefecer (vt) | [ɐʀɐfə'ser] |
| afkoelen (koeler worden) | arrefecer-se (vr) | [ɐʀɐfə'sersə] |

| smaak (de) | sabor, gosto (m) | [sɐ'bor], ['goʃtu] |
| nasmaak (de) | gostinho (m) | [gu'ʃtiɲu] |

volgen een dieet	fazer dieta	[fɐ'zer di'ɛtɐ]
dieet (het)	dieta (f)	[di'ɛtɐ]
vitamine (de)	vitamina (f)	[vitɐ'minɐ]
calorie (de)	caloria (f)	[kɐlu'riɐ]

| vegetariër (de) | vegetariano (m) | [vəʒɐtɐ'rjɐnu] |
| vegetarisch (bn) | vegetariano | [vəʒɐtɐ'rjɐnu] |

vetten (mv.)	gorduras (f pl)	[gur'durɐʃ]
eiwitten (mv.)	proteínas (f pl)	[prɔtɐ'inɐʃ]
koolhydraten (mv.)	carboidratos (m pl)	[kɐrbuid'ratuʃ]
snede (de)	fatia (f)	[fɐ'tiɐ]
stuk (bijv. een ~ taart)	bocado, pedaço (m)	[bu'kadu], [pə'dasu]
kruimel (de)	migalha (f)	[mi'gaʎɐ]

49. Tafelschikking

lepel (de)	colher (f)	[ku'ʎɛr]
mes (het)	faca (f)	['fakɐ]
vork (de)	garfo (m)	['gɐrfu]
kopje (het)	chávena (f)	['ʃavɐnɐ]
bord (het)	prato (m)	['pratu]
schoteltje (het)	pires (m)	['pirɐʃ]
servet (het)	guardanapo (m)	[guɐrdɐ'napu]
tandenstoker (de)	palito (m)	[pɐ'litu]

50. Restaurant

restaurant (het)	restaurante (m)	[Rɐʃtau'rãtɐ]
koffiehuis (het)	café (m)	[kɐ'fɛ]
bar (de)	bar (m), cervejaria (f)	[bar], [sɐrvɐʒɐ'riɐ]
tearoom (de)	salão (m) de chá	[sɐ'lãu də ʃa]
kelner, ober (de)	empregado (m)	[ẽprɐ'gadu]
serveerster (de)	empregada (f)	[ẽprɐ'gadɐ]
barman (de)	barman (m)	['barmɐn]
menu (het)	ementa (f)	[e'mẽtɐ]
wijnkaart (de)	lista (f) de vinhos	['liʃtɐ də 'viɲuʃ]
een tafel reserveren	reservar uma mesa	[Rɐzɐr'var 'umɐ 'mezɐ]
gerecht (het)	prato (m)	['pratu]
bestellen (eten ~)	pedir (vt)	[pɐ'dir]
een bestelling maken	pedir (vi)	[pɐ'dir]
aperitief (de/het)	aperitivo (m)	[epɐri'tivu]
voorgerecht (het)	entrada (f)	[ẽ'tradɐ]
dessert (het)	sobremesa (f)	[sobrɐ'mezɐ]
rekening (de)	conta (f)	['kõtɐ]
de rekening betalen	pagar a conta	[pɐ'gar ɐ 'kõtɐ]
wisselgeld teruggeven	dar o troco	[dar u 'troku]
fooi (de)	gorjeta (f)	[gur'ʒetɐ]

Familie, verwanten en vrienden

51. Persoonlijke informatie. Formulieren

naam (de)	nome (m)	['nomə]
achternaam (de)	apelido (m)	[ɐpə'lidu]
geboortedatum (de)	data (f) de nascimento	['datɐ də nɐʃsi'mẽtu]
geboorteplaats (de)	local (m) de nascimento	[lu'kal də nɐʃsi'mẽtu]

nationaliteit (de)	nacionalidade (f)	[nɐsiunɐli'dadə]
woonplaats (de)	lugar (m) de residência	[lu'gar də ʀɐzi'dẽsiɐ]
land (het)	país (m)	[pɐ'iʃ]
beroep (het)	profissão (f)	[prufi'sãu]

geslacht (ov. het vrouwelijk ~)	sexo (m)	['sɛksu]
lengte (de)	estatura (f)	[əʃtɐ'turɐ]
gewicht (het)	peso (m)	['pezu]

52. Familieleden. Verwanten

moeder (de)	mãe (f)	[mẽ']
vader (de)	pai (m)	[paj]
zoon (de)	filho (m)	['fiʎu]
dochter (de)	filha (f)	['fiʎɐ]

jongste dochter (de)	filha (f) mais nova	['fiʎɐ 'maɪʃ 'nɔvɐ]
jongste zoon (de)	filho (m) mais novo	['fiʎu 'maɪʃ 'novu]
oudste dochter (de)	filha (f) mais velha	['fiʎɐ 'maɪʃ 'vɛʎɐ]
oudste zoon (de)	filho (m) mais velho	['fiʎu 'maɪʃ 'vɛʎu]

broer (de)	irmão (m)	[ir'mãu]
oudere broer (de)	irmão (m) mais velho	[ir'mãu 'maɪʃ 'vɛʎu]
jongere broer (de)	irmão (m) mais novo	[ir'mãu 'maɪʃ 'novu]
zuster (de)	irmã (f)	[ir'mã]
oudere zuster (de)	irmã (f) mais velha	[ir'mã 'maɪʃ 'vɛʎɐ]
jongere zuster (de)	irmã (f) mais nova	[ir'mã 'maɪʃ 'nɔvɐ]

neef (zoon van oom, tante)	primo (m)	['primu]
nicht (dochter van oom, tante)	prima (f)	['primɐ]
mama (de)	mamã (f)	[mɐ'mã]
papa (de)	papá (m)	[pɐ'pa]
ouders (mv.)	pais (pl)	['paɪʃ]
kind (het)	criança (f)	[kri'ãsɐ]
kinderen (mv.)	crianças (f pl)	[kri'ãsɐʃ]
oma (de)	avó (f)	[ɐ'vɔ]
opa (de)	avô (m)	[ɐ'vo]

kleinzoon (de)	neto (m)	['nɛtu]
kleindochter (de)	neta (f)	['nɛtɐ]
kleinkinderen (mv.)	netos (pl)	['nɛtuʃ]

oom (de)	tio (m)	['tiu]
tante (de)	tia (f)	['tiɐ]
neef (zoon van broer, zus)	sobrinho (m)	[su'briɲu]
nicht (dochter van broer, zus)	sobrinha (f)	[su'briɲɐ]

schoonmoeder (de)	sogra (f)	['sɔgrɐ]
schoonvader (de)	sogro (m)	['sogru]
schoonzoon (de)	genro (m)	['ʒẽʀu]
stiefmoeder (de)	madrasta (f)	[mɐ'draʃtɐ]
stiefvader (de)	padrasto (m)	[pɐ'draʃtu]

zuigeling (de)	criança (f) de colo	[kri'ɐ̃sɐ də 'kɔlu]
wiegenkind (het)	bebé (m)	[bə'bɛ]
kleuter (de)	menino (m)	[mə'ninu]

vrouw (de)	mulher (f)	[mu'ʎɛr]
man (de)	marido (m)	[mɐ'ridu]
echtgenoot (de)	esposo (m)	[ə'ʃpozu]
echtgenote (de)	esposa (f)	[ə'ʃpozɐ]

gehuwd (mann.)	casado	[kɐ'zadu]
gehuwd (vrouw.)	casada	[kɐ'zadɐ]
ongehuwd (mann.)	solteiro	[sɔl'tejru]
vrijgezel (de)	solteirão (m)	[sɔltej'rãu]
gescheiden (bn)	divorciado	[divur'sjadu]
weduwe (de)	viúva (f)	['vjuvɐ]
weduwnaar (de)	viúvo (m)	['vjuvu]

familielid (het)	parente (m)	[pɐ'rẽtə]
dichte familielid (het)	parente (m) próximo	[pɐ'rẽtə 'prɔsimu]
verre familielid (het)	parente (m) distante	[pɐ'rẽtə di'ʃtãtə]
familieleden (mv.)	parentes (m pl)	[pɐ'rẽtəʃ]

voogd (de)	tutor (m)	[tu'tor]
adopteren (een jongen te ~)	adotar (vt)	[ɐdɔ'tar]
adopteren (een meisje te ~)	adotar (vt)	[ɐdɔ'tar]

53. Vrienden. Collega's

vriend (de)	amigo (m)	[ɐ'migu]
vriendin (de)	amiga (f)	[ɐ'migɐ]
vriendschap (de)	amizade (f)	[ɐmi'zadə]
bevriend zijn (ww)	ser amigos	[ser ɐ'miguʃ]

makker (de)	amigo (m)	[ɐ'migu]
vriendin (de)	amiga (f)	[ɐ'migɐ]
partner (de)	parceiro (m)	[pɐr'sejru]

| chef (de) | chefe (m) | ['ʃɛfə] |
| baas (de) | superior (m) | [supə'rjor] |

eigenaar (de)	proprietário (m)	[prupriɛ'tariu]
ondergeschikte (de)	subordinado (m)	[suburdi'nadu]
collega (de)	colega (m)	[ku'lɛgɐ]

kennis (de)	conhecido (m)	[kuɲɐ'sidu]
medereiziger (de)	companheiro (m) de viagem	[kõpɐ'ɲejru də 'vjaʒẽⁱ]
klasgenoot (de)	colega (m) de classe	[ku'lɛgɐ də 'klasə]

buurman (de)	vizinho (m)	[vi'ziɲu]
buurvrouw (de)	vizinha (f)	[vi'ziɲɐ]
buren (mv.)	vizinhos (pl)	[vi'ziɲuʃ]

54. Man. Vrouw

vrouw (de)	mulher (f)	[mu'ʎɛr]
meisje (het)	rapariga (f)	[ʀɐpɐ'rigɐ]
bruid (de)	noiva (f)	['nojvɐ]

mooi(e) (vrouw, meisje)	bonita	[bu'nitɐ]
groot, grote (vrouw, meisje)	alta	['altɐ]
slank(e) (vrouw, meisje)	esbelta	[ə'ʒbɛltɐ]
korte, kleine (vrouw, meisje)	de estatura média	[də əʃtɐ'turɐ 'mɛdiɐ]

| blondine (de) | loura (f) | ['lorɐ] |
| brunette (de) | morena (f) | [mu'renɐ] |

dames- (abn)	de senhora	[də sə'ɲorɐ]
maagd (de)	virgem (f)	['virʒẽⁱ]
zwanger (bn)	grávida	['gravidɐ]

man (de)	homem (m)	['ɔmẽⁱ]
blonde man (de)	louro (m)	['loru]
bruinharige man (de)	moreno (m)	[mu'renu]
groot (bn)	alto	['altu]
klein (bn)	de estatura média	[də əʃtɐ'turɐ 'mɛdiɐ]

onbeleefd (bn)	rude	['ʀudə]
gedrongen (bn)	atarracado	[ɐtɐʀɐ'kadu]
robuust (bn)	robusto	[ʀu'buʃtu]
sterk (bn)	forte	['fɔrtə]
sterkte (de)	força (f)	['forsɐ]

mollig (bn)	gordo	['gordu]
getaand (bn)	moreno	[mu'renu]
slank (bn)	esbelto	[ə'ʒbɛltu]
elegant (bn)	elegante	[elə'gãtə]

55. Leeftijd

leeftijd (de)	idade (f)	[i'dadə]
jeugd (de)	juventude (f)	[ʒuvẽ'tudə]
jong (bn)	jovem	['ʒɔvẽⁱ]

| jonger (bn) | mais novo | ['maɪʃ 'novu] |
| ouder (bn) | mais velho | ['maɪʃ 'vɛʎu] |

jongen (de)	jovem (m)	['ʒɔvẽʲ]
tiener, adolescent (de)	adolescente (m)	[edulə'ʃẽtə]
kerel (de)	rapaz (m)	[ʀɐ'paʒ]

| oude man (de) | velho (m) | ['vɛʎu] |
| oude vrouw (de) | velhota (f) | [vɛ'ʎɔtɐ] |

volwassen (bn)	adulto	[e'dultu]
van middelbare leeftijd (bn)	de meia-idade	[də mɐjɐ i'dadə]
bejaard (bn)	idoso, de idade	[i'dozu], [de i'dade]
oud (bn)	velho	['vɛʎu]

pensioen (het)	reforma (f)	[ʀə'fɔrmɐ]
met pensioen gaan	reformar-se (vr)	[ʀəfur'marsə]
gepensioneerde (de)	reformado (m)	[ʀəfur'madu]

56. Kinderen

kind (het)	criança (f)	[kri'ãsɐ]
kinderen (mv.)	crianças (f pl)	[kri'ãsɐʃ]
tweeling (de)	gémeos (m pl)	['ʒɛmiuʃ]

wieg (de)	berço (m)	['bersu]
rammelaar (de)	guizo (m)	['gizu]
luier (de)	fralda (f)	['fraldɐ]

speen (de)	chupeta (f)	[ʃu'petɐ]
kinderwagen (de)	carrinho (m) de bebé	[ke'ʀiɲu də bə'bɛ]
kleuterschool (de)	jardim (m) de infância	[ʒer'dĩ də ĩ'fãsie]
babysitter (de)	babysitter (f)	[bebisi'ter]

kindertijd (de)	infância (f)	[ĩ'fãsie]
pop (de)	boneca (f)	[bu'nɛkɐ]
speelgoed (het)	brinquedo (m)	[brĩ'kedu]
bouwspeelgoed (het)	jogo (m) de armar	['ʒogu də ɐr'mar]

welopgevoed (bn)	bem-educado	[bẽʲ edu'kadu]
onopgevoed (bn)	mal-educado	[mal edu'kadu]
verwend (bn)	mimado	[mi'madu]

stout zijn (ww)	ser travesso	[ser tre'vɛsu]
stout (bn)	travesso, traquinas	[tre'vɛsu], [tre'kineʃ]
stoutheid (de)	travessura (f)	[treve'surɐ]
stouterd (de)	criança (f) travessa	[kri'ãsɐ tre'vɛsɐ]

| gehoorzaam (bn) | obediente | [ɔbə'djẽtə] |
| ongehoorzaam (bn) | desobediente | [dəzɔbə'djẽtə] |

braaf (bn)	dócil	['dɔsil]
slim (verstandig)	inteligente	[ĩtəli'ʒẽtə]
wonderkind (het)	menino (m) prodígio	[mə'ninu pru'diʒiu]

57. Gehuwde paren. Gezinsleven

kussen (een kus geven)	beijar (vt)	[bej'ʒar]
elkaar kussen (ww)	beijar-se (vr)	[bej'ʒarsə]
gezin (het)	família (f)	[fe'milie]
gezins- (abn)	familiar	[femi'ljar]
paar (het)	casal (m)	[ke'zal]
huwelijk (het)	matrimónio (m)	[metri'mɔniu]
thuis (het)	lar (m)	[lar]
dynastie (de)	dinastia (f)	[dine'ʃtie]

date (de)	encontro (m)	[ẽ'kõtru]
zoen (de)	beijo (m)	['bejʒu]

liefde (de)	amor (m)	[e'mor]
liefhebben (ww)	amar (vt)	[e'mar]
geliefde (bn)	amado, querido	[e'madu], [ke'ridu]

tederheid (de)	ternura (f)	[tər'nure]
teder (bn)	terno, afetuoso	['tɛrnu], [efɛtu'ozu]
trouw (de)	fidelidade (f)	[fideli'dadə]
trouw (bn)	fiel	['fjɛl]
zorg (bijv. bejaarden~)	cuidado (m)	[kui'dadu]
zorgzaam (bn)	carinhoso	[keri'ɲozu]

jonggehuwden (mv.)	recém-casados (pl)	[ʀə'sẽⁱ ke'zaduʃ]
wittebroodsweken (mv.)	lua (f) de mel	['lue də mɛl]
trouwen (vrouw)	casar-se (vr)	[ke'zarsə]
trouwen (man)	casar-se (vr)	[ke'zarsə]

bruiloft (de)	boda (f)	['bode]
gouden bruiloft (de)	bodas (f pl) de ouro	['bodeʃ də 'oru]
verjaardag (de)	aniversário (m)	[enivər'sariu]

minnaar (de)	amante (m)	[e'mãtə]
minnares (de)	amante (f)	[e'mãtə]

overspel (het)	adultério (m)	[edul'tɛriu]
overspel plegen (ww)	cometer adultério	[kumə'ter edul'tɛriu]
jaloers (bn)	ciumento	[siu'mẽtu]
jaloers zijn (echtgenoot, enz.)	ser ciumento	[ser siu'mẽtu]
echtscheiding (de)	divórcio (m)	[di'vɔrsiu]
scheiden (ww)	divorciar-se (vr)	[divur'sjarsə]

ruzie hebben (ww)	brigar (vi)	[bri'gar]
vrede sluiten (ww)	fazer as pazes	[fe'zer eʃ 'pazəʃ]
samen (bw)	juntos	['ʒũtuʃ]
seks (de)	sexo (m)	['sɛksu]

geluk (het)	felicidade (f)	[fəlisi'dadə]
gelukkig (bn)	feliz	[fə'liʃ]
ongeluk (het)	infelicidade (f)	[ĩfəlisi'dadə]
ongelukkig (bn)	infeliz	[ĩfə'liʃ]

57

Karakter. Gevoelens. Emoties

58. Gevoelens. Emoties

gevoel (het)	sentimento (m)	[sẽti'mẽtu]
gevoelens (mv.)	sentimentos (m pl)	[sẽti'mẽtuʃ]
voelen (ww)	sentir (vt)	[sẽ'tir]
honger (de)	fome (f)	['fɔmə]
honger hebben (ww)	ter fome	[ter 'fɔmə]
dorst (de)	sede (f)	['sedə]
dorst hebben	ter sede	[ter 'sedə]
slaperigheid (de)	sonolência (f)	[sunu'lẽsiɐ]
willen slapen	estar sonolento	[ə'ʃtar sunu'lẽtu]
moeheid (de)	cansaço (m)	[kã'sasu]
moe (bn)	cansado	[kã'sadu]
vermoeid raken (ww)	ficar cansado	[fi'kar kã'sadu]
stemming (de)	humor (m)	[u'mor]
verveling (de)	tédio (m)	['tɛdiu]
zich vervelen (ww)	aborrecer-se (vr)	[ɐbuʀə'sersə]
afzondering (de)	isolamento (m)	[izulɐ'mẽtu]
zich afzonderen (ww)	isolar-se	[izu'larsə]
bezorgd maken	preocupar (vt)	[priɔku'par]
bezorgd zijn (ww)	preocupar-se (vr)	[priɔku'parsə]
zorg (bijv. geld~en)	preocupação (f)	[priɔkupɐ'sãu]
ongerustheid (de)	ansiedade (f)	[ãsiɛ'dadə]
ongerust (bn)	preocupado	[priɔku'padu]
zenuwachtig zijn (ww)	estar nervoso	[ə'ʃtar nɐr'vozu]
in paniek raken	entrar em pânico	[ẽ'trar ẽ 'peniku]
hoop (de)	esperança (f)	[əʃpɐ'rãsɐ]
hopen (ww)	esperar (vt)	[əʃpɐ'rar]
zekerheid (de)	certeza (f)	[sɐr'tezɐ]
zeker (bn)	certo	['sɛrtu]
onzekerheid (de)	indecisão (f)	[ĩdəsi'zãu]
onzeker (bn)	indeciso	[ĩdə'sizu]
dronken (bn)	ébrio, bêbado	['ɛbriu], ['bebɐdu]
nuchter (bn)	sóbrio	['sɔbriu]
zwak (bn)	fraco	['fraku]
gelukkig (bn)	feliz	[fɐ'liʃ]
doen schrikken (ww)	assustar (vt)	[ɐsu'ʃtar]
toorn (de)	fúria (f)	['furiɐ]
woede (de)	ira, raiva (f)	[irɐ], ['ʀajvɐ]
depressie (de)	depressão (f)	[dəprɐ'sãu]
ongemak (het)	desconforto (m)	[dəʃkõ'fortu]

gemak, comfort (het)	conforto (m)	[kõ'fortu]
spijt hebben (ww)	arrepender-se (vr)	[ɐɹipẽ'dersə]
spijt (de)	arrependimento (m)	[ɐɹipẽdi'mẽtu]
pech (de)	azar (m), má sorte (f)	[e'zar], [ma 'sɔrtə]
bedroefdheid (de)	tristeza (f)	[tri'ʃteze]

schaamte (de)	vergonha (f)	[vər'goɲɐ]
pret (de), plezier (het)	alegria (f)	[ɐlə'griɐ]
enthousiasme (het)	entusiasmo (m)	[ẽtu'zjaʒmu]
enthousiasteling (de)	entusiasta (m)	[ẽtu'zjaʃtɐ]
enthousiasme vertonen	mostrar entusiasmo	[mu'ʃtrar ẽtu'zjaʒmu]

59. Karakter. Persoonlijkheid

karakter (het)	caráter (m)	[kɐ'ratɛr]
karakterfout (de)	falha (f) de caráter	['faʎɐ də kɐ'ratɛr]
verstand (het)	mente (f)	['mẽtə]
rede (de)	razão (f)	[ʀɐ'zãu]

geweten (het)	consciência (f)	[kõ'ʃsjẽsiɐ]
gewoonte (de)	hábito (m)	['abitu]
bekwaamheid (de)	habilidade (f)	[ɐbili'dadə]
kunnen (bijv., ~ zwemmen)	saber (vi)	[sɐ'ber]

geduldig (bn)	paciente	[pɐ'sjẽtə]
ongeduldig (bn)	impaciente	[ĩpɐ'sjẽtə]
nieuwsgierig (bn)	curioso	[ku'rjozu]
nieuwsgierigheid (de)	curiosidade (f)	[kuriuzi'dadə]

bescheidenheid (de)	modéstia (f)	[mu'dɛʃtiɐ]
bescheiden (bn)	modesto	[mu'dɛʃtu]
onbescheiden (bn)	imodesto	[imu'dɛʃtu]

luiheid (de)	preguiça (f)	[prə'gisɐ]
lui (bn)	preguiçoso	[prəgi'sozu]
luiwammes (de)	preguiçoso (m)	[prəgi'sozu]

sluwheid (de)	astúcia (f)	[ɐ'ʃtusiɐ]
sluw (bn)	astuto	[ɐ'ʃtutu]
wantrouwen (het)	desconfiança (f)	[dəʃkõ'fjãsɐ]
wantrouwig (bn)	desconfiado	[dəʃkõ'fjadu]

gulheid (de)	generosidade (f)	[ʒənəruzi'dadə]
gul (bn)	generoso	[ʒənə'rozu]
talentrijk (bn)	talentoso	[tɐlẽ'tozu]
talent (het)	talento (m)	[tɐ'lẽtu]

moedig (bn)	corajoso	[kurɐ'ʒozu]
moed (de)	coragem (f)	[ku'raʒẽĩ]
eerlijk (bn)	honesto	[o'nɛʃtu]
eerlijkheid (de)	honestidade (f)	[onɛʃti'dadə]

| voorzichtig (bn) | prudente | [pru'dẽtə] |
| manhaftig (bn) | valente | [vɐ'lẽtə] |

| ernstig (bn) | sério | ['sɛriu] |
| streng (bn) | severo | [sə'vɛru] |

resoluut (bn)	decidido	[dəsi'didu]
onzeker, irresoluut (bn)	indeciso	[ĩdə'sizu]
schuchter (bn)	tímido	['timidu]
schuchterheid (de)	timidez (f)	[timi'deʃ]

vertrouwen (het)	confiança (f)	[kõ'fjãsɐ]
vertrouwen (ww)	confiar (vt)	[kõ'fjar]
goedgelovig (bn)	crédulo	['krɛdulu]

oprecht (bw)	sinceramente	[sĩsɛrɐ'mẽtə]
oprecht (bn)	sincero	[sĩ'sɛru]
oprechtheid (de)	sinceridade (f)	[sĩsəri'dadə]
open (bn)	aberto	[ɐ'bɛrtu]

rustig (bn)	calmo	['kalmu]
openhartig (bn)	franco	['frãku]
naïef (bn)	ingénuo	[ĩ'ʒɛnuu]
verstrooid (bn)	distraído	[diʃtrɐ'idu]
leuk, grappig (bn)	engraçado	[ẽgrɐ'sadu]

gierigheid (de)	ganância (f)	[gɐ'nãsiɐ]
gierig (bn)	ganancioso	[genɐ'sjozu]
inhalig (bn)	avarento	[ɐvɐ'rẽtu]
kwaad (bn)	mau	['mau]
koppig (bn)	teimoso	[tɐj'mozu]
onaangenaam (bn)	desagradável	[dəzɐgrɐ'davɛl]

egoïst (de)	egoísta (m)	[egu'iʃtɐ]
egoïstisch (bn)	egoísta	[egu'iʃtɐ]
lafaard (de)	cobarde (m)	[ku'bardə]
laf (bn)	cobarde	[ku'bardə]

60. Slaap. Dromen

slapen (ww)	dormir (vi)	[dur'mir]
slaap (in ~ vallen)	sono (m)	['sonu]
droom (de)	sonho (m)	['soɲu]
dromen (in de slaap)	sonhar (vi)	[su'ɲar]
slaperig (bn)	sonolento	[sunu'lẽtu]

bed (het)	cama (f)	['kɐmɐ]
matras (de)	colchão (m)	[kɔ'lʃãu]
deken (de)	cobertor (m)	[kubɐr'tor]
kussen (het)	almofada (f)	[almu'fadɐ]
laken (het)	lençol (m)	[lẽ'sɔl]

slapeloosheid (de)	insónia (f)	[ĩ'sɔniɐ]
slapeloos (bn)	insone	[ĩ'sɔnə]
slaapmiddel (het)	sonífero (m)	[su'nifəru]
slaapmiddel innemen	tomar um sonífero	[tu'mar ũ su'nifəru]
willen slapen	estar sonolento	[ɐ'ʃtar sunu'lẽtu]

geeuwen (ww)	bocejar (vi)	[busə'ʒar]
gaan slapen	ir para a cama	[ir 'pɐrɐ ɐ 'kɐmɐ]
het bed opmaken	fazer a cama	[fɐ'zer ɐ 'kɐmɐ]
inslapen (ww)	adormecer (vi)	[ɐdurmə'ser]

nachtmerrie (de)	pesadelo (m)	[pəzɐ'delu]
gesnurk (het)	ronco (m)	['ʀõku]
snurken (ww)	roncar (vi)	[ʀõ'kar]

wekker (de)	despertador (m)	[dəʃpɐrtɐ'dor]
wekken (ww)	despertar (vt)	[dəʃpɐr'tar]
wakker worden (ww)	acordar (vi)	[ɐkur'dar]
opstaan (ww)	levantar-se (vr)	[lɐvã'tarsə]
zich wassen (ww)	lavar-se (vr)	[lɐ'varsə]

61. Humor. Gelach. Blijdschap

humor (de)	humor (m)	[u'mor]
gevoel (het) voor humor	sentido (m) de humor	[sẽ'tidu də u'mor]
plezier hebben (ww)	divertir-se (vr)	[divɐr'tirsə]
vrolijk (bn)	alegre	[ɐ'lɛgrə]
pret (de), plezier (het)	alegria (f)	[ɐlə'griɐ]

glimlach (de)	sorriso (m)	[su'ʀizu]
glimlachen (ww)	sorrir (vi)	[su'ʀir]
beginnen te lachen (ww)	começar a rir	[kumə'sar ɐ ʀir]
lachen (ww)	rir (vi)	[ʀir]
lach (de)	riso (m)	['ʀizu]

mop (de)	anedota (f)	[ɐnə'dɔtɐ]
grappig (een ~ verhaal)	engraçado	[ẽgrɐ'sadu]
grappig (~e clown)	ridículo	[ʀi'dikulu]

grappen maken (ww)	brincar, fazer piadas	[brĩ'kar], [fɐ'zer 'pjadɐʃ]
grap (de)	piada (f)	['pjadɐ]
blijheid (de)	alegria (f)	[ɐlə'griɐ]
blij zijn (ww)	regozijar-se (vr)	[ʀəguzi'ʒarsə]
blij (bn)	alegre	[ɐ'lɛgrə]

62. Discussie, conversatie. Deel 1

communicatie (de)	comunicação (f)	[kumunikɐ'sãu]
communiceren (ww)	comunicar-se (vr)	[kumuni'karsə]

conversatie (de)	conversa (f)	[kõ'vɛrsə]
dialoog (de)	diálogo (m)	['djalugu]
discussie (de)	discussão (f)	[diʃku'sãu]
debat (het)	debate (m)	[də'batə]
debatteren, twisten (ww)	debater (vt)	[dəbɐ'ter]

gesprekspartner (de)	interlocutor (m)	[ĩtɛrluku'tor]
thema (het)	tema (m)	['temɐ]

standpunt (het)	ponto (m) de vista	['põtu də 'viʃtɐ]
mening (de)	opinião (f)	[ɔpi'njãu]
toespraak (de)	discurso (m)	[di'ʃkursu]

bespreking (de)	discussão (f)	[diʃku'sãu]
bespreken (spreken over)	discutir (vt)	[diʃku'tir]
gesprek (het)	conversa (f)	[kõ'vɛrsɐ]
spreken (converseren)	conversar (vi)	[kõvər'sar]
ontmoeting (de)	encontro (m)	[ẽ'kõtru]
ontmoeten (ww)	encontrar-se (vr)	[ẽkõ'trarsə]

spreekwoord (het)	provérbio (m)	[pru'vɛrbiu]
gezegde (het)	ditado (m)	[di'tadu]
raadsel (het)	adivinha (f)	[ɐdi'viɲɐ]
een raadsel opgeven	dizer uma adivinha	[di'zer 'umɐ ɐdi'viɲɐ]
wachtwoord (het)	senha (f)	['seɲɐ]
geheim (het)	segredo (m)	[sə'gredu]

eed (de)	juramento (m)	[ʒurɐ'mẽtu]
zweren (een eed doen)	jurar (vi)	[ʒu'rar]
belofte (de)	promessa (f)	[pru'mɛsɐ]
beloven (ww)	prometer (vt)	[prumə'ter]

advies (het)	conselho (m)	[kõ'sɐʎu]
adviseren (ww)	aconselhar (vt)	[ɐkõsə'ʎar]
advies volgen (iemands ~)	seguir o conselho	[sə'gir u kõ'sɐʎu]
luisteren (gehoorzamen)	escutar (vt)	[əʃku'tar]

nieuws (het)	novidade, notícia (f)	[nuvi'dadə], [nu'tisiɐ]
sensatie (de)	sensação (f)	[sẽsɐ'sãu]
informatie (de)	informação (f)	[ĩfurmɐ'sãu]
conclusie (de)	conclusão (f)	[kõklu'zãu]
stem (de)	voz (f)	[vɔʒ]
compliment (het)	elogio (m)	[elu'ʒiu]
vriendelijk (bn)	amável	[ɐ'mavɛl]

woord (het)	palavra (f)	[pɐ'lavrɐ]
zin (de), zinsdeel (het)	frase (f)	['frazə]
antwoord (het)	resposta (f)	[ʀə'ʃpoʃtɐ]

waarheid (de)	verdade (f)	[vər'dadə]
leugen (de)	mentira (f)	[mẽ'tirɐ]

gedachte (de)	pensamento (m)	[pẽsɐ'mẽtu]
idee (de/het)	ideia (f)	[i'dɛjɐ]
fantasie (de)	fantasia (f)	[fãtɐ'ziɐ]

63. Discussie, conversatie. Deel 2

gerespecteerd (bn)	estimado	[əʃti'madu]
respecteren (ww)	respeitar (vt)	[ʀəʃpej'tar]
respect (het)	respeito (m)	[ʀə'ʃpejtu]
Geachte … (brief)	Estimado …, Caro …	[əʃti'madu], ['karu]
voorstellen (Mag ik jullie ~)	apresentar (vt)	[ɐprəzẽ'tar]

kennismaken (met …)	conhecer (vt)	[kuɲə'ser]
intentie (de)	intenção (f)	[ĩtẽ'sãu]
intentie hebben (ww)	tencionar (vt)	[tẽsiu'nar]
wens (de)	desejo (m)	[də'zeʒu]
wensen (ww)	desejar (vt)	[dəzə'ʒar]

verbazing (de)	surpresa (f)	[sur'preze]
verbazen (verwonderen)	surpreender (vt)	[surpriẽ'der]
verbaasd zijn (ww)	surpreender-se (vr)	[surpriẽ'dersə]

geven (ww)	dar (vt)	[dar]
nemen (ww)	pegar (vt)	[pə'gar]
teruggeven (ww)	devolver (vt)	[dəvɔ'lver]
retourneren (ww)	retornar (vt)	[ʀətur'nar]

zich verontschuldigen	desculpar-se (vr)	[dəʃkul'parsə]
verontschuldiging (de)	desculpa (f)	[də'ʃkulpə]
vergeven (ww)	perdoar (vt)	[pərdu'ar]

spreken (ww)	falar (vi)	[fe'lar]
luisteren (ww)	escutar (vt)	[əʃku'tar]
aanhoren (ww)	ouvir até o fim	[o'vir e'tɛ u fĩ]
begrijpen (ww)	compreender (vt)	[kõpriẽ'der]

tonen (ww)	mostrar (vt)	[mu'ʃtrar]
kijken naar …	olhar para …	[ɔ'ʎar 'pɐɐ]
roepen (vragen te komen)	chamar (vt)	[ʃe'mar]
afleiden (storen)	distrair (vt)	[diʃtrɐ'ir]
storen (lastigvallen)	perturbar (vt)	[pərtur'bar]
doorgeven (ww)	entregar (vt)	[ẽtrə'gar]

verzoek (het)	pedido (m)	[pə'didu]
verzoeken (ww)	pedir (vt)	[pə'dir]
eis (de)	exigência (f)	[ezi'ʒẽsie]
eisen (met klem vragen)	exigir (vt)	[ezi'ʒir]

beledigen (beledigende namen geven)	chamar nomes (vt)	[ʃe'mar 'noməʃ]
uitlachen (ww)	zombar (vt)	[zõ'bar]
spot (de)	zombaria (f)	[zõbe'rie]
bijnaam (de)	alcunha (f)	[al'kuɲe]

zinspeling (de)	insinuação (f)	[ɐlu'zãu]
zinspelen (ww)	insinuar (vt)	[ĩsinu'ar]
impliceren (duiden op)	subentender (vt)	[subẽtẽ'der]

beschrijving (de)	descrição (f)	[dəʃkri'sãu]
beschrijven (ww)	descrever (vt)	[dəʃkrə'ver]
lof (de)	elogio (m)	[elu'ʒiu]
loven (ww)	elogiar (vt)	[elu'ʒjar]

teleurstelling (de)	desapontamento (m)	[dəzepõte'mẽtu]
teleurstellen (ww)	desapontar (vt)	[dəzepõ'tar]
teleurgesteld zijn (ww)	desapontar-se (vr)	[dəzepõ'tarsə]
veronderstelling (de)	suposição (f)	[supuzi'sãu]
veronderstellen (ww)	supor (vt)	[su'por]

63

| waarschuwing (de) | advertência (f) | [edvər'tẽsiɐ] |
| waarschuwen (ww) | advertir (vt) | [edvər'tir] |

64. Discussie, conversatie. Deel 3

| aanpraten (ww) | convencer (vt) | [kõvẽ'ser] |
| kalmeren (kalm maken) | acalmar (vt) | [ɐkal'mar] |

stilte (de)	silêncio (m)	[si'lẽsiu]
zwijgen (ww)	ficar em silêncio	[fi'kar ẽ si'lẽsiu]
fluisteren (ww)	sussurrar (vt)	[susu'ʀar]
gefluister (het)	sussurro (m)	[su'suʀu]

| open, eerlijk (bw) | francamente | [frãke'mẽtə] |
| volgens mij ... | a meu ver ... | [ɐ 'meu ver] |

detail (het)	detalhe (m)	[də'taʎə]
gedetailleerd (bn)	detalhado	[dəte'ʎadu]
gedetailleerd (bw)	detalhadamente	[dəteʎadɐ'mẽtə]

| hint (de) | dica (f) | ['dikɐ] |
| een hint geven | dar uma dica | [dar 'umɐ 'dikɐ] |

blik (de)	olhar (m)	[ɔ'ʎar]
een kijkje nemen	dar uma vista de olhos	[dar 'umɐ 'viʃtɐ də 'ɔʎuʃ]
strak (een ~ke blik)	fixo	['fiksu]
knipperen (ww)	piscar (vi)	[pi'ʃkar]
knipogen (ww)	pestanejar (vt)	[pəʃtɐnə'ʒar]
knikken (ww)	acenar (vt)	[ese'nar]

zucht (de)	suspiro (m)	[su'ʃpiru]
zuchten (ww)	suspirar (vi)	[suʃpi'rar]
huiveren (ww)	estremecer (vi)	[əʃtrɐmə'ser]
gebaar (het)	gesto (m)	['ʒɛʃtu]
aanraken (ww)	tocar (vt)	[tu'kar]
grijpen (ww)	agarrar (vt)	[ege'ʀar]
een schouderklopje geven	bater de leve	[bɐ'ter də 'lɛvɐ]

Kijk uit!	Cuidado!	[kui'dadu]
Echt?	A sério?	[ɐ 'sɛriu]
Bent je er zeker van?	Tem certeza?	[tãj sər'tezɐ]
Succes!	Boa sorte!	['boɐ 'sortə]
Juist, ja!	Compreendi!	[kõpriẽ'di]
Wat jammer!	Que pena!	[kə 'penɐ]

65. Overeenstemming. Weigering

instemming (het)	consentimento (m)	[kõsẽti'mẽtu]
instemmen (akkoord gaan)	consentir (vi)	[kõsẽ'tir]
goedkeuring (de)	aprovação (f)	[ɐpruvɐ'sãu]
goedkeuren (ww)	aprovar (vt)	[ɐpru'var]
weigering (de)	recusa (f)	[ʀɐ'kuzɐ]

weigeren (ww)	negar-se (vt)	[nə'garsə]
Geweldig!	Está ótimo!	[ə'ʃta 'ɔtimu]
Goed!	Muito bem!	['mũjtu bẽ ͥ]
Akkoord!	Está bem! De acordo!	[ə'ʃta bẽ ͥ], [də ɐ'kordu]

verboden (bn)	proibido	[prui'bidu]
het is verboden	é proibido	[ɛ prui'bidu]
het is onmogelijk	é impossível	[ɛ ĩpu'sivɛl]
onjuist (bn)	incorreto	[ĩku'ʀɛtu]

afwijzen (ww)	rejeitar (vt)	[ʀəʒɐj'tar]
steunen	apoiar (vt)	[ɐpo'jar]
(een goed doel, enz.)		
aanvaarden (excuses ~)	aceitar (vt)	[ɐsɐj'tar]

bevestigen (ww)	confirmar (vt)	[kõfir'mar]
bevestiging (de)	confirmação (f)	[kõfirmɐ'sãu]
toestemming (de)	permissão (f)	[pərmi'sãu]
toestaan (ww)	permitir (vt)	[pərmi'tir]
beslissing (de)	decisão (f)	[dəsi'zãu]
z'n mond houden (ww)	não dizer nada	['nãu di'zer 'nadɐ]

voorwaarde (de)	condição (f)	[kõdi'sãu]
smoes (de)	pretexto (m)	[prə'tɛʃtu]
lof (de)	elogio (m)	[elu'ʒiu]
loven (ww)	elogiar (vt)	[elu'ʒjar]

66. Succes. Veel geluk. Mislukking

succes (het)	êxito, sucesso (m)	['ɛzitu], [su'sɛsu]
succesvol (bw)	com êxito	[kõ 'ɛzitu]
succesvol (bn)	bem sucedido	[bẽ ͥ susə'didu]

geluk (het)	sorte (f)	['sɔrtə]
Succes!	Boa sorte!	['boɐ 'sɔrtə]
geluks- (bn)	de sorte	[də 'sɔrtə]
gelukkig (fortuinlijk)	sortudo, felizardo	[sur'tudu], [fəli'zardu]

mislukking (de)	fracasso (m)	[frɐ'kasu]
tegenslag (de)	pouca sorte (f)	['pokɐ 'sɔrtə]
pech (de)	azar (m), má sorte (f)	[ɐ'zar], [ma 'sɔrtə]
zonder succes (bn)	mal sucedido	[mal susə'didu]
catastrofe (de)	catástrofe (f)	[kɐ'taʃtrufə]

fierheid (de)	orgulho (m)	[ɔr'guʎu]
fier (bn)	orgulhoso	[ɔrgu'ʎozu]
fier zijn (ww)	estar orgulhoso	[ə'ʃtar ɔrgu'ʎozu]

winnaar (de)	vencedor (m)	[vẽsə'dor]
winnen (ww)	vencer (vi)	[vẽ'ser]
verliezen (ww)	perder (vt)	[pər'der]
poging (de)	tentativa (f)	[tẽtɐ'tivɐ]
pogen, proberen (ww)	tentar (vt)	[tẽ'tar]
kans (de)	chance (m)	['ʃãsə]

67. Ruzies. Negatieve emoties

schreeuw (de)	grito (m)	['gritu]
schreeuwen (ww)	gritar (vi)	[gri'tar]
beginnen te schreeuwen	começar a gritar	[kumə'sar ɐ gri'tar]
ruzie (de)	discussão (f)	[diʃku'sãu]
ruzie hebben (ww)	discutir (vt)	[diʃku'tir]
schandaal (het)	escândalo (m)	[ə'ʃkãdɐlu]
schandaal maken (ww)	criar escândalo	[kri'ar ə'ʃkãdɐlu]
conflict (het)	conflito (m)	[kõ'flitu]
misverstand (het)	mal-entendido (m)	[mal ẽtẽ'didu]
belediging (de)	insulto (m)	[ĩ'sultu]
beledigen	insultar (vt)	[ĩsul'tar]
(met scheldwoorden)		
beledigd (bn)	insultado	[ĩsul'tadu]
krenking (de)	ofensa (f)	[ɔ'fẽsɐ]
krenken (beledigen)	ofender (vt)	[ɔfẽ'der]
gekwetst worden (ww)	ofender-se (vr)	[ɔfẽ'dersɐ]
verontwaardiging (de)	indignação (f)	[ĩdignɐ'sãu]
verontwaardigd zijn (ww)	indignar-se (vr)	[ĩdi'gnarsɐ]
klacht (de)	queixa (f)	['keɪʃɐ]
klagen (ww)	queixar-se (vr)	[keɪ'ʃarsɐ]
verontschuldiging (de)	desculpa (f)	[də'ʃkulpɐ]
zich verontschuldigen	desculpar-se (vr)	[dəʃkul'parsɐ]
excuus vragen	pedir perdão	[pə'dir pər'dãu]
kritiek (de)	crítica (f)	['kritikɐ]
bekritiseren (ww)	criticar (vt)	[kriti'kar]
beschuldiging (de)	acusação (f)	[ɐkuzɐ'sãu]
beschuldigen (ww)	acusar (vt)	[ɐku'zar]
wraak (de)	vingança (f)	[vĩ'gãsɐ]
wreken (ww)	vingar (vt)	[vĩ'gar]
wraak nemen (ww)	vingar-se (vr)	[vĩ'garsɐ]
minachting (de)	desprezo (m)	[də'ʃprezu]
minachten (ww)	desprezar (vt)	[dəʃprɐ'zar]
haat (de)	ódio (m)	['ɔdiu]
haten (ww)	odiar (vt)	[o'djar]
zenuwachtig (bn)	nervoso	[nər'vozu]
zenuwachtig zijn (ww)	estar nervoso	[ə'ʃtar nər'vozu]
boos (bn)	zangado	[zã'gadu]
boos maken (ww)	zangar (vt)	[zã'gar]
vernedering (de)	humilhação (f)	[umiʎɐ'sãu]
vernederen (ww)	humilhar (vt)	[umi'ʎar]
zich vernederen (ww)	humilhar-se (vr)	[umi'ʎarsɐ]
schok (de)	choque (m)	['ʃɔkə]
schokken (ww)	chocar (vt)	[ʃu'kar]

onaangenaamheid (de)	**aborrecimento** (m)	[ebuʀəsi'mẽtu]
onaangenaam (bn)	**desagradável**	[dəzegʀɐ'davɛl]

vrees (de)	**medo** (m)	['medu]
vreselijk (bijv. ~ onweer)	**terrível**	[tə'ʀivɛl]
eng (bn)	**assustador**	[esuʃtɐ'dor]
gruwel (de)	**horror** (m)	[ɔ'ʀor]
vreselijk (~ nieuws)	**horrível**	[ɔ'ʀivɛl]

beginnen te beven	**começar a tremer**	[kumə'sar ɐ trə'mer]
huilen (wenen)	**chorar** (vi)	[ʃu'rar]
beginnen te huilen (wenen)	**começar a chorar**	[kumə'sar ɐ ʃu'rar]
traan (de)	**lágrima** (f)	['lagrimɐ]

schuld (~ geven aan)	**falta** (f)	['faltɐ]
schuldgevoel (het)	**culpa** (f)	['kulpɐ]
schande (de)	**desonra** (f)	[də'zõʀɐ]
protest (het)	**protesto** (m)	[pru'tɛʃtu]
stress (de)	**stresse** (m)	['stresə]

storen (lastigvallen)	**perturbar** (vt)	[pərtur'bar]
kwaad zijn (ww)	**zangar-se com ...**	[zã'garsə kõ]
kwaad (bn)	**zangado**	[zã'gadu]
beëindigen (een relatie ~)	**terminar** (vt)	[tərmi'nar]
vloeken (ww)	**praguejar**	[prege'ʒar]

schrikken (schrik krijgen)	**assustar-se**	[esu'ʃtarsə]
slaan (iemand ~)	**golpear** (vt)	[gɔl'pjar]
vechten (ww)	**brigar** (vi)	[bri'gar]

regelen (conflict)	**resolver** (vt)	[ʀəzɔ'lver]
ontevreden (bn)	**descontente**	[dəʃkõ'tẽtə]
woedend (bn)	**furioso**	[fu'rjozu]

Dat is niet goed!	**Não está bem!**	['nãu ə'ʃta bẽⁱ]
Dat is slecht!	**É mau!**	[ɛ 'mau]

Geneeskunde

68. Ziekten

ziekte (de)	doença (f)	[du'ẽsɐ]
ziek zijn (ww)	estar doente	[ə'ʃtar du'ẽtə]
gezondheid (de)	saúde (f)	[sɐ'udə]

snotneus (de)	nariz (m) a escorrer	[nɐ'riʒ ɐ əʃku'ʀɐr]
angina (de)	amigdalite (f)	[ɐmigdɐ'litə]
verkoudheid (de)	constipação (f)	[kõʃtipɐ'sãu]
verkouden raken (ww)	constipar-se (vr)	[kõʃti'parsə]

bronchitis (de)	bronquite (f)	[brõ'kitɐ]
longontsteking (de)	pneumonia (f)	[pneumu'niɐ]
griep (de)	gripe (f)	['gripə]

bijziend (bn)	míope	['miupə]
verziend (bn)	presbita	[prə'ʒbitɐ]
scheelheid (de)	estrabismo (m)	[əʃtrɐ'biʒmu]
scheel (bn)	estrábico	[ə'ʃtrabiku]
grauwe staar (de)	catarata (f)	[kɐtɐ'ratɐ]
glaucoom (het)	glaucoma (m)	[glau'komɐ]

beroerte (de)	AVC (m), apoplexia (f)	[avɛ'sɛ], [ɐpɔplɛ'ksiɐ]
hartinfarct (het)	ataque (m) cardíaco	[ɐ'takə kɐr'diɐku]
myocardiaal infarct (het)	enfarte (m) do miocárdio	[ẽ'fartɐ du miɔ'kardiu]
verlamming (de)	paralisia (f)	[pɐrɐli'ziɐ]
verlammen (ww)	paralisar (vt)	[pɐrɐli'zar]

allergie (de)	alergia (f)	[ɐlər'ʒiɐ]
astma (de/het)	asma (f)	['aʒmɐ]
diabetes (de)	diabetes (f)	[diɐ'bɛtəʃ]

tandpijn (de)	dor (f) de dentes	[dor də 'dẽtəʃ]
tandbederf (het)	cárie (f)	['kariɐ]

diarree (de)	diarreia (f)	[diɐ'ʀɐjɐ]
constipatie (de)	prisão (f) de ventre	[pri'zãu də 'vẽtrə]
maagstoornis (de)	desarranjo (m) intestinal	[dəzɐ'ʀãʒu ĩtəʃti'nal]
voedselvergiftiging (de)	intoxicação (f) alimentar	[ĩtɔksikɐ'sãu ɐlimẽ'tar]
voedselvergiftiging oplopen	intoxicar-se	[ĩtɔksi'karsə]

artritis (de)	artrite (f)	[ɐr'tritɐ]
rachitis (de)	raquitismo (m)	[ʀɐki'tiʒmu]
reuma (het)	reumatismo (m)	[ʀiumɐ'tiʒmu]
arteriosclerose (de)	arteriosclerose (f)	[ɐrtɐriɔʃklɐ'rɔzə]

gastritis (de)	gastrite (f)	[gɐ'ʃtritɐ]
blindedarmontsteking (de)	apendicite (f)	[ɐpẽdi'sitɐ]

| galblaasontsteking (de) | colecistite (f) | [kulɛsiˈʃtitə] |
| zweer (de) | úlcera (f) | [ˈulsərɐ] |

mazelen (mv.)	sarampo (m)	[sɐˈrãpu]
rodehond (de)	rubéola (f)	[ʀuˈbɛulɐ]
geelzucht (de)	iterícia (f)	[itəˈrisiɐ]
leverontsteking (de)	hepatite (f)	[epɐˈtitɐ]

schizofrenie (de)	esquizofrenia (f)	[əʃkizɔfrəˈniɐ]
dolheid (de)	raiva (f)	[ˈʀajvɐ]
neurose (de)	neurose (f)	[neuˈrɔzə]
hersenschudding (de)	comoção (f) cerebral	[kumuˈsãu sərəˈbral]

kanker (de)	cancro (m)	[ˈkãkru]
sclerose (de)	esclerose (f)	[əʃkləˈrɔzə]
multiple sclerose (de)	esclerose (f) múltipla	[əʃkləˈrɔzə ˈmultiplɐ]

alcoholisme (het)	alcoolismo (m)	[alkuuˈliʒmu]
alcoholicus (de)	alcoólico (m)	[alkuˈɔliku]
syfilis (de)	sífilis (f)	[ˈsifiliʃ]
AIDS (de)	SIDA (f)	[ˈsidɐ]

tumor (de)	tumor (m)	[tuˈmor]
kwaadaardig (bn)	maligno	[mɐˈlignu]
goedaardig (bn)	benigno	[bəˈnignu]

koorts (de)	febre (f)	[ˈfɛbrə]
malaria (de)	malária (f)	[mɐˈlariɐ]
gangreen (het)	gangrena (f)	[gãˈgrenɐ]
zeeziekte (de)	enjoo (m)	[ẽˈʒou]
epilepsie (de)	epilepsia (f)	[epilɛpˈsiɐ]

epidemie (de)	epidemia (f)	[epidəˈmiɐ]
tyfus (de)	tifo (m)	[ˈtifu]
tuberculose (de)	tuberculose (f)	[tubɛrkuˈlɔzə]
cholera (de)	cólera (f)	[ˈkɔlərɐ]
pest (de)	peste (f)	[ˈpɛʃtə]

69. Symptomen. Behandelingen. Deel 1

symptoom (het)	sintoma (m)	[sĩˈtomɐ]
temperatuur (de)	temperatura (f)	[tẽpərɐˈturɐ]
verhoogde temperatuur (de)	febre (f)	[ˈfɛbrə]
polsslag (de)	pulso (m)	[ˈpulsu]

duizeling (de)	vertigem (f)	[vərˈtiʒẽj]
heet (erg warm)	quente	[ˈkẽtə]
koude rillingen (mv.)	calafrio (m)	[kɐlɐˈfriu]
bleek (bn)	pálido	[ˈpalidu]

hoest (de)	tosse (f)	[ˈtɔsə]
hoesten (ww)	tossir (vi)	[tɔˈsir]
niezen (ww)	espirrar (vi)	[əʃpiˈʀar]
flauwte (de)	desmaio (m)	[dəˈʒmaju]

flauwvallen (ww)	desmaiar (vi)	[dəʒme'jar]
blauwe plek (de)	nódoa (f) negra	['nɔdue 'negre]
buil (de)	galo (m)	['galu]
zich stoten (ww)	magoar-se (vr)	[megu'arsə]
kneuzing (de)	pisadura (f)	[pize'dure]
kneuzen (gekneusd zijn)	aleijar-se (vr)	[elej'ʒarsə]

hinken (ww)	coxear (vi)	[kɔ'ksjar]
verstuiking (de)	deslocação (f)	[dəʒluke'sãu]
verstuiken (enkel, enz.)	deslocar (vt)	[dəʒlu'kar]
breuk (de)	fratura (f)	[fra'ture]
een breuk oplopen	fraturar (vt)	[fretu'rar]

snijwond (de)	corte (m)	['kɔrtə]
zich snijden (ww)	cortar-se (vr)	[kur'tarsə]
bloeding (de)	hemorragia (f)	[emuʀe'ʒie]

brandwond (de)	queimadura (f)	[kejme'dure]
zich branden (ww)	queimar-se (vr)	[kej'marsə]

prikken (ww)	picar (vt)	[pi'kar]
zich prikken (ww)	picar-se (vr)	[pi'karsə]
blesseren (ww)	lesionar (vt)	[ləziu'nar]
blessure (letsel)	lesão (m)	[lə'zãu]
wond (de)	ferida (f), ferimento (m)	[fə'ridɐ], [fəri'mẽtu]
trauma (het)	trauma (m)	['traume]

ijlen (ww)	delirar (vi)	[dəli'rar]
stotteren (ww)	gaguejar (vi)	[gegə'ʒar]
zonnesteek (de)	insolação (f)	[ĩsule'sãu]

70. Symptomen. Behandelingen. Deel 2

pijn (de)	dor (f)	[dor]
splinter (de)	farpa (f)	['farpe]

zweet (het)	suor (m)	[su'ɔr]
zweten (ww)	suar (vi)	[su'ar]
braking (de)	vómito (m)	['vɔmitu]
stuiptrekkingen (mv.)	convulsões (f pl)	[kõvu'lsoɪʃ]

zwanger (bn)	grávida	['gravide]
geboren worden (ww)	nascer (vi)	[ne'ʃser]
geboorte (de)	parto (m)	['partu]
baren (ww)	dar à luz	[dar a luʃ]
abortus (de)	aborto (m)	[e'bortu]

ademhaling (de)	respiração (f)	[ʀəʃpire'sãu]
inademing (de)	inspiração (f)	[ĩʃpire'sãu]
uitademing (de)	expiração (f)	[əʃpire'sãu]
uitademen (ww)	expirar (vi)	[əʃpi'rar]
inademen (ww)	inspirar (vi)	[ĩʃpi'rar]
invalide (de)	inválido (m)	[ĩ'validu]
gehandicapte (de)	aleijado (m)	[elej'ʒadu]

drugsverslaafde (de)	toxicodependente (m)	[tɔksiku·dəpẽ'dẽtə]
doof (bn)	surdo	['surdu]
stom (bn)	mudo	['mudu]
doofstom (bn)	surdo-mudo	['surdu 'mudu]

krankzinnig (bn)	louco	['loku]
krankzinnige (man)	louco (m)	['loku]
krankzinnige (vrouw)	louca (f)	['lokɐ]
krankzinnig worden	ficar louco	[fi'kar 'loku]

gen (het)	gene (m)	['ʒɛnə]
immuniteit (de)	imunidade (f)	[imuni'dadə]
erfelijk (bn)	hereditário	[erədi'tariu]
aangeboren (bn)	congénito	[kõ'ʒɛnitu]

virus (het)	vírus (m)	['viruʃ]
microbe (de)	micróbio (m)	[mi'krɔbiu]
bacterie (de)	bactéria (f)	[ba'ktɛriɐ]
infectie (de)	infeção (f)	[ĩfɛ'sãu]

71. Symptomen. Behandelingen. Deel 3

ziekenhuis (het)	hospital (m)	[ɔʃpi'tal]
patiënt (de)	paciente (m)	[pɐ'sjẽtə]

diagnose (de)	diagnóstico (m)	[diɐ'gnɔʃtiku]
genezing (de)	cura (f)	['kurɐ]
medische behandeling (de)	tratamento (m) médico	[trɐtɐ'mẽtu 'mɛdiku]
onder behandeling zijn	curar-se (vr)	[ku'rarsə]
behandelen (ww)	tratar (vt)	[trɐ'tar]
zorgen (zieken ~)	cuidar (vt)	[kui'dar]
ziekenzorg (de)	cuidados (m pl)	[kui'daduʃ]

operatie (de)	operação (f)	[ɔpɐrɐ'sãu]
verbinden (een arm ~)	enfaixar (vt)	[ẽfaj'ʃar]
verband (het)	enfaixamento (m)	[ẽfajʃe'mẽtu]

vaccin (het)	vacinação (f)	[vɐsinɐ'sãu]
inenten (vaccineren)	vacinar (vt)	[vɐsi'nar]
injectie (de)	injeção (f)	[ĩʒɛ'sãu]
een injectie geven	dar uma injeção	[dar 'umɐ ĩʒɛ'sãu]

aanval (de)	ataque (m)	[ɐ'takə]
amputatie (de)	amputação (f)	[ãputɐ'sãu]
amputeren (ww)	amputar (vt)	[ãpu'tar]
coma (het)	coma (f)	['komɐ]
in coma liggen	estar em coma	[ə'ʃtar ẽ 'komɐ]
intensieve zorg, ICU (de)	reanimação (f)	[ʀiɐnimɐ'sãu]

zich herstellen (ww)	recuperar-se (vr)	[ʀəkupə'rarsə]
toestand (de)	estado (m)	[ə'ʃtadu]
bewustzijn (het)	consciência (f)	[kõ'ʃsjẽsiɐ]
geheugen (het)	memória (f)	[mə'mɔriɐ]
trekken (een kies ~)	tirar (vt)	[ti'rar]

| vulling (de) | chumbo (m), obturação (f) | ['ʃũbu], [ɔbturɐ'sãu] |
| vullen (ww) | chumbar, obturar (vt) | [ʃũ'bar], [ɔbtu'rar] |

| hypnose (de) | hipnose (f) | [ip'nɔzə] |
| hypnotiseren (ww) | hipnotizar (vt) | [ipnuti'zar] |

72. Artsen

dokter, arts (de)	médico (m)	['mɛdiku]
ziekenzuster (de)	enfermeira (f)	[ẽfər'mɐjrɐ]
lijfarts (de)	médico (m) pessoal	['mɛdiku pəsu'al]

tandarts (de)	dentista (m)	[dẽ'tiʃtɐ]
oogarts (de)	oculista (m)	[ɔku'liʃtɐ]
therapeut (de)	terapeuta (m)	[tɐrɐ'peutɐ]
chirurg (de)	cirurgião (m)	[sirur'ʒjãu]

psychiater (de)	psiquiatra (m)	[psiki'atrɐ]
pediater (de)	pediatra (m)	[pə'djatrɐ]
psycholoog (de)	psicólogo (m)	[psi'kɔlugu]
gynaecoloog (de)	ginecologista (m)	[ʒinɛkulu'ʒiʃtɐ]
cardioloog (de)	cardiologista (m)	[kɐrdiulu'ʒiʃtɐ]

73. Geneeskunde. Medicijnen. Accessoires

geneesmiddel (het)	medicamento (m)	[mədikɐ'mẽtu]
middel (het)	remédio (m)	[Rɐ'mɛdiu]
voorschrijven (ww)	receitar (vt)	[Rəsɐj'tar]
recept (het)	receita (f)	[Rə'sɐjtɐ]

tablet (de/het)	comprimido (m)	[kõpri'midu]
zalf (de)	pomada (f)	[pu'madɐ]
ampul (de)	ampola (f)	[ã'pɔlɐ]
drank (de)	preparado (m)	[prɐpɐ'radu]
siroop (de)	xarope (m)	[ʃɐ'rɔpə]
pil (de)	cápsula (f)	['kapsulɐ]
poeder (de/het)	remédio (m) em pó	[Rɐ'mɛdiu ẽ pɔ]

verband (het)	ligadura (f)	[ligɐ'durɐ]
watten (mv.)	algodão (m)	[algu'dãu]
jodium (het)	iodo (m)	['jodu]

pleister (de)	penso (m) rápido	['pẽsu 'Rapidu]
pipet (de)	conta-gotas (m)	[kõtɐ 'gotɐʃ]
thermometer (de)	termómetro (m)	[tɐr'mɔmɐtru]
spuit (de)	seringa (f)	[sə'rĩgɐ]

| rolstoel (de) | cadeira (f) de rodas | [kɐ'dɐjrɐ də 'Rɔdɐʃ] |
| krukken (mv.) | muletas (f pl) | [mu'letɐʃ] |

| pijnstiller (de) | analgésico (m) | [ɐnal'ʒɛziku] |
| laxeermiddel (het) | laxante (m) | [la'ʃãtə] |

spiritus (de)	álcool (m)	['alkuɔl]
medicinale kruiden (mv.)	ervas (f pl) medicinais	['ɛrveʃ mədisi'naɪʃ]
kruiden- (abn)	de ervas	[də 'ɛrveʃ]

74. Roken. Tabaksproducten

tabak (de)	tabaco (m)	[tɐ'baku]
sigaret (de)	cigarro (m)	[si'gaʀu]
sigaar (de)	charuto (m)	[ʃɐ'rutu]
pijp (de)	cachimbo (m)	[kɐ'ʃĩbu]
pakje (~ sigaretten)	maço (m)	['masu]

lucifers (mv.)	fósforos (m pl)	['fɔʃfuruʃ]
luciferdoosje (het)	caixa (f) de fósforos	['kaɪʃe də 'fɔʃfuruʃ]
aansteker (de)	isqueiro (m)	[i'ʃkejru]
asbak (de)	cinzeiro (m)	[sĩ'zejru]
sigarettendoosje (het)	cigarreira (f)	[sigɐ'ʀejɾɐ]

| sigarettenpijpje (het) | boquilha (f) | [bu'kiʎɐ] |
| filter (de/het) | filtro (m) | ['filtru] |

roken (ww)	fumar (vi, vt)	[fu'mar]
een sigaret opsteken	acender um cigarro	[ɐsẽ'der ũ si'gaʀu]
roken (het)	tabagismo (m)	[tɐbɐ'ʒiʒmu]
roker (de)	fumador (m)	[fumɐ'dor]

peuk (de)	beata (f)	['bjatɐ]
rook (de)	fumo (m)	['fumu]
as (de)	cinza (f)	['sĩzɐ]

HET MENSELIJKE LEEFGEBIED

Stad

75. Stad. Het leven in de stad

stad (de)	cidade (f)	[si'dadə]
hoofdstad (de)	capital (f)	[kɐpi'tal]
dorp (het)	aldeia (f)	[al'dɐjɐ]
plattegrond (de)	mapa (m) da cidade	['mapɐ dɐ si'dadə]
centrum (ov. een stad)	centro (m) da cidade	['sẽtru dɐ si'dadə]
voorstad (de)	subúrbio (m)	[su'burbiu]
voorstads- (abn)	suburbano	[subur'bɐnu]
randgemeente (de)	periferia (f)	[pərifə'riɐ]
omgeving (de)	arredores (m pl)	[ɐʀə'dorəʃ]
blok (huizenblok)	quarteirão (m)	[kuɐrtɐj'rãu]
woonwijk (de)	quarteirão (m) residencial	[kuɐrtɐj'rãu ʀəzidẽ'sjal]
verkeer (het)	tráfego (m)	['trafəgu]
verkeerslicht (het)	semáforo (m)	[sə'mafuru]
openbaar vervoer (het)	transporte (m) público	[trã'ʃpɔrtə 'publiku]
kruispunt (het)	cruzamento (m)	[kruze'mẽtu]
zebrapad (oversteekplaats)	passadeira (f)	[pɐsɐ'dɐjrɐ]
onderdoorgang (de)	passagem (f) subterrânea	[pɐ'saʒẽj subtə'ʀɐniɐ]
oversteken (de straat ~)	cruzar, atravessar (vt)	[kru'zar], [ɐtrɐvɐ'sar]
voetganger (de)	peão (m)	['pjãu]
trottoir (het)	passeio (m)	[pɐ'sɐju]
brug (de)	ponte (f)	['põtə]
dijk (de)	margem (f) do rio	['marʒẽj du 'ʀiu]
fontein (de)	fonte (f)	['fõtə]
allee (de)	alameda (f)	[ɐlɐ'medɐ]
park (het)	parque (m)	['parkə]
boulevard (de)	bulevar (m)	[bulə'var]
plein (het)	praça (f)	['prasɐ]
laan (de)	avenida (f)	[ɐvə'nidɐ]
straat (de)	rua (f)	['ʀuɐ]
zijstraat (de)	travessa (f)	[trɐ'vɛsɐ]
doodlopende straat (de)	beco (m) sem saída	['beku sẽ sɐ'idɐ]
huis (het)	casa (f)	['kazɐ]
gebouw (het)	edifício, prédio (m)	[edi'fisiu], ['prɛdiu]
wolkenkrabber (de)	arranha-céus (m)	[ɐ'ʀɐɲɐ 'sɛuʃ]
gevel (de)	fachada (f)	[fɐ'ʃadɐ]
dak (het)	telhado (m)	[tə'ʎadu]

venster (het)	janela (f)	[ʒɛ'nɛlɐ]
boog (de)	arco (m)	['arku]
pilaar (de)	coluna (f)	[ku'lunɐ]
hoek (ov. een gebouw)	esquina (f)	[ə'ʃkinɐ]

vitrine (de)	montra (f)	['mõtrɐ]
gevelreclame (de)	letreiro (m)	[lə'trɐjru]
affiche (de/het)	cartaz (m)	[kɐr'taʃ]
reclameposter (de)	cartaz (m) publicitário	[kɐr'taʃ publisi'tariu]
aanplakbord (het)	painel (m) publicitário	[paj'nɛl publisi'tariu]

vuilnis (de/het)	lixo (m)	['liʃu]
vuilnisbak (de)	cesta (f) do lixo	['sɐʃtɐ du 'liʃu]
afval weggooien (ww)	jogar lixo na rua	[ʒu'gar 'liʃu nɐ 'ʀuɐ]
stortplaats (de)	aterro (m) sanitário	[ɐ'tɐʀu sɐni'tariu]

telefooncel (de)	cabine (f) telefónica	[kɐ'binɐ tɐlɐ'fɔnikɐ]
straatlicht (het)	candeeiro (m) de rua	[kã'djɐjru də 'ʀuɐ]
bank (de)	banco (m)	['bãku]

politieagent (de)	polícia (m)	[pu'lisiɐ]
politie (de)	polícia (f)	[pu'lisiɐ]
zwerver (de)	mendigo (m)	[mẽ'digu]
dakloze (de)	sem-abrigo (m)	[sãj ɐ'brigu]

76. Stedelijke instellingen

winkel (de)	loja (f)	['lɔʒɐ]
apotheek (de)	farmácia (f)	[fɐr'masiɐ]
optiek (de)	ótica (f)	['ɔtikɐ]
winkelcentrum (het)	centro (m) comercial	['sẽtru kumɐr'sjal]
supermarkt (de)	supermercado (m)	[supɛrmɐr'kadu]

bakkerij (de)	padaria (f)	[pɐdɐ'riɐ]
bakker (de)	padeiro (m)	[pɐ'dɐjru]
banketbakkerij (de)	pastelaria (f)	[pɐʃtɐlɐ'riɐ]
kruidenier (de)	mercearia (f)	[mɐrsiɐ'riɐ]
slagerij (de)	talho (m)	['taʎu]

| groentewinkel (de) | loja (f) de legumes | ['lɔʒɐ də lə'guməʃ] |
| markt (de) | mercado (m) | [mɐr'kadu] |

koffiehuis (het)	café (m)	[kɐ'fɛ]
restaurant (het)	restaurante (m)	[ʀɐʃtau'rãtɐ]
bar (de)	bar (m), cervejaria (f)	[bar], [sɐrvɐʒɐ'riɐ]
pizzeria (de)	pizzaria (f)	[pitzɐ'riɐ]

kapperssalon (de/het)	salão (m) de cabeleireiro	[sɐ'lãu də kɐbɐlej'rɐjru]
postkantoor (het)	correios (m pl)	[ku'ʀɐjuʃ]
stomerij (de)	lavandaria (f)	[lɐvãdɐ'riɐ]
fotostudio (de)	estúdio (m) fotográfico	[ə'ʃtudiu futu'grafiku]

| schoenwinkel (de) | sapataria (f) | [sɐpɐtɐ'riɐ] |
| boekhandel (de) | livraria (f) | [livrɐ'riɐ] |

sportwinkel (de)	**loja** (f) **de artigos** **de desporto**	[ˈlɔʒɐ dǝ ɐrˈtiguʃ dǝ dǝˈʃportu]
kledingreparatie (de)	**reparação** (f) **de roupa**	[ʀɐpɐrɐˈsãu dǝ ˈʀopɐ]
kledingverhuur (de)	**aluguer** (m) **de roupa**	[ɐluˈgɛr dǝ ˈʀopɐ]
videotheek (de)	**aluguer** (m) **de filmes**	[ɐluˈgɛr dǝ ˈfilmǝʃ]
circus (de/het)	**circo** (m)	[ˈsirku]
dierentuin (de)	**jardim** (m) **zoológico**	[ʒɐrˈdĩ zuuˈlɔʒiku]
bioscoop (de)	**cinema** (m)	[siˈnemɐ]
museum (het)	**museu** (m)	[muˈzeu]
bibliotheek (de)	**biblioteca** (f)	[bibliuˈtɛkɐ]
theater (het)	**teatro** (m)	[tǝˈatru]
opera (de)	**ópera** (f)	[ˈɔpɐrɐ]
nachtclub (de)	**clube** (m) **noturno**	[ˈklubǝ nɔˈturnu]
casino (het)	**casino** (m)	[keˈzinu]
moskee (de)	**mesquita** (f)	[mǝˈʃkitɐ]
synagoge (de)	**sinagoga** (f)	[sineˈgɔgɐ]
kathedraal (de)	**catedral** (f)	[ketǝˈdral]
tempel (de)	**templo** (m)	[ˈtẽplu]
kerk (de)	**igreja** (f)	[iˈgreʒɐ]
instituut (het)	**instituto** (m)	[ĩʃtiˈtutu]
universiteit (de)	**universidade** (f)	[univǝrsiˈdadǝ]
school (de)	**escola** (f)	[ǝˈʃkolɐ]
gemeentehuis (het)	**prefeitura** (f)	[prǝfejˈturɐ]
stadhuis (het)	**câmara** (f) **municipal**	[ˈkemɐrɐ munisiˈpal]
hotel (het)	**hotel** (m)	[ɔˈtɛl]
bank (de)	**banco** (m)	[ˈbãku]
ambassade (de)	**embaixada** (f)	[ẽbaɪˈʃadɐ]
reisbureau (het)	**agência** (f) **de viagens**	[eˈʒẽsiɐ dǝ ˈvjaʒẽʃ]
informatieloket (het)	**agência** (f) **de informações**	[eˈʒẽsiɐ dǝ ĩfurmeˈsoɪʃ]
wisselkantoor (het)	**casa** (f) **de câmbio**	[ˈkazɐ dǝ ˈkãbiu]
metro (de)	**metro** (m)	[ˈmɛtru]
ziekenhuis (het)	**hospital** (m)	[ɔʃpiˈtal]
benzinestation (het)	**posto** (m) **de gasolina**	[ˈpoʃtu dǝ gezuˈlinɐ]
parking (de)	**parque** (m) **de estacionamento**	[ˈparkɐ dǝ ǝʃtesiuneˈmẽtu]

77. Stedelijk vervoer

bus, autobus (de)	**autocarro** (m)	[autɔˈkaʀu]
tram (de)	**elétrico** (m)	[eˈlɛtriku]
trolleybus (de)	**troleicarro** (m)	[trulɛiˈkaʀu]
route (de)	**itinerário** (m)	[itinǝˈrariu]
nummer (busnummer, enz.)	**número** (m)	[ˈnumǝru]
rijden met ...	**ir de ...**	[ir dǝ]
stappen (in de bus ~)	**entrar em ...**	[ẽˈtrar ẽ]

afstappen (ww)	descer de ...	[də'ʃser də]
halte (de)	paragem (f)	[pɐ'raʒẽ']
volgende halte (de)	próxima paragem (f)	['prɔsime pɐ'raʒẽ']
eindpunt (het)	ponto (m) final	['põtu fi'nal]
dienstregeling (de)	horário (m)	[ɔ'rariu]
wachten (ww)	esperar (vt)	[əʃpɐ'rar]

kaartje (het)	bilhete (m)	[bi'ʎetə]
reiskosten (de)	custo (m) do bilhete	['kuʃtu du bi'ʎetə]

kassier (de)	bilheteiro (m)	[biʎə'tejru]
kaartcontrole (de)	controle (m) dos bilhetes	[kõ'trole duʃ bi'ʎetəʃ]
controleur (de)	revisor (m)	[ʀəvi'zor]

te laat zijn (ww)	atrasar-se (vr)	[etrɐ'zarsə]
missen (de bus ~)	perder (vt)	[pər'der]
zich haasten (ww)	estar com pressa	[ə'ʃtar kõ 'prɛse]

taxi (de)	táxi (m)	['taksi]
taxichauffeur (de)	taxista (m)	[ta'ksiʃte]
met de taxi (bw)	de táxi	[də 'taksi]
taxistandplaats (de)	praça (f) de táxis	['prase də 'taksiʃ]
een taxi bestellen	chamar um táxi	[ʃe'mar ũ 'taksi]
een taxi nemen	apanhar um táxi	[ɐpe'ɲar ũ 'taksi]

verkeer (het)	tráfego (m)	['trafəgu]
file (de)	engarrafamento (m)	[ẽgɐʀɐfe'mẽtu]
spitsuur (het)	horas (f pl) de ponta	['ɔreʃ də 'põte]
parkeren (on.ww.)	estacionar (vi)	[əʃtesiu'nar]
parkeren (ov.ww.)	estacionar (vt)	[əʃtesiu'nar]
parking (de)	parque (m) de estacionamento	['parkə də əʃtesiune'mẽtu]

metro (de)	metro (m)	['mɛtru]
halte (bijv. kleine treinhalte)	estação (f)	[əʃte'sãu]
de metro nemen	ir de metro	[ir də 'mɛtru]
trein (de)	comboio (m)	[kõ'boju]
station (treinstation)	estação (f)	[əʃte'sãu]

78. Bezienswaardigheden

monument (het)	monumento (m)	[munu'mẽtu]
vesting (de)	fortaleza (f)	[furte'leze]
paleis (het)	palácio (m)	[pɐ'lasiu]
kasteel (het)	castelo (m)	[ke'ʃtɛlu]
toren (de)	torre (f)	['toʀə]
mausoleum (het)	mausoléu (m)	[mauzu'lɛu]

architectuur (de)	arquitetura (f)	[ɐrkitɛ'ture]
middeleeuws (bn)	medieval	[mədiɛ'val]
oud (bn)	antigo	[ã'tigu]
nationaal (bn)	nacional	[nesiu'nal]
bekend (bn)	conhecido	[kuɲə'sidu]
toerist (de)	turista (m)	[tu'riʃte]

gids (de)	guia (m)	['giɐ]
rondleiding (de)	excursão (f)	[əʃkur'sãu]
tonen (ww)	mostrar (vt)	[mu'ʃtrar]
vertellen (ww)	contar (vt)	[kõ'tar]

vinden (ww)	encontrar (vt)	[ẽkõ'trar]
verdwalen (de weg kwijt zijn)	perder-se (vr)	[pər'dersə]
plattegrond (~ van de metro)	mapa (m)	['mapɐ]
plattegrond (~ van de stad)	mapa (m)	['mapɐ]

souvenir (het)	lembrança (f), presente (m)	[lẽ'brãsɐ], [prə'zẽtə]
souvenirwinkel (de)	loja (f) de presentes	['lɔʒɐ də prə'zẽtəʃ]
foto's maken	fotografar (vt)	[futugɾɐ'far]
zich laten fotograferen	fotografar-se	[futugɾɐ'farsə]

79. Winkelen

kopen (ww)	comprar (vt)	[kõ'prar]
aankoop (de)	compra (f)	['kõprɐ]
winkelen (ww)	fazer compras	[fɐ'zer 'kõprɐʃ]
winkelen (het)	compras (f pl)	['kõprɐʃ]

| open zijn (ov. een winkel, enz.) | estar aberta | [ə'ʃtar ɐ'bɛrtɐ] |
| gesloten zijn (ww) | estar fechada | [ə'ʃtar fɐ'ʃadɐ] |

schoeisel (het)	calçado (m)	[kal'sadu]
kleren (mv.)	roupa (f)	['ʀopɐ]
cosmetica (mv.)	cosméticos (m pl)	[ku'ʒmɛtikuʃ]
voedingswaren (mv.)	alimentos (m pl)	[ɐli'mẽtuʃ]
geschenk (het)	presente (m)	[prə'zẽtə]

| verkoper (de) | vendedor (m) | [vẽdɐ'dor] |
| verkoopster (de) | vendedora (f) | [vẽdɐ'dorɐ] |

kassa (de)	caixa (f)	['kaɪʃɐ]
spiegel (de)	espelho (m)	[ə'ʃpeʎu]
toonbank (de)	balcão (m)	[bal'kãu]
paskamer (de)	cabine (f) de provas	[kɐ'binə də 'prɔvɐʃ]

aanpassen (ww)	provar (vt)	[pru'var]
passen (ov. kleren)	servir (vi)	[sər'vir]
bevallen (prettig vinden)	gostar (vt)	[gu'ʃtar]

prijs (de)	preço (m)	['presu]
prijskaartje (het)	etiqueta (f) de preço	[eti'ketɐ də 'presu]
kosten (ww)	custar (vt)	[ku'ʃtar]
Hoeveel?	Quanto?	[ku'ãtu]
korting (de)	desconto (m)	[də'ʃkõtu]

niet duur (bn)	não caro	['nãu 'karu]
goedkoop (bn)	barato	[bɐ'ratu]
duur (bn)	caro	['karu]
Dat is duur.	É caro	[ɛ 'karu]

verhuur (de)	aluguer (m)	[ɐlu'gɛr]
huren (smoking, enz.)	alugar (vt)	[ɐlu'gar]
krediet (het)	crédito (m)	['krɛditu]
op krediet (bw)	a crédito	[ɐ 'krɛditu]

80. Geld

geld (het)	dinheiro (m)	[di'ɲejru]
ruil (de)	câmbio (m)	['kãbiu]
koers (de)	taxa (f) de câmbio	['taʃɐ də 'kãbiu]
geldautomaat (de)	Caixa Multibanco (m)	['kaɪʃɐ multi'bãku]
muntstuk (de)	moeda (f)	[mu'ɛdɐ]

| dollar (de) | dólar (m) | ['dɔlar] |
| euro (de) | euro (m) | ['euru] |

lire (de)	lira (f)	['lirɐ]
Duitse mark (de)	marco (m)	['marku]
frank (de)	franco (m)	['frãku]
pond sterling (het)	libra (f) esterlina	['librɐ əʃtər'linɐ]
yen (de)	iene (m)	['jɛnə]

schuld (geldbedrag)	dívida (f)	['dividɐ]
schuldenaar (de)	devedor (m)	[dəvə'dor]
uitlenen (ww)	emprestar (vt)	[ẽprə'ʃtar]
lenen (geld ~)	pedir emprestado	[pə'dir ẽprə'ʃtadu]

bank (de)	banco (m)	['bãku]
bankrekening (de)	conta (f)	['kõtɐ]
storten (ww)	depositar (vt)	[dəpuzi'tar]
op rekening storten	depositar na conta	[dəpuzi'tar nɐ 'kõtɐ]
opnemen (ww)	levantar (vt)	[ləvã'tar]

kredietkaart (de)	cartão (m) de crédito	[kɐr'tãu də 'krɛditu]
baar geld (het)	dinheiro (m) vivo	[di'ɲejru 'vivu]
cheque (de)	cheque (m)	['ʃɛkə]
een cheque uitschrijven	passar um cheque	[pɐ'sar ũ 'ʃɛkə]
chequeboekje (het)	livro (m) de cheques	['livru də 'ʃɛkəʃ]

portefeuille (de)	carteira (f)	[kɐr'tejrɐ]
geldbeugel (de)	porta-moedas (m)	['pɔrtɐ mu'ɛdɐʃ]
safe (de)	cofre (m)	['kɔfrə]

erfgenaam (de)	herdeiro (m)	[er'dejru]
erfenis (de)	herança (f)	[e'rãsɐ]
fortuin (het)	fortuna (f)	[fur'tunɐ]

huur (de)	arrendamento (m)	[ɐʀẽdɐ'mẽtu]
huurprijs (de)	renda (f) de casa	['ʀẽdɐ də 'kazɐ]
huren (huis, kamer)	alugar (vt)	[ɐlu'gar]

prijs (de)	preço (m)	['presu]
kostprijs (de)	custo (m)	['kuʃtu]
som (de)	soma (f)	['somɐ]

uitgeven (geld besteden)	gastar (vt)	[gɐ'ʃtar]
kosten (mv.)	gastos (m pl)	['gaʃtuʃ]
bezuinigen (ww)	economizar (vi)	[ekɔnumi'zar]
zuinig (bn)	económico	[eku'nɔmiku]

betalen (ww)	pagar (vt)	[pɐ'gar]
betaling (de)	pagamento (m)	[pɐgɐ'mẽtu]
wisselgeld (het)	troco (m)	['troku]

belasting (de)	imposto (m)	[ĩ'poʃtu]
boete (de)	multa (f)	['multɐ]
beboeten (bekeuren)	multar (vt)	[mul'tar]

81. Post. Postkantoor

postkantoor (het)	correios (m pl)	[ku'ʀɐjuʃ]
post (de)	correio (m)	[ku'ʀɐju]
postbode (de)	carteiro (m)	[kɐr'tɐjru]
openingsuren (mv.)	horário (m)	[ɔ'rariu]

brief (de)	carta (f)	['kartɐ]
aangetekende brief (de)	carta (f) registada	['kartɐ ʀɐʒi'ʃtadɐ]
briefkaart (de)	postal (m)	[pu'ʃtal]
telegram (het)	telegrama (m)	[tɐlɐ'grɐmɐ]
postpakket (het)	encomenda (f) postal	[ẽku'mẽdɐ pu'ʃtal]
overschrijving (de)	remessa (f) de dinheiro	[ʀɐ'mɛsɐ dɐ di'ɲɐjru]

ontvangen (ww)	receber (vt)	[ʀɐsɐ'ber]
sturen (zenden)	enviar (vt)	[ẽ'vjar]
verzending (de)	envio (m)	[ẽ'viu]

adres (het)	endereço (m)	[ẽdɐ'resu]
postcode (de)	código (m) postal	['kɔdigu pu'ʃtal]
verzender (de)	remetente (m)	[ʀɐmɐ'tẽtɐ]
ontvanger (de)	destinatário (m)	[dɐʃtinɐ'tariu]

| naam (de) | nome (m) | ['nomɐ] |
| achternaam (de) | apelido (m) | [ɐpɐ'lidu] |

tarief (het)	tarifa (f)	[tɐ'rifɐ]
standaard (bn)	ordinário	[ɔrdi'nariu]
zuinig (bn)	económico	[eku'nɔmiku]

gewicht (het)	peso (m)	['pezu]
afwegen (op de weegschaal)	pesar (vt)	[pɐ'zar]
envelop (de)	envelope (m)	[ẽvɐ'lɔpɐ]
postzegel (de)	selo (m)	['selu]
een postzegel plakken op	colar o selo	[ku'lar u 'selu]

Woning. Huis. Thuis

82. Huis. Woning

huis (het)	casa (f)	['kazɐ]
thuis (bw)	em casa	[ẽ 'kazɐ]
cour (de)	pátio (m)	['patiu]
omheining (de)	cerca (f)	['sɐrkɐ]
baksteen (de)	tijolo (m)	[ti'ʒolu]
van bakstenen	de tijolos	[də ti'ʒoluʃ]
steen (de)	pedra (f)	['pɛdrɐ]
stenen (bn)	de pedra	[də 'pɛdrɐ]
beton (het)	betão (m)	[bə'tãu]
van beton	de betão	[də bə'tãu]
nieuw (bn)	novo	['novu]
oud (bn)	velho	['vɛʎu]
vervallen (bn)	decrépito	[də'krɛpitu]
modern (bn)	moderno	[mu'dɛrnu]
met veel verdiepingen	de muitos andares	[də 'mujtuʃ ã'darəʃ]
hoog (bn)	alto	['altu]
verdieping (de)	andar (m)	[ã'dar]
met een verdieping	de um andar	[də ũ ã'dar]
laagste verdieping (de)	andar (m) de baixo	[ãdar də 'baɪʃu]
bovenverdieping (de)	andar (m) de cima	[ãdar də 'simɐ]
dak (het)	telhado (m)	[tə'ʎadu]
schoorsteen (de)	chaminé (f)	[ʃɐmi'nɛ]
dakpan (de)	telha (f)	['tɐʎɐ]
pannen- (abn)	de telha	[də 'tɐʎɐ]
zolder (de)	sótão (m)	['sɔtãu]
venster (het)	janela (f)	[ʒɐ'nɛlɐ]
glas (het)	vidro (m)	['vidru]
vensterbank (de)	parapeito (m)	[pɐrɐ'pɐjtu]
luiken (mv.)	portadas (f pl)	[pur'tadɐʃ]
muur (de)	parede (f)	[pɐ'redə]
balkon (het)	varanda (f)	[vɐ'rãdɐ]
regenpijp (de)	tubo (m) de queda	['tubu də 'kɛdɐ]
boven (bw)	em cima	[ẽ 'simɐ]
naar boven gaan (ww)	subir (vi)	[su'bir]
afdalen (on.ww.)	descer (vi)	[də'ʃser]
verhuizen (ww)	mudar-se (vr)	[mu'darsə]

81

83. Huis. Ingang. Lift

ingang (de)	entrada (f)	[ē'tradɐ]
trap (de)	escada (f)	[ə'ʃkadɐ]
treden (mv.)	degraus (m pl)	[də'grauʃ]
trapleuning (de)	corrimão (m)	[kuʀi'mãu]
hal (de)	hall (m) de entrada	[ɔl də ē'tradɐ]
postbus (de)	caixa (f) de correio	['kaɪʃɐ də ku'ʀɐju]
vuilnisbak (de)	caixote (m) do lixo	[kaɪ'ʃɔtɐ du 'liʃu]
vuilniskoker (de)	conduta (f) do lixo	[kõ'dutɐ du 'liʃu]
lift (de)	elevador (m)	[elɐvɐ'dor]
goederenlift (de)	elevador (m) de carga	[elɐvɐ'dor də 'kargɐ]
liftcabine (de)	cabine (f)	[ke'binɐ]
de lift nemen	pegar o elevador	[pə'gar u elɐvɐ'dor]
appartement (het)	apartamento (m)	[epɐʀtɐ'mētu]
bewoners (mv.)	moradores (m pl)	[murɐ'dorɐʃ]
buurman (de)	vizinho (m)	[vi'ziɲu]
buurvrouw (de)	vizinha (f)	[vi'ziɲɐ]
buren (mv.)	vizinhos (pl)	[vi'ziɲuʃ]

84. Huis. Deuren. Sloten

deur (de)	porta (f)	['pɔrtɐ]
toegangspoort (de)	portão (m)	[pur'tãu]
deurkruk (de)	maçaneta (f)	[mesɐ'netɐ]
ontsluiten (ontgrendelen)	destrancar (vt)	[dəʃtrã'kar]
openen (ww)	abrir (vt)	[e'brir]
sluiten (ww)	fechar (vt)	[fə'ʃar]
sleutel (de)	chave (f)	['ʃavɐ]
sleutelbos (de)	molho (m)	['moʎu]
knarsen (bijv. scharnier)	ranger (vi)	[ʀã'ʒer]
knarsgeluid (het)	rangido (m)	[ʀã'ʒidu]
scharnier (het)	dobradiça (f)	[dubrɐ'disɐ]
deurmat (de)	tapete (m) de entrada	[tɐ'petɐ də ē'tradɐ]
slot (het)	fechadura (f)	[fəʃɐ'durɐ]
sleutelgat (het)	buraco (m) da fechadura	[bu'raku dɐ fəʃɐ'durɐ]
grendel (de)	ferrolho (m)	[fə'ʀoʎu]
schuif (de)	ferrolho, fecho (m)	[fə'ʀoʎu], ['feʃu]
hangslot (het)	cadeado (m)	[kɐ'djadu]
aanbellen (ww)	tocar (vt)	[tu'kar]
bel (geluid)	toque (m)	['tɔkɐ]
deurbel (de)	campainha (f)	[kãpɐ'iɲɐ]
belknop (de)	botão (m)	[bu'tãu]
geklop (het)	batida (f)	[bɐ'tidɐ]
kloppen (ww)	bater (vi)	[bɐ'ter]
code (de)	código (m)	['kɔdigu]
cijferslot (het)	fechadura (f) de código	[fəʃɐ'durɐ də 'kɔdigu]

parlofoon (de)	telefone (m) de porta	[tələ'fonə də 'pɔrtɐ]
nummer (het)	número (m)	['numəru]
naambordje (het)	placa (f) de porta	['plakɐ də 'pɔrtɐ]
deurspion (de)	vigia (f), olho (m) mágico	[vi'ʒiɐ], ['oʎu 'maʒiku]

85. Huis op het platteland

dorp (het)	aldeia (f)	[al'dɐjɐ]
moestuin (de)	horta (f)	['ɔrtɐ]
hek (het)	cerca (f)	['sɐrkɐ]
houten hekwerk (het)	paliçada (f)	[pɐli'sadɐ]
tuinpoortje (het)	cancela (f)	[kã'sɛlɐ]

| graanschuur (de) | celeiro (m) | [sə'lɐjru] |
| wortelkelder (de) | adega (f) | [ɐ'dɛgɐ] |

| schuur (de) | galpão, barracão (m) | [gal'pãu], [bɐʀɐ'kãu] |
| waterput (de) | poço (m) | ['posu] |

kachel (de)	fogão (m)	[fu'gãu]
de kachel stoken	atiçar o fogo	[ɐti'sar u 'fogu]
brandhout (het)	lenha (f)	['lɐɲɐ]
houtblok (het)	acha, lenha (f)	[aʃɐ], ['lɐɲɐ]

| veranda (de) | varanda (f) | [vɐ'rãdɐ] |
| terras (het) | alpendre (m) | [al'pẽdrə] |

| bordes (het) | degraus (m pl) de entrada | [də'grauʃ də ẽ'tradɐ] |
| schommel (de) | balouço (m) | [bɐ'losu] |

86. Kasteel. Paleis

kasteel (het)	castelo (m)	[kɐ'ʃtɛlu]
paleis (het)	palácio (m)	[pɐ'lasiu]
vesting (de)	fortaleza (f)	[furtɐ'lezɐ]

ringmuur (de)	muralha (f)	[mu'raʎɐ]
toren (de)	torre (f)	['toʀə]
donjon (de)	calabouço (m)	[kɐlɐ'bosu]

valhek (het)	grade (f) levadiça	['gradə lɐvɐ'disɐ]
onderaardse gang (de)	passagem (f) subterrânea	[pɐ'saʒẽ subtə'ʀɐniɐ]
slotgracht (de)	fosso (m)	['fosu]

| ketting (de) | corrente, cadeia (f) | [ku'ʀẽtə], [kɐ'dɐjɐ] |
| schietgat (het) | seteira (f) | [sə'tɐjrɐ] |

| prachtig (bn) | magnífico | [mɐ'gnifiku] |
| majestueus (bn) | majestoso | [mɐʒə'ʃtozu] |

| onneembaar (bn) | inexpugnável | [inəʃpu'gnavɛl] |
| middeleeuws (bn) | medieval | [mədiɛ'val] |

87. Appartement

appartement (het)	apartamento (m)	[ɐpɐrte'mẽtu]
kamer (de)	quarto (m)	[ku'artu]
slaapkamer (de)	quarto (m) de dormir	[ku'artu də dur'mir]
eetkamer (de)	sala (f) de jantar	['sale də ʒã'tar]
salon (de)	sala (f) de estar	['sale də ə'ʃtar]
studeerkamer (de)	escritório (m)	[əʃkri'tɔriu]
gang (de)	antessala (f)	[ãtə'sale]
badkamer (de)	quarto (m) de banho	[ku'artu də 'beɲu]
toilet (het)	quarto (m) de banho	[ku'artu də 'beɲu]
plafond (het)	teto (m)	['tɛtu]
vloer (de)	chão, soalho (m)	['ʃãu], [su'aʎu]
hoek (de)	canto (m)	['kãtu]

88. Appartement. Schoonmaken

schoonmaken (ww)	arrumar, limpar (vt)	[ɐRu'mar], [lĩ'par]
opbergen (in de kast, enz.)	guardar (vt)	[guer'dar]
stof (het)	pó (m)	[pɔ]
stoffig (bn)	empoeirado	[ẽpɔej'radu]
stoffen (ww)	limpar o pó	[lĩ'par u pɔ]
stofzuiger (de)	aspirador (m)	[eʃpire'dor]
stofzuigen (ww)	aspirar (vt)	[eʃpi'rar]
vegen (de vloer ~)	varrer (vt)	[vɐ'Rer]
veegsel (het)	sujeira (f)	[su'ʒejre]
orde (de)	arrumação (f), ordem (f)	[ɐRume'sãu], ['ɔrdẽj]
wanorde (de)	desordem (f)	[də'zɔrdẽj]
zwabber (de)	esfregão (m)	[əffrə'gãu]
poetsdoek (de)	pano (m), trapo (m)	['penu], ['trapu]
veger (de)	vassoura (f)	[ve'sore]
stofblik (het)	pá (f) de lixo	[pa də 'liʃu]

89. Meubels. Interieur

meubels (mv.)	mobiliário (m)	[mubi'ljariu]
tafel (de)	mesa (f)	['meze]
stoel (de)	cadeira (f)	[ke'dejre]
bed (het)	cama (f)	['keme]
bankstel (het)	divã (m)	[di'vã]
fauteuil (de)	cadeirão (m)	[kedej'rãu]
boekenkast (de)	estante (f)	[ə'ʃtãtə]
boekenrek (het)	prateleira (f)	[pretə'lejre]
kledingkast (de)	guarda-vestidos (m)	[gu'arde və'ʃtiduʃ]
kapstok (de)	cabide (m) de parede	[ke'bidə də pe'redə]

staande kapstok (de)	cabide (m) de pé	[kɐ'bidə də pɛ]
commode (de)	cómoda (f)	['kɔmudɐ]
salontafeltje (het)	mesinha (f) de centro	[mə'ziɲɐ də 'sẽtru]

spiegel (de)	espelho (m)	[ə'ʃpeʎu]
tapijt (het)	tapete (m)	[tɐ'petə]
tapijtje (het)	tapete (m) pequeno	[tɐ'petə pə'kenu]

haard (de)	lareira (f)	[lɐ'rejrɐ]
kaars (de)	vela (f)	['vɛlɐ]
kandelaar (de)	castiçal (m)	[kɐʃti'sal]

gordijnen (mv.)	cortinas (f pl)	[kur'tineʃ]
behang (het)	papel (m) de parede	[pɐ'pɛl də pɐ'redə]
jaloezie (de)	estores (f pl)	[ə'ʃtorəʃ]

bureaulamp (de)	candeeiro (m) de mesa	[kã'djɐjru də 'mezɐ]
wandlamp (de)	candeeiro (m) de parede	[kã'djɐjru də pɐ'redə]
staande lamp (de)	candeeiro (m) de pé	[kã'djɐjru də pɛ]
luchter (de)	lustre (m)	['luʃtrə]

poot (ov. een tafel, enz.)	pé (m)	[pɛ]
armleuning (de)	braço (m)	['brasu]
rugleuning (de)	costas (f pl)	['kɔʃtɐʃ]
la (de)	gaveta (f)	[gɐ'vetɐ]

90. Beddengoed

beddengoed (het)	roupa (f) de cama	['ʀopɐ də 'kɐmɐ]
kussen (het)	almofada (f)	[almu'fadɐ]
kussenovertrek (de)	fronha (f)	['froɲɐ]
deken (de)	cobertor (m)	[kubɐr'tor]
laken (het)	lençol (m)	[lẽ'sɔl]
sprei (de)	colcha (f)	['kolʃɐ]

91. Keuken

keuken (de)	cozinha (f)	[ku'ziɲɐ]
gas (het)	gás (m)	[gaʃ]
gasfornuis (het)	fogão (m) a gás	[fu'gãu ɐ gaʃ]
elektrisch fornuis (het)	fogão (m) elétrico	[fu'gãu e'lɛtriku]
oven (de)	forno (m)	['fornu]
magnetronoven (de)	forno (m) de micro-ondas	['fornu də mikrɔ'õdɐʃ]

koelkast (de)	frigorífico (m)	[frigu'rifiku]
diepvriezer (de)	congelador (m)	[kõʒəlɐ'dor]
vaatwasmachine (de)	máquina (f) de lavar louça	['makinɐ də lɐ'var 'losɐ]

vleesmolen (de)	moedor (m) de carne	[muɐ'dor də 'karnə]
vruchtenpers (de)	espremedor (m)	[əʃprəmɐ'dor]
toaster (de)	torradeira (f)	[tuʀɐ'dejrɐ]
mixer (de)	batedeira (f)	[bɐtɐ'dejrɐ]

koffiemachine (de)	máquina (f) de café	['makine də ke'fɛ]
koffiepot (de)	cafeteira (f)	[kefe'tejɾe]
koffiemolen (de)	moinho (m) de café	[mu'iɲu də ke'fɛ]

fluitketel (de)	chaleira (f)	[ʃe'lejɾe]
theepot (de)	bule (m)	['bulə]
deksel (de/het)	tampa (f)	['tăpe]
theezeefje (het)	coador (m) de chá	[kue'dor də 'ʃa]

lepel (de)	colher (f)	[ku'ʎɛr]
theelepeltje (het)	colher (f) de chá	[ku'ʎɛr də ʃa]
eetlepel (de)	colher (f) de sopa	[ku'ʎɛr də 'sope]
vork (de)	garfo (m)	['garfu]
mes (het)	faca (f)	['fake]

vaatwerk (het)	louça (f)	['lose]
bord (het)	prato (m)	['pratu]
schoteltje (het)	pires (m)	['pirəʃ]

likeurglas (het)	cálice (m)	['kalise]
glas (het)	copo (m)	['kɔpu]
kopje (het)	chávena (f)	['ʃavəne]

suikerpot (de)	açucareiro (m)	[esuke'rejru]
zoutvat (het)	saleiro (m)	[se'lejru]
pepervat (het)	pimenteiro (m)	[pimě'tejru]
boterschaaltje (het)	manteigueira (f)	[mătii'gejre]

pan (de)	panela, caçarola (f)	[pe'nɛle], [kese'rɔle]
bakpan (de)	frigideira (f)	[friʒi'dejre]
pollepel (de)	concha (f)	['kõʃe]
vergiet (de/het)	passador (m)	[pese'dor]
dienblad (het)	bandeja (f)	[bă'deʒe]

fles (de)	garrafa (f)	[ge'ʀafe]
glazen pot (de)	boião (m) de vidro	[bo'jău də 'vidru]
blik (conserven~)	lata (f)	['late]

flesopener (de)	abre-garrafas (m)	[abrə ge'ʀafeʃ]
blikopener (de)	abre-latas (m)	[abrə 'lateʃ]
kurkentrekker (de)	saca-rolhas (m)	['sake 'ʀoʎeʃ]
filter (de/het)	filtro (m)	['filtru]
filteren (ww)	filtrar (vt)	[fil'trar]

huisvuil (het)	lixo (m)	['liʃu]
vuilnisemmer (de)	balde (m) do lixo	['baldə du 'liʃu]

92. Badkamer

badkamer (de)	quarto (m) de banho	[ku'artu də 'beɲu]
water (het)	água (f)	['ague]
kraan (de)	torneira (f)	[tur'nejre]
warm water (het)	água (f) quente	['ague 'kĕtə]
koud water (het)	água (f) fria	['ague 'frie]

tandpasta (de)	pasta (f) de dentes	['paʃtɐ də 'dẽtəʃ]
tanden poetsen (ww)	escovar os dentes	[əʃku'var uʃ 'dẽtəʃ]
tandenborstel (de)	escova (f) de dentes	[ə'ʃkovɐ də 'dẽtəʃ]
zich scheren (ww)	barbear-se (vr)	[bɐr'bjarsɐ]
scheercrème (de)	espuma (f) de barbear	[ə'ʃpumɐ də bɐr'bjar]
scheermes (het)	máquina (f) de barbear	['makinɐ də bɐrbi'ar]
wassen (ww)	lavar (vt)	[lɐ'var]
een bad nemen	lavar-se (vr)	[lɐ'varsə]
douche (de)	duche (m)	['duʃə]
een douche nemen	tomar um duche	[tu'mar ũ 'duʃə]
bad (het)	banheira (f)	[bɐ'ɲɐjrɐ]
toiletpot (de)	sanita (f)	[sɐ'nitɐ]
wastafel (de)	lavatório (m)	[lɐvɐ'tɔriu]
zeep (de)	sabonete (m)	[sɐbu'netə]
zeepbakje (het)	saboneteira (f)	[sɐbunɐ'tɐjrɐ]
spons (de)	esponja (f)	[ə'ʃpõʒɐ]
shampoo (de)	champô (m)	[ʃã'po]
handdoek (de)	toalha (f)	[tu'aʎɐ]
badjas (de)	roupão (m) de banho	[ʁo'pãu də 'bɐɲu]
was (bijv. handwas)	lavagem (f)	[lɐ'vaʒẽj]
wasmachine (de)	máquina (f) de lavar	['makinɐ də lɐ'var]
de was doen	lavar a roupa	[lɐ'var ɐ 'ʁopɐ]
waspoeder (de)	detergente (m)	[dətɐr'ʒẽtə]

93. Huishoudelijke apparaten

televisie (de)	televisor (m)	[tələvi'zor]
cassettespeler (de)	gravador (m)	[grɐvɐ'dor]
videorecorder (de)	videogravador (m)	[vidiu·grɐvɐ'dor]
radio (de)	rádio (m)	['ʁadiu]
speler (de)	leitor (m)	[lɐj'tor]
videoprojector (de)	projetor (m)	[pruʒɛ'tor]
home theater systeem (het)	cinema (m) em casa	[si'nemɐ ẽ 'kazɐ]
DVD-speler (de)	leitor (m) de DVD	[lɐj'tor də dɛvɛ'de]
versterker (de)	amplificador (m)	[ãplifikɐ'dor]
spelconsole (de)	console (f) de jogos	[kõ'sɔlə də 'ʒɔguʃ]
videocamera (de)	câmara (f) de vídeo	['kɐmɐrɐ də 'vidiu]
fotocamera (de)	máquina (f) fotográfica	['makinɐ futu'grafikɐ]
digitale camera (de)	câmara (f) digital	['kɐmɐrɐ diʒi'tal]
stofzuiger (de)	aspirador (m)	[əʃpirɐ'dor]
strijkijzer (het)	ferro (m) de engomar	['fɛʁu də ẽgu'mar]
strijkplank (de)	tábua (f) de engomar	['tabuɐ də ẽgu'mar]
telefoon (de)	telefone (m)	[tələ'fɔnə]
mobieltje (het)	telemóvel (m)	[tɛlɛ'mɔvɛl]

| schrijfmachine (de) | máquina (f) de escrever | ['makine də əʃkrə'ver] |
| naaimachine (de) | máquina (f) de costura | ['makine də ku'ʃture] |

microfoon (de)	microfone (m)	[mikrɔ'fɔnə]
koptelefoon (de)	auscultadores (m pl)	[auʃkulte'dorəʃ]
afstandsbediening (de)	controlo remoto (m)	[kõ'trolu ʀe'mɔtu]

CD (de)	CD (m)	['sɛdɛ]
cassette (de)	cassete (f)	[ka'sɛtə]
vinylplaat (de)	disco (m) de vinil	['diʃku də vi'nil]

94. Reparaties. Renovatie

renovatie (de)	renovação (f)	[ʀɐnuve'sãu]
renoveren (ww)	renovar (vt), fazer obras	[ʀɐnu'var], [fe'zer 'ɔbrɐʃ]
repareren (ww)	reparar (vt)	[ʀɐpe'rar]
op orde brengen	consertar (vt)	[kõsər'tar]
overdoen (ww)	refazer (vt)	[ʀɐfe'zer]

verf (de)	tinta (f)	['tĩtɐ]
verven (muur ~)	pintar (vt)	[pĩ'tar]
schilder (de)	pintor (m)	[pĩ'tor]
kwast (de)	pincel (m)	[pĩ'sɛl]

| kalk (de) | cal (f) | [kal] |
| kalken (ww) | caiar (vt) | [ka'jar] |

behang (het)	papel (m) de parede	[pe'pɛl də pe'redə]
behangen (ww)	colocar papel de parede	[kulu'kar pe'pɛl də pe'redə]
lak (de/het)	verniz (m)	[vər'niʒ]
lakken (ww)	envernizar (vt)	[ẽvərni'zar]

95. Loodgieterswerk

water (het)	água (f)	['aguɐ]
warm water (het)	água (f) quente	['aguɐ 'kẽtə]
koud water (het)	água (f) fria	['aguɐ 'friɐ]
kraan (de)	torneira (f)	[tur'nejrɐ]

druppel (de)	gota (f)	['gotɐ]
druppelen (ww)	gotejar (vi)	[gɔtɐ'ʒar]
lekken (een lek hebben)	vazar (vt)	[ve'zar]
lekkage (de)	vazamento (m)	[vɐzɐ'mẽtu]
plasje (het)	poça (f)	['posɐ]

buis, leiding (de)	tubo (m)	['tubu]
stopkraan (de)	válvula (f)	['valvulɐ]
verstopt raken (ww)	entupir-se (vr)	[ẽtu'pirsə]

gereedschap (het)	ferramentas (f pl)	[fɐʀe'mẽtɐʃ]
Engelse sleutel (de)	chave (f) inglesa	['ʃave ĩ'glezɐ]
losschroeven (ww)	desenroscar (vt)	[dəzẽʀu'ʃkar]

aanschroeven (ww)	enroscar (vt)	[ẽʀu'ʃkar]
ontstoppen (riool, enz.)	desentupir (vt)	[dəzẽtu'pir]
loodgieter (de)	canalizador (m)	[kɐnɐlize'dor]
kelder (de)	cave (f)	['kavə]
riolering (de)	sistema (m) de esgotos	[si'ʃtemɐ də əʒ'gɔtuʃ]

96. Brand. Vuurzee

brand (de)	incêndio (m)	[ĩ'sẽdiu]
vlam (de)	chama (f)	['ʃemɐ]
vonk (de)	faísca (f)	[fɐ'iʃkɐ]
rook (de)	fumo (m)	['fumu]
fakkel (de)	tocha (f)	['tɔʃɐ]
kampvuur (het)	fogueira (f)	[fu'gejrɐ]

benzine (de)	gasolina (f)	[gɐzu'linɐ]
kerosine (de)	querosene (m)	[kɐru'zɛnə]
brandbaar (bn)	inflamável	[ĩflɐ'mavɛl]
ontplofbaar (bn)	explosivo	[əʃplu'zivu]
VERBODEN TE ROKEN!	PROIBIDO FUMAR!	[prui'bidu fu'mar]

veiligheid (de)	segurança (f)	[səgu'rãsɐ]
gevaar (het)	perigo (m)	[pə'rigu]
gevaarlijk (bn)	perigoso	[pəri'gozu]

in brand vliegen (ww)	incendiar-se (vr)	[ĩsẽ'djarsə]
explosie (de)	explosão (f)	[əʃplu'zãu]
in brand steken (ww)	incendiar (vt)	[ĩsẽ'djar]
brandstichter (de)	incendiário (m)	[ĩsẽ'djariu]
brandstichting (de)	incêndio (m) criminoso	[ĩ'sẽdiu krimi'nozu]

vlammen (ww)	arder (vi)	[ɐr'der]
branden (ww)	queimar (vi)	[kej'mar]
afbranden (ww)	queimar tudo (vi)	[kej'mar 'tudu]

de brandweer bellen	chamar os bombeiros	[ʃe'mar uʃ bõ'bejruʃ]
brandweerman (de)	bombeiro (m)	[bõ'bejru]
brandweerwagen (de)	carro (m) de bombeiros	['kaʀu də bõ'bejruʃ]
brandweer (de)	corpo (m) de bombeiros	['korpu də bõ'bejruʃ]
uitschuifbare ladder (de)	escada (f) extensível	[ə'ʃkadɐ əʃtẽ'sivɛl]

brandslang (de)	mangueira (f)	[mã'gejrɐ]
brandblusser (de)	extintor (m)	[əʃtĩ'tor]
helm (de)	capacete (m)	[kɐpɐ'setə]
sirene (de)	sirene (f)	[si'rɛnə]

roepen (ww)	gritar (vi)	[gri'tar]
hulp roepen	chamar por socorro	[ʃe'mar pur su'koʀu]
redder (de)	salvador (m)	[salvɐ'dor]
redden (ww)	salvar, resgatar (vt)	[sal'var], [ʀəʒgɐ'tar]

aankomen (per auto, enz.)	chegar (vi)	[ʃə'gar]
blussen (ww)	apagar (vt)	[ɐpɐ'gar]
water (het)	água (f)	['aguɐ]

zand (het)	areia (f)	[ɐ'rɐjɐ]
ruïnes (mv.)	ruínas (f pl)	[ʀu'inɐʃ]
instorten (gebouw, enz.)	ruir (vi)	[ʀu'ir]
ineenstorten (ww)	desmoronar (vi)	[dəʒmuru'nar]
inzakken (ww)	desabar (vi)	[dəzɐ'bar]
brokstuk (het)	fragmento (m)	[fra'gmẽtu]
as (de)	cinza (f)	['sĩzɐ]
verstikken (ww)	sufocar (vi)	[sufu'kar]
omkomen (ww)	perecer (vi)	[pərə'ser]

MENSELIJKE ACTIVITEITEN

Baan. Business. Deel 1

97. Bankieren

bank (de)	banco (m)	['bãku]
bankfiliaal (het)	sucursal, balcão (f)	[sukur'sal], [ba'lkãu]
bankbediende (de)	consultor (m)	[kõsul'tor]
manager (de)	gerente (m)	[ʒə'rẽtə]
bankrekening (de)	conta (f)	['kõtɐ]
rekeningnummer (het)	número (m) da conta	['numəru dɐ 'kõtɐ]
lopende rekening (de)	conta (f) corrente	['kõtɐ ku'rẽtə]
spaarrekening (de)	conta (f) poupança	['kõtɐ po'pãsɐ]
een rekening openen	abrir uma conta	[ɐ'brir 'umɐ 'kõtɐ]
de rekening sluiten	fechar uma conta	[fə'ʃar 'umɐ 'kõtɐ]
op rekening storten	depositar na conta	[dəpuzi'tar nɐ 'kõtɐ]
opnemen (ww)	levantar (vt)	[ləvã'tar]
storting (de)	depósito (m)	[də'pozitu]
een storting maken	fazer um depósito	[fe'zer ũ də'pozitu]
overschrijving (de)	transferência (f) bancária	[trãʃfə'rẽsiɐ bã'kariɐ]
een overschrijving maken	transferir (vt)	[trãʃfə'rir]
som (de)	soma (f)	['somɐ]
Hoeveel?	Quanto?	[ku'ãtu]
handtekening (de)	assinatura (f)	[ɐsinɐ'turɐ]
ondertekenen (ww)	assinar (vt)	[ɐsi'nar]
kredietkaart (de)	cartão (m) de crédito	[ker'tãu dɐ 'krɛditu]
code (de)	código (m)	['kɔdigu]
kredietkaartnummer (het)	número (m) do cartão de crédito	['numəru du ker'tãu dɐ 'krɛditu]
geldautomaat (de)	Caixa Multibanco (m)	['kaɪʃɐ multi'bãku]
cheque (de)	cheque (m)	['ʃɛkə]
een cheque uitschrijven	passar um cheque	[pɐ'sar ũ 'ʃɛkə]
chequeboekje (het)	livro (m) de cheques	['livru dɐ 'ʃɛkəʃ]
lening, krediet (de)	empréstimo (m)	[ẽ'prɛʃtimu]
een lening aanvragen	pedir um empréstimo	[pə'dir un ẽ'prɛʃtimu]
een lening nemen	obter um empréstimo	[ɔb'ter un ẽp'rɛʃtimu]
een lening verlenen	conceder um empréstimo	[kõsə'der un ẽp'rɛʃtimu]
garantie (de)	garantia (f)	[gerã'tiɐ]

98. Telefoon. Telefoongesprek

telefoon (de)	telefone (m)	[telə'fonə]
mobieltje (het)	telemóvel (m)	[tɛlɛ'mɔvɛl]
antwoordapparaat (het)	secretária (f) eletrónica	[səkrə'tariə elɛ'trɔnikə]

bellen (ww)	fazer uma chamada	[fe'zer 'umə ʃe'madə]
belletje (telefoontje)	chamada (f)	[ʃe'madə]

een nummer draaien	marcar um número	[mer'kar ũ 'numəru]
Hallo!	Alô!	[e'lo]
vragen (ww)	perguntar (vt)	[pərgũ'tar]
antwoorden (ww)	responder (vt)	[Rəʃpõ'der]

horen (ww)	ouvir (vt)	[o'vir]
goed (bw)	bem	[bẽⁱ]
slecht (bw)	mal	[mal]
storingen (mv.)	ruído (m)	[Ru'idu]

hoorn (de)	auscultador (m)	[auʃkulte'dor]
opnemen (ww)	pegar o telefone	[pə'gar u telə'fonə]
ophangen (ww)	desligar (vi)	[dəʒli'gar]

bezet (bn)	ocupado	[ɔku'padu]
overgaan (ww)	tocar (vi)	[tu'kar]
telefoonboek (het)	lista (f) telefónica	['liʃtə telə'fɔnikə]

lokaal (bn)	local	[lu'kal]
lokaal gesprek (het)	chamada (f) local	[ʃe'madə lu'kal]
interlokaal (bn)	de longa distância	[də 'lõgə di'ʃtãsiə]
interlokaal gesprek (het)	chamada (f) de longa distância	[ʃa'mada də 'lõgə di'ʃtãsiə]
buitenlands (bn)	internacional	[ĩtərnesiu'nal]

99. Mobiele telefoon

mobieltje (het)	telemóvel (m)	[tɛlɛ'mɔvɛl]
scherm (het)	ecrã (m)	[ɛ'krã]
toets, knop (de)	botão (m)	[bu'tãu]
simkaart (de)	cartão SIM (m)	[ker'tãu sim]

batterij (de)	bateria (f)	[bete'riə]
leeg zijn (ww)	descarregar-se	[dəʃkeRe'garsə]
acculader (de)	carregador (m)	[keRəge'dor]

menu (het)	menu (m)	[mɛ'nu]
instellingen (mv.)	definições (f pl)	[dəfini'sõⁱʃ]
melodie (beltoon)	melodia (f)	[məlu'diə]
selecteren (ww)	escolher (vt)	[əʃku'ʎer]

rekenmachine (de)	calculadora (f)	[kalkule'dorə]
voicemail (de)	correio (m) de voz	[ku'Reju də vɔʃ]
wekker (de)	despertador (m)	[dəʃperte'dor]

contacten (mv.)	contatos (m pl)	[kõ'tatuʃ]
SMS-bericht (het)	mensagem (f) de texto	[mẽ'saʒẽ¹ də 'tɛʃtu]
abonnee (de)	assinante (m)	[esi'nãtə]

100. Schrijfbehoeften

| balpen (de) | caneta (f) | [ke'netɐ] |
| vulpen (de) | caneta (f) tinteiro | [ke'netɐ tĩ'tejru] |

potlood (het)	lápis (m)	['lapiʃ]
marker (de)	marcador (m)	[mɐrke'dor]
viltstift (de)	caneta (f) de feltro	[ke'netɐ də 'feltru]

| notitieboekje (het) | bloco (m) de notas | ['blɔku də 'nɔtɐʃ] |
| agenda (boekje) | agenda (f) | [ɐ'ʒẽdɐ] |

liniaal (de/het)	régua (f)	['ʀɛguɐ]
rekenmachine (de)	calculadora (f)	[kalkulɐ'dorɐ]
gom (de)	borracha (f)	[bu'ʀaʃɐ]
punaise (de)	pionés (m)	[piu'nɛʃ]
paperclip (de)	clipe (m)	['klipə]

lijm (de)	cola (f)	['kɔlɐ]
nietmachine (de)	agrafador (m)	[ɐgrɐfe'dor]
perforator (de)	furador (m)	[furɐ'dor]
potloodslijper (de)	afia-lápis (m)	[ɐ'fiɐ 'lapiʃ]

Baan. Business. Deel 2

101. Massamedia

krant (de)	jornal (m)	[ʒur'nal]
tijdschrift (het)	revista (f)	[ʀə'viʃtɐ]
pers (gedrukte media)	imprensa (f)	[ĩ'prẽsɐ]
radio (de)	rádio (m)	['ʀadiu]
radiostation (het)	estação (f) de rádio	[əʃtɐ'sãu də 'ʀadiu]
televisie (de)	televisão (f)	[tələvi'zãu]

presentator (de)	apresentador (m)	[ɐprəzẽtɐ'dor]
nieuwslezer (de)	locutor (m)	[luku'tor]
commentator (de)	comentador (m)	[kumẽtɐ'dor]

journalist (de)	jornalista (m)	[ʒurnɐ'liʃtɐ]
correspondent (de)	correspondente (m)	[kuʀəʃpõ'dẽtə]
fotocorrespondent (de)	repórter (m) fotográfico	[ʀə'portɛr futu'grafiku]
reporter (de)	repórter (m)	[ʀə'portɛr]

| redacteur (de) | redator (m) | [ʀədɐ'tor] |
| chef-redacteur (de) | redator-chefe (m) | [ʀədɐ'tor 'ʃɛfə] |

zich abonneren op	assinar a ...	[ɐsi'nar ɐ]
abonnement (het)	assinatura (f)	[ɐsinɐ'turɐ]
abonnee (de)	assinante (m)	[ɐsi'nãtə]
lezen (ww)	ler (vt)	[ler]
lezer (de)	leitor (m)	[ləj'tor]

oplage (de)	tiragem (f)	[ti'raʒẽʲ]
maand-, maandelijks (bn)	mensal	[mẽ'sal]
wekelijks (bn)	semanal	[səmɐ'nal]
nummer (het)	número (m)	['numəru]
vers (~ van de pers)	recente	[ʀə'sẽtə]

kop (de)	manchete (f)	[mã'ʃetə]
korte artikel (het)	pequeno artigo (m)	[pə'kenu ɐr'tigu]
rubriek (de)	coluna (f)	[ku'lunɐ]
artikel (het)	artigo (m)	[ɐr'tigu]
pagina (de)	página (f)	['paʒinɐ]

reportage (de)	reportagem (f)	[ʀəpur'taʒẽʲ]
gebeurtenis (de)	evento (m)	[e'vẽtu]
sensatie (de)	sensação (f)	[sẽsɐ'sãu]
schandaal (het)	escândalo (m)	[ə'ʃkãdəlu]
schandalig (bn)	escandaloso	[əʃkãdɐ'lozu]
groot (~ schandaal, enz.)	grande	['grãdə]

| programma (het) | programa (m) de TV | [pru'gremɐ də tɛ've] |
| interview (het) | entrevista (f) | [ẽtrɐ'viʃtɐ] |

| live uitzending (de) | transmissão (f) em direto | [trãʒmi'sãu ẽ di'rɛtu] |
| kanaal (het) | canal (m) | [ke'nal] |

102. Landbouw

landbouw (de)	agricultura (f)	[ɐgrikul'turɐ]
boer (de)	camponês (m)	[kãpu'neʃ]
boerin (de)	camponesa (f)	[kãpu'nezɐ]
landbouwer (de)	agricultor (m)	[ɐgrikul'tor]

| tractor (de) | trator (m) | [tra'tor] |
| maaidorser (de) | ceifeira-debulhadora (f) | [sɐjfɐjrɐ dɐbuʎɐ'dorɐ] |

ploeg (de)	arado (m)	[ɐ'radu]
ploegen (ww)	arar (vt)	[ɐ'rar]
akkerland (het)	campo (m) lavrado	['kãpu lɐ'vradu]
voor (de)	rego (m)	['ʀegu]

zaaien (ww)	semear (vt)	[sɐ'mjar]
zaaimachine (de)	semeadora (f)	[sɐmjɐ'dorɐ]
zaaien (het)	semeadura (f)	[sɐmjɐ'durɐ]

| zeis (de) | gadanha (f) | [gɐ'deɲɐ] |
| maaien (ww) | gadanhar (vt) | [gedɐ'ɲar] |

| schop (de) | pá (f) | [pa] |
| spitten (ww) | cavar (vt) | [ke'var] |

schoffel (de)	enxada (f)	[ẽ'ʃadɐ]
wieden (ww)	carpir (vt)	[ker'pir]
onkruid (het)	erva (f) daninha	['ɛrve dɐ'niɲɐ]

gieter (de)	regador (m)	[ʀɐgɐ'dor]
begieten (water geven)	regar (vt)	[ʀɐ'gar]
bewatering (de)	rega (f)	['ʀɛgɐ]

| riek, hooivork (de) | forquilha (f) | [for'kiʎɐ] |
| hark (de) | ancinho (m) | [ã'siɲu] |

kunstmest (de)	fertilizante (m)	[fɐrtili'zãtɐ]
bemesten (ww)	fertilizar (vt)	[fɐrtili'zar]
mest (de)	estrume (m)	[ɐ'ʃtrumɐ]

veld (het)	campo (m)	['kãpu]
wei (de)	prado (m)	['pradu]
moestuin (de)	horta (f)	['ɔrtɐ]
boomgaard (de)	pomar (m)	[pu'mar]

weiden (ww)	pastar (vt)	[pɐ'ʃtar]
herder (de)	pastor (m)	[pɐ'ʃtor]
weiland (de)	pastagem (f)	[pɐ'ʃtaʒẽʲ]

| veehouderij (de) | pecuária (f) | [pɐku'ariɐ] |
| schapenteelt (de) | criação (f) de ovelhas | [krie'sãu dɐ ɔ'veʎeʃ] |

plantage (de)	plantação (f)	[plãtɐ'sãu]
rijtje (het)	canteiro (m)	[kã'tejru]
broeikas (de)	invernadouro (m)	[ĩvɐrnɐ'doru]

| droogte (de) | seca (f) | ['sekɐ] |
| droog (bn) | seco | ['seku] |

graan (het)	cereal (m)	[sə'rjal]
graangewassen (mv.)	cereais (m pl)	[sə'rjaɪʃ]
oogsten (ww)	colher (vt)	[ku'ʎɛr]

molenaar (de)	moleiro (m)	[mu'lejru]
molen (de)	moinho (m)	[mu'iɲu]
malen (graan ~)	moer (vt)	[mu'ɛr]
bloem (bijv. tarwebloem)	farinha (f)	[fɐ'riɲɐ]
stro (het)	palha (f)	['paʎɐ]

103. Gebouw. Bouwproces

bouwplaats (de)	canteiro (m) de obras	[kã'tejru də 'ɔbrɐʃ]
bouwen (ww)	construir (vt)	[kõʃtru'ir]
bouwvakker (de)	construtor (m)	[kõʃtru'tor]

project (het)	projeto (m)	[pru'ʒɛtu]
architect (de)	arquiteto (m)	[ɐrki'tɛtu]
arbeider (de)	operário (m)	[ɔpə'rariu]

fundering (de)	fundação (f)	[fũdɐ'sãu]
dak (het)	telhado (m)	[tə'ʎadu]
heipaal (de)	estaca (f)	[ə'ʃtakɐ]
muur (de)	parede (f)	[pɐ'redə]

| betonstaal (het) | varões (m pl) para betão | [vɐ'roɪʃ 'pɐrɐ bə'tãu] |
| steigers (mv.) | andaime (m) | [ã'dajmə] |

beton (het)	betão (m)	[bə'tãu]
graniet (het)	granito (m)	[grɐ'nitu]
steen (de)	pedra (f)	['pɛdrɐ]
baksteen (de)	tijolo (m)	[ti'ʒolu]

zand (het)	areia (f)	[ɐ'rejɐ]
cement (de/het)	cimento (m)	[si'mẽtu]
pleister (het)	emboço (m)	[ẽ'bɔsu]
pleisteren (ww)	emboçar (vt)	[ẽbu'sar]

verf (de)	tinta (f)	['tĩtɐ]
verven (muur ~)	pintar (vt)	[pĩ'tar]
ton (de)	barril (m)	[bɐ'ʀil]

kraan (de)	grua (f), guindaste (m)	['gruɐ], [gĩ'daʃtə]
heffen, hijsen (ww)	erguer (vt)	[er'ger]
neerlaten (ww)	baixar (vt)	[baɪ'ʃar]
bulldozer (de)	buldózer (m)	[bul'dɔzər]
graafmachine (de)	escavadora (f)	[əʃkɐvɐ'dorɐ]

graafbak (de)	caçamba (f)	[ke'sãbɐ]
graven (tunnel, enz.)	escavar (vt)	[əʃke'var]
helm (de)	capacete (m) de proteção	[kɐpɐ'setə də prutɛ'sãu]

Beroepen en ambachten

104. Zoeken naar werk. Ontslag

baan (de)	trabalho (m)	[trɐ'baʎu]
werknemers (mv.)	equipa (f)	[e'kipɐ]
personeel (het)	pessoal (m)	[pəsu'al]
carrière (de)	carreira (f)	[kɐ'ʀɐjɾɐ]
vooruitzichten (mv.)	perspetivas (f pl)	[pərʃpɛ'tiveʃ]
meesterschap (het)	mestria (f)	[mɛ'ʃtriɐ]
keuze (de)	seleção (f)	[sələ'sãu]
uitzendbureau (het)	agência (f) de emprego	[ɐ'ʒẽsiɐ də ẽ'pregu]
CV, curriculum vitae (het)	CV, currículo (m)	[sɛ've], [ku'ʀikulu]
sollicitatiegesprek (het)	entrevista (f) de emprego	[ẽtrɐ'viʃtɐ də ẽ'pregu]
vacature (de)	vaga (f)	['vagɐ]
salaris (het)	salário (m)	[sɐ'lariu]
vaste salaris (het)	salário (m) fixo	[sɐ'lariu 'fiksu]
loon (het)	pagamento (m)	[pɐgɐ'mẽtu]
betrekking (de)	posto (m)	['poʃtu]
taak, plicht (de)	dever (m)	[dɐ'ver]
takenpakket (het)	gama (f) de deveres	['gɐmɐ də dɐ'vereʃ]
bezig (~ zijn)	ocupado	[ɔku'padu]
ontslagen (ww)	despedir, demitir (vt)	[dəʃpɐ'dir], [dɐmi'tir]
ontslag (het)	demissão (f)	[dɐmi'sãu]
werkloosheid (de)	desemprego (m)	[dəzẽ'pregu]
werkloze (de)	desempregado (m)	[dəzẽprɐ'gadu]
pensioen (het)	reforma (f)	[ʀɐ'fɔrmɐ]
met pensioen gaan	reformar-se	[ʀɐfur'marsə]

105. Zakenmensen

directeur (de)	diretor (m)	[dirɛ'tor]
beheerder (de)	gerente (m)	[ʒɐ'rẽtə]
hoofd (het)	patrão, chefe (m)	[pɐ'trãu], ['ʃɛfə]
baas (de)	superior (m)	[supɐ'rjor]
superieuren (mv.)	superiores (m pl)	[supɐ'rjoreʃ]
president (de)	presidente (m)	[prəzi'dẽtə]
voorzitter (de)	presidente (m) de direção	[prəzi'dẽtə də dirɛ'sãu]
adjunct (de)	substituto (m)	[subʃti'tutu]
assistent (de)	assistente (m)	[ɐsi'ʃtẽtə]

| secretaris (de) | secretário (m) | [səkrə'tariu] |
| persoonlijke assistent (de) | secretário (m) pessoal | [səkrə'tariu pəsu'al] |

zakenman (de)	homem (m) de negócios	['ɔmẽʲ də nə'gɔsiuʃ]
ondernemer (de)	empresário (m)	[ẽprə'zariu]
oprichter (de)	fundador (m)	[fũdɐ'dor]
oprichten	fundar (vt)	[fũ'dar]
(een nieuw bedrijf ~)		

stichter (de)	fundador, sócio (m)	[fũdɐ'dor], ['sɔsiu]
partner (de)	parceiro, sócio (m)	[per'sejru], ['sɔsiu]
aandeelhouder (de)	acionista (m)	[ɐsiu'niʃtɐ]

miljonair (de)	milionário (m)	[miliu'nariu]
miljardair (de)	bilionário (m)	[biliu'nariu]
eigenaar (de)	proprietário (m)	[prupriɛ'tariu]
landeigenaar (de)	proprietário (m) de terras	[prupriɛ'tariu də 'tɛRɐʃ]

klant (de)	cliente (m)	[kli'ẽtə]
vaste klant (de)	cliente (m) habitual	[kli'ẽtə ɐbitu'al]
koper (de)	comprador (m)	[kõprɐ'dor]
bezoeker (de)	visitante (m)	[vizi'tãtə]
professioneel (de)	profissional (m)	[prufisiu'nal]
expert (de)	perito (m)	[pə'ritu]
specialist (de)	especialista (m)	[əʃpəsiɐ'liʃtə]

| bankier (de) | banqueiro (m) | [bã'kejru] |
| makelaar (de) | corretor (m) | [kuRɛ'tor] |

kassier (de)	caixa (m, f)	['kaɪʃɐ]
boekhouder (de)	contabilista (m)	[kõtɐbi'liʃtə]
bewaker (de)	guarda (m)	[gu'ardɐ]

investeerder (de)	investidor (m)	[ĩvəʃti'dor]
schuldenaar (de)	devedor (m)	[dəvə'dor]
crediteur (de)	credor (m)	[krɛ'dor]
lener (de)	mutuário (m)	[mutu'ariu]

| importeur (de) | importador (m) | [ĩpurte'dor] |
| exporteur (de) | exportador (m) | [əʃpurtɐ'dor] |

producent (de)	produtor (m)	[prudu'tor]
distributeur (de)	distribuidor (m)	[diʃtribui'dor]
bemiddelaar (de)	intermediário (m)	[ĩtərmə'djariu]

adviseur, consulent (de)	consultor (m)	[kõsul'tor]
vertegenwoordiger (de)	representante (m)	[Rəprəzẽ'tãtə]
agent (de)	agente (m)	[ɐ'ʒẽtə]
verzekeringsagent (de)	agente (m) de seguros	[ɐ'ʒẽtə də sə'guruʃ]

106. Dienstverlenende beroepen

| kok (de) | cozinheiro (m) | [kuzi'ɲejru] |
| chef-kok (de) | cozinheiro chefe (m) | [kuzi'ɲejru 'ʃɛfə] |

bakker (de)	padeiro (m)	[pa'dejru]
barman (de)	barman (m)	['barmen]
kelner, ober (de)	empregado (m)	[ẽprə'gadu]
serveerster (de)	empregada (f)	[ẽprə'gade]
advocaat (de)	advogado (m)	[edvu'gadu]
jurist (de)	jurista (m)	[ʒu'riʃte]
notaris (de)	notário (m)	[nu'tariu]
elektricien (de)	eletricista (m)	[elɛtri'siʃte]
loodgieter (de)	canalizador (m)	[kenelize'dor]
timmerman (de)	carpinteiro (m)	[kerpĩ'tejru]
masseur (de)	massagista (m)	[mese'ʒiʃte]
masseuse (de)	massagista (f)	[mese'ʒiʃte]
dokter, arts (de)	médico (m)	['mɛdiku]
taxichauffeur (de)	taxista (m)	[ta'ksiʃte]
chauffeur (de)	condutor (m)	[kõdu'tor]
koerier (de)	entregador (m)	[ẽtrege'dor]
kamermeisje (het)	camareira (f)	[keme'rejre]
bewaker (de)	guarda (m)	[gu'arde]
stewardess (de)	hospedeira (f) de bordo	[ɔʃpe'dejre de 'bordu]
meester (de)	professor (m)	[prufe'sor]
bibliothecaris (de)	bibliotecário (m)	[bibliute'kariu]
vertaler (de)	tradutor (m)	[tredu'tor]
tolk (de)	intérprete (m)	[ĩ'tɛrprete]
gids (de)	guia (m)	['gie]
kapper (de)	cabeleireiro (m)	[kebelej'rejru]
postbode (de)	carteiro (m)	[ker'tejru]
verkoper (de)	vendedor (m)	[vẽde'dor]
tuinman (de)	jardineiro (m)	[ʒerdi'nejru]
huisbediende (de)	criado (m)	[kri'adu]
dienstmeisje (het)	criada (f)	[kri'ade]
schoonmaakster (de)	empregada (f) de limpeza	[ẽprə'gade de lĩ'peze]

107. Militaire beroepen en rangen

soldaat (rang)	soldado (m) raso	[sol'dadu 'ʀazu]
sergeant (de)	sargento (m)	[ser'ʒẽtu]
luitenant (de)	tenente (m)	[te'nẽte]
kapitein (de)	capitão (m)	[kepi'tãu]
majoor (de)	major (m)	[me'ʒor]
kolonel (de)	coronel (m)	[kuru'nɛl]
generaal (de)	general (m)	[ʒene'ral]
maarschalk (de)	marechal (m)	[mere'ʃal]
admiraal (de)	almirante (m)	[almi'rãte]
militair (de)	militar (m)	[mili'tar]
soldaat (de)	soldado (m)	[sol'dadu]

| officier (de) | oficial (m) | [ɔfi'sjal] |
| commandant (de) | comandante (m) | [kumã'dãtə] |

grenswachter (de)	guarda (m) fronteiriço	[gu'arde frõtej'risu]
marconist (de)	operador (m) de rádio	[ɔpɐre'dor də 'radiu]
verkenner (de)	explorador (m)	[eʃplure'dor]
sappeur (de)	sapador (m)	[sɐpɐ'dor]
schutter (de)	atirador (m)	[etirɐ'dor]
stuurman (de)	navegador (m)	[nɐvɐgɐ'dor]

108. Ambtenaren. Priesters

| koning (de) | rei (m) | [rej] |
| koningin (de) | rainha (f) | [rɐ'iɲɐ] |

| prins (de) | príncipe (m) | ['prĩsipə] |
| prinses (de) | princesa (f) | [prĩ'sezɐ] |

| tsaar (de) | czar (m) | ['kzar] |
| tsarina (de) | czarina (f) | [kzɐ'rinɐ] |

president (de)	presidente (m)	[prəzi'dẽtə]
minister (de)	ministro (m)	[mi'niʃtru]
eerste minister (de)	primeiro-ministro (m)	[pri'mejru mi'niʃtru]
senator (de)	senador (m)	[sɐnɐ'dor]

diplomaat (de)	diplomata (m)	[diplu'matɐ]
consul (de)	cônsul (m)	['kõsul]
ambassadeur (de)	embaixador (m)	[ẽbaɪʃɐ'dor]
adviseur (de)	conselheiro (m)	[kõsɐ'ʎejru]

ambtenaar (de)	funcionário (m)	[fũsiu'nariu]
prefect (de)	prefeito (m)	[prə'fejtu]
burgemeester (de)	Presidente (m) da Câmara	[prəzi'dẽtə də 'kɐmɐrɐ]

| rechter (de) | juiz (m) | [ʒu'iʃ] |
| aanklager (de) | procurador (m) | [prokure'dor] |

missionaris (de)	missionário (m)	[misiu'nariu]
monnik (de)	monge (m)	['mõʒə]
abt (de)	abade (m)	[ɐ'badə]
rabbi, rabbijn (de)	rabino (m)	[rɐ'binu]

vizier (de)	vizir (m)	[vi'zir]
sjah (de)	xá (m)	[ʃa]
sjeik (de)	xeque (m)	['ʃɛkə]

109. Agrarische beroepen

imker (de)	apicultor (m)	[ɐpikul'tor]
herder (de)	pastor (m)	[pɐ'ʃtor]
landbouwkundige (de)	agrónomo (m)	[ɐ'grɔnumu]

| veehouder (de) | criador (m) de gado | [krie'dor də 'gadu] |
| dierenarts (de) | veterinário (m) | [vətəri'nariu] |

landbouwer (de)	agricultor (m)	[ɐgrikul'tor]
wijnmaker (de)	vinicultor (m)	[vinikul'tor]
zoöloog (de)	zoólogo (m)	[zu'ɔlugu]
cowboy (de)	cowboy (m)	[kɔ'bɔj]

110. Kunst beroepen

| acteur (de) | ator (m) | [a'tor] |
| actrice (de) | atriz (f) | [ɐ'triʃ] |

| zanger (de) | cantor (m) | [kã'tor] |
| zangeres (de) | cantora (f) | [kã'torɐ] |

| danser (de) | bailarino (m) | [bajlɐ'rinu] |
| danseres (de) | bailarina (f) | [bajlɐ'rinɐ] |

| artiest (mann.) | artista (m) | [ɐr'tiʃtɐ] |
| artiest (vrouw.) | artista (f) | [ɐr'tiʃtɐ] |

muzikant (de)	músico (m)	['muziku]
pianist (de)	pianista (m)	[piɐ'niʃtɐ]
gitarist (de)	guitarrista (m)	[gitɐ'ʀiʃtɐ]

orkestdirigent (de)	maestro (m)	[mɐ'ɛʃtru]
componist (de)	compositor (m)	[kõpuzi'tor]
impresario (de)	empresário (m)	[ẽprɐ'zariu]

filmregisseur (de)	realizador (m)	[ʀiɐlize'dor]
filmproducent (de)	produtor (m)	[prudu'tor]
scenarioschrijver (de)	argumentista (m)	[ɐrgumẽ'tiʃtɐ]
criticus (de)	crítico (m)	['kritiku]

schrijver (de)	escritor (m)	[əʃkri'tor]
dichter (de)	poeta (m)	[pu'ɛtɐ]
beeldhouwer (de)	escultor (m)	[əʃkul'tor]
kunstenaar (de)	pintor (m)	[pĩ'tor]

jongleur (de)	malabarista (m)	[mɐlɐbɐ'riʃtɐ]
clown (de)	palhaço (m)	[pɐ'ʎasu]
acrobaat (de)	acrobata (m)	[ɐkru'batɐ]
goochelaar (de)	mágico (m)	['maʒiku]

111. Verschillende beroepen

dokter, arts (de)	médico (m)	['mɛdiku]
ziekenzuster (de)	enfermeira (f)	[ẽfər'mɐjrɐ]
psychiater (de)	psiquiatra (m)	[psiki'atrɐ]
tandarts (de)	estomatologista (m)	[əʃtumetulu'ʒiʃtɐ]
chirurg (de)	cirurgião (m)	[sirur'ʒjãu]

astronaut (de)	astronauta (m)	[eʃtrɔ'nautə]
astronoom (de)	astrónomo (m)	[ɐ'ʃtrɔnumu]
piloot (de)	piloto (m)	[pi'lotu]

chauffeur (de)	motorista (m)	[mutu'riʃtə]
machinist (de)	maquinista (m)	[mɐki'niʃtə]
mecanicien (de)	mecânico (m)	[mə'kɐniku]

mijnwerker (de)	mineiro (m)	[mi'nɐjru]
arbeider (de)	operário (m)	[ɔpə'rariu]
bankwerker (de)	serralheiro (m)	[sɐrɐ'ʎɐjru]
houtbewerker (de)	marceneiro (m)	[mɐrsə'nɐjru]
draaier (de)	torneiro (m)	[tur'nɐjru]
bouwvakker (de)	construtor (m)	[kõʃtru'tor]
lasser (de)	soldador (m)	[soldɐ'dor]

professor (de)	professor (m) catedrático	[prufə'sor ketə'dratiku]
architect (de)	arquiteto (m)	[ɐrki'tɛtu]
historicus (de)	historiador (m)	[iʃturiɐ'dor]
wetenschapper (de)	cientista (m)	[siẽ'tiʃtə]
fysicus (de)	físico (m)	['fiziku]
scheikundige (de)	químico (m)	['kimiku]

archeoloog (de)	arqueólogo (m)	[ɐr'kjɔlugu]
geoloog (de)	geólogo (m)	[ʒj'ɔlugu]
onderzoeker (de)	pesquisador (m)	[pəʃkizɐ'dor]

| babysitter (de) | babysitter (f) | [bɐbisi'ter] |
| leraar, pedagoog (de) | professor (m) | [prufə'sor] |

redacteur (de)	redator (m)	[ʀədɐ'tor]
chef-redacteur (de)	redator-chefe (m)	[ʀədɐ'tor 'ʃɛfə]
correspondent (de)	correspondente (m)	[kuʀəʃpõ'dẽtə]
typiste (de)	datilógrafa (f)	[dɐti'lɔgrɐfə]

| designer (de) | designer (m) | [di'zajner] |
| computerexpert (de) | especialista (m) em informática | [əʃpəsiɐ'liʃtə ən ĩfur'matikə] |

| programmeur (de) | programador (m) | [prugrɐmɐ'dor] |
| ingenieur (de) | engenheiro (m) | [ẽʒə'ɲɐjru] |

matroos (de)	marujo (m)	[mɐ'ruʒu]
zeeman (de)	marinheiro (m)	[mɐri'ɲɐjru]
redder (de)	salvador (m)	[salvɐ'dor]

brandweerman (de)	bombeiro (m)	[bõ'bɐjru]
politieagent (de)	polícia (m)	[pu'lisiə]
nachtwaker (de)	guarda-noturno (m)	[gu'ardɐ nɔ'turnu]
detective (de)	detetive (m)	[dətɛ'tivə]

douanier (de)	funcionário (m) da alfândega	[fũsiu'nariu dɐ al'fɐdəgə]
lijfwacht (de)	guarda-costas (m)	[gu'ardɐ 'kɔʃtɐʃ]
gevangenisbewaker (de)	guarda (m) prisional	[gu'ardɐ priziu'nal]
inspecteur (de)	inspetor (m)	[ĩʃpɛ'tor]
sportman (de)	desportista (m)	[dəʃpur'tiʃtə]
trainer (de)	treinador (m)	[trɐjnɐ'dor]

slager, beenhouwer (de)	talhante (m)	[te'ʎãtə]
schoenlapper (de)	sapateiro (m)	[sepɐ'tejru]
handelaar (de)	comerciante (m)	[kumər'sjãtə]
lader (de)	carregador (m)	[keɐɐgɐ'doɾ]

| kledingstilist (de) | estilista (m) | [əʃti'liʃtɐ] |
| model (het) | modelo (f) | [mu'delu] |

112. Beroepen. Sociale status

| scholier (de) | escolar (m) | [əʃku'laɾ] |
| student (de) | estudante (m) | [əʃtu'dãtə] |

filosoof (de)	filósofo (m)	[fi'lɔzufu]
econoom (de)	economista (m)	[ekɔnu'miʃtə]
uitvinder (de)	inventor (m)	[ĩvẽ'toɾ]

werkloze (de)	desempregado (m)	[dəzẽprɐ'gadu]
gepensioneerde (de)	reformado (m)	[ʀəfuɾ'madu]
spion (de)	espião (m)	[ə'ʃpjãu]

gedetineerde (de)	preso (m)	['prezu]
staker (de)	grevista (m)	[grɛ'viʃtə]
bureaucraat (de)	burocrata (m)	[buru'kratɐ]
reiziger (de)	viajante (m)	[viɐ'ʒãtə]

homoseksueel (de)	homossexual (m)	[ɔmɔsɛksu'al]
hacker (computerkraker)	hacker (m)	['akɛɾ]
hippie (de)	hippie	['ipi]

bandiet (de)	bandido (m)	[bã'didu]
huurmoordenaar (de)	assassino (m) a soldo	[ɐsɐ'sinu ɐ 'soldu]
drugsverslaafde (de)	toxicodependente (m)	[tɔksiku·dəpē'dētə]
drugshandelaar (de)	traficante (m)	[trɐfi'kãtə]
prostituee (de)	prostituta (f)	[pruʃti'tutə]
pooier (de)	chulo (m)	['ʃulu]

tovenaar (de)	bruxo (m)	['bruʃu]
tovenares (de)	bruxa (f)	['bruʃə]
piraat (de)	pirata (m)	[pi'ratə]
slaaf (de)	escravo (m)	[ə'ʃkravu]
samoerai (de)	samurai (m)	[sɛmu'raj]
wilde (de)	selvagem (m)	[sɛ'lvaʒēʲ]

Sport

113. Soorten sporten. Sporters

sportman (de)	desportista (m)	[dəʃpur'tiʃtɐ]
soort sport (de/het)	tipo (m) de desporto	['tipu də də'ʃportu]
basketbal (het)	basquetebol (m)	[bɐʃkɛtɐ'bɔl]
basketbalspeler (de)	jogador (m) de basquetebol	[ʒugɐ'dor də bɐʃkɛtɐ'bɔl]
baseball (het)	beisebol (m)	['bɛjzbɔl]
baseballspeler (de)	jogador (m) de beisebol	[ʒugɐ'dor də 'bɛjzbɔl]
voetbal (het)	futebol (m)	[futə'bɔl]
voetballer (de)	futebolista (m)	[futɐbu'liʃtɐ]
doelman (de)	guarda-redes (m)	[gu'ardɐ 'ʀedəʃ]
hockey (het)	hóquei (m)	['ɔkɐj]
hockeyspeler (de)	jogador (m) de hóquei	[ʒugɐ'dor də 'ɔkɐj]
volleybal (het)	voleibol (m)	[vɔlɐj'bɔl]
volleybalspeler (de)	jogador (m) de voleibol	[ʒugɐ'dor də vɔlɐj'bɔl]
boksen (het)	boxe (m)	['bɔksə]
bokser (de)	boxeador, pugilista (m)	[boʃiɐ'dor], [puʒi'liʃtɐ]
worstelen (het)	luta (f)	['lutɐ]
worstelaar (de)	lutador (m)	[lutɐ'dor]
karate (de)	karaté (m)	[kara'tɛ]
karateka (de)	karateca (m)	[kɐrɐ'tɛkɐ]
judo (de)	judo (m)	['ʒudu]
judoka (de)	judoca (m)	[ʒu'dɔkɐ]
tennis (het)	ténis (m)	['tɛniʃ]
tennisspeler (de)	tenista (m)	[tɛ'niʃtɐ]
zwemmen (het)	natação (f)	[nɐtɐ'sãu]
zwemmer (de)	nadador (m)	[nɐdɐ'dor]
schermen (het)	esgrima (f)	[ə'ʒgrimɐ]
schermer (de)	esgrimista (m)	[əʒgri'miʃtɐ]
schaak (het)	xadrez (m)	[ʃɐ'dreʃ]
schaker (de)	xadrezista (m)	[ʃɐdrə'ziʃtɐ]
alpinisme (het)	alpinismo (m)	[alpi'niʒmu]
alpinist (de)	alpinista (m)	[alpi'niʃtɐ]
hardlopen (het)	corrida (f)	[ku'ʀidɐ]

renner (de)	corredor (m)	[kuʀə'dor]
atletiek (de)	atletismo (m)	[etlɛ'tiʒmu]
atleet (de)	atleta (m)	[et'lɛtɐ]

paardensport (de)	hipismo (m)	[i'piʒmu]
ruiter (de)	cavaleiro (m)	[kɐvɐ'lɐjru]

kunstschaatsen (het)	patinagem (f) artística	[pɐti'naʒɐ̃ɨ ɐr'tiʃtikɐ]
kunstschaatser (de)	patinador (m)	[pɐtinɐ'dor]
kunstschaatsster (de)	patinadora (f)	[pɐtinɐ'dorɐ]

gewichtheffen (het)	halterofilismo (m)	[altɛrɔfi'liʒmu]
gewichtheffer (de)	halterofilista (m)	[altɛrɔfi'liʃtɐ]

autoraces (mv.)	corrida (f) de carros	[ku'ʀidɐ də 'kaʀuʃ]
coureur (de)	piloto (m)	[pi'lotu]

wielersport (de)	ciclismo (m)	[sik'liʒmu]
wielrenner (de)	ciclista (m)	[sik'liʃtɐ]

verspringen (het)	salto (m) em comprimento	['saltu ɐ̃ kõpri'mẽtu]
polsstokspringen (het)	salto (m) à vara	['saltu a 'vaɾɐ]
verspringer (de)	atleta (m) de saltos	[et'lɛtɐ də 'saltuʃ]

114. Soorten sporten. Diversen

Amerikaans voetbal (het)	futebol (m) americano	[futə'bɔl ɐmɐri'kɐnu]
badminton (het)	badminton (m)	[bad'mĩtɔn]
biatlon (de)	biatlo (m)	['bjatlu]
biljart (het)	bilhar (m)	[bi'ʎar]

bobsleeën (het)	bobsled (m)	['bɔbsled]
bodybuilding (de)	musculação (f)	[muʃkulɐ'sãu]
waterpolo (het)	polo (m) aquático	['pɔlu ɐku'atiku]
handbal (de)	andebol (m)	[ãdə'bɔl]
golf (het)	golfe (m)	['golfə]
roeisport (de)	remo (m)	['ʀɛmu]
duiken (het)	mergulho (m)	[mər'guʎu]
langlaufen (het)	corrida (f) de esqui	[ku'ʀidɐ də ə'ʃki]
tafeltennis (het)	ténis (m) de mesa	['tɛniʃ də 'mezɐ]

zeilen (het)	vela (f)	['vɛlɐ]
rally (de)	rali (m)	[ʀɐ'li]
rugby (het)	râguebi (m)	['ʀɛgbi]
snowboarden (het)	snowboard (m)	[snou'bɔrd]
boogschieten (het)	tiro (m) com arco	['tiru kõ 'arku]

115. Fitnessruimte

lange halter (de)	barra (f)	['baʀɐ]
halters (mv.)	halteres (m pl)	[al'tɛrəʃ]

training machine (de)	aparelho (m) de musculaçao	[ɐpɐ'ɾɐʎu də muʃkulɐ'sɐu]
hometrainer (de)	bicicleta (f) ergométrica	[bisik'lɛtɐ ergu'mɛtrikɐ]
loopband (de)	passadeira (f) de corrida	[pɐsɐ'dejɾɐ də ku'ʀidɐ]

rekstok (de)	barra (f) fixa	['baʀɐ 'fiksɐ]
brug (de) gelijke leggers	barras (f pl) paralelas	['baʀɐʃ pɐɾɐ'lɛleʃ]
paardsprong (de)	cavalo (m)	[kɐ'valu]
mat (de)	tapete (m) de ginástica	[tɐ'petə də ʒi'naʃtikə]

springtouw (het)	corda (f) de saltar	['kɔɾdɐ də sal'taɾ]
aerobics (de)	aeróbica (f)	[ɛɐ'ɾɔbikə]
yoga (de)	ioga (f)	['jɔgə]

116. Sporten. Diversen

Olympische Spelen (mv.)	Jogos (m pl) Olímpicos	['ʒɔguʃ ɔ'lĩpikuʃ]
winnaar (de)	vencedor (m)	[vẽsə'dor]
overwinnen (ww)	vencer (vi)	[vẽ'ser]
winnen (ww)	vencer, ganhar (vi)	[vẽ'ser], [ga'ɲar]

| leider (de) | líder (m) | ['lidɛr] |
| leiden (ww) | liderar (vt) | [lidə'rar] |

eerste plaats (de)	primeiro lugar (m)	[pri'mejru lu'gar]
tweede plaats (de)	segundo lugar (m)	[sə'gũdu lu'gar]
derde plaats (de)	terceiro lugar (m)	[tər'sejru lu'gar]

medaille (de)	medalha (f)	[mə'daʎɐ]
trofee (de)	troféu (m)	[tru'fɛu]
beker (de)	taça (f)	['tasɐ]
prijs (de)	prémio (m)	['prɛmiu]
hoofdprijs (de)	prémio (m) principal	['prɛmiu pɾĩsi'pal]

| record (het) | recorde (m) | [ʀə'kɔrdə] |
| een record breken | estabelecer um recorde | [əʃtɐbələ'ser ũ ʀə'kɔrdə] |

| finale (de) | final (m) | [fi'nal] |
| finale (bn) | final | [fi'nal] |

| kampioen (de) | campeão (m) | [kã'pjãu] |
| kampioenschap (het) | campeonato (m) | [kãpiu'natu] |

stadion (het)	estádio (m)	[ə'ʃtadiu]
tribune (de)	bancadas (f pl)	[bã'kadəʃ]
fan, supporter (de)	fã, adepto (m)	[fã], [ɐ'dɛptu]
tegenstander (de)	adversário (m)	[edvər'sariu]

| start (de) | partida (f) | [pɐr'tidə] |
| finish (de) | chegada, meta (f) | [ʃə'gadə], ['mɛtə] |

nederlaag (de)	derrota (f)	[də'ʀɔtə]
verliezen (ww)	perder (vt)	[pər'der]
rechter (de)	árbitro (m)	['arbitru]
jury (de)	júri (m)	['ʒuri]

stand (~ is 3-1)	resultado (m)	[ʀəzul'tadu]
gelijkspel (het)	empate (m)	[ẽ'patə]
in gelijk spel eindigen	empatar (vi)	[ẽpɐ'tar]
punt (het)	ponto (m)	['põtu]
uitslag (de)	resultado (m) final	[ʀəzul'tadu fi'nal]

periode (de)	tempo, período (m)	['tẽpu pə'riwdu]
pauze (de)	intervalo (m)	[ĩtər'valu]
doping (de)	doping (m)	['dɔpĩg]
straffen (ww)	penalizar (vt)	[pəneli'zar]
diskwalificeren (ww)	desqualificar (vt)	[dəʃkuɐlifi'kar]

toestel (het)	aparelho (m)	[epɐ'reʎu]
speer (de)	dardo (m)	['dardu]
kogel (de)	peso (m)	['pezu]
bal (de)	bola (f)	['bɔlɐ]

doel (het)	alvo (m)	['alvu]
schietkaart (de)	alvo (m)	['alvu]
schieten (ww)	atirar, disparar (vi)	[eti'rar], [diʃpɐ'rar]
precies (bijv. precieze schot)	preciso	[prə'sizu]

trainer, coach (de)	treinador (m)	[trejnɐ'dor]
trainen (ww)	treinar (vt)	[trej'nar]
zich trainen (ww)	treinar-se (vr)	[trej'narsə]
training (de)	treino (m)	['trejnu]

gymnastiekzaal (de)	ginásio (m)	[ʒi'naziu]
oefening (de)	exercício (m)	[ezər'sisiu]
opwarming (de)	aquecimento (m)	[ɐkɛsi'mẽtu]

Onderwijs

117. School

school (de)	escola (f)	[ə'ʃkɔlɐ]
schooldirecteur (de)	diretor (m) de escola	[dirɛ'tor də ə'ʃkɔlɐ]
leerling (de)	aluno (m)	[ɐ'lunu]
leerlinge (de)	aluna (f)	[ɐ'lunɐ]
scholier (de)	escolar (m)	[əʃku'lar]
scholiere (de)	escolar (f)	[əʃku'lar]
leren (lesgeven)	ensinar (vt)	[ẽsi'nar]
studeren (bijv. een taal ~)	aprender (vt)	[ɐprẽ'der]
van buiten leren	aprender de cor	[ɐprẽ'der də kor]
leren (bijv. ~ tellen)	estudar (vi)	[əʃtu'dar]
in school zijn	andar na escola	[ãdar nɐ ə'ʃkɔlɐ]
(schooljongen zijn)		
naar school gaan	ir à escola	[ir a ə'ʃkɔlɐ]
alfabet (het)	alfabeto (m)	[alfɐ'bɛtu]
vak (schoolvak)	disciplina (f)	[diʃsi'plinɐ]
klaslokaal (het)	sala (f) de aula	['salɐ də 'aulɐ]
les (de)	lição, aula (f)	[li'sãu], ['aulɐ]
pauze (de)	recreio (m)	[ʀɐ'kreju]
bel (de)	toque (m)	['tɔkə]
schooltafel (de)	carteira (f)	[kɐr'tejrɐ]
schoolbord (het)	quadro (m) negro	[ku'adru 'negru]
cijfer (het)	nota (f)	['nɔtɐ]
goed cijfer (het)	boa nota (f)	['boɐ 'nɔtɐ]
slecht cijfer (het)	nota (f) baixa	['nɔtɐ 'baiʃɐ]
een cijfer geven	dar uma nota	[dar 'umɐ 'nɔtɐ]
fout (de)	erro (m)	['eʀu]
fouten maken	fazer erros	[fɐ'zer 'eʀuʃ]
corrigeren (fouten ~)	corrigir (vt)	[kuʀi'ʒir]
spiekbriefje (het)	cábula (f)	['kabulɐ]
huiswerk (het)	dever (m) de casa	[də'ver də 'kazɐ]
oefening (de)	exercício (m)	[ezər'sisiu]
aanwezig zijn (ww)	estar presente	[ə'ʃtar prə'zẽtɐ]
absent zijn (ww)	estar ausente	[ə'ʃtar au'zẽtɐ]
school verzuimen	faltar às aulas	[fal'tar aʃ 'aulɐʃ]
bestraffen (een stout kind ~)	punir (vt)	[pu'nir]
bestraffing (de)	punição (f)	[puni'sãu]

gedrag (het)	comportamento (m)	[kŏpurtɐ'mĕtu]
cijferlijst (de)	boletim (m) escolar	[bulɐ'tĩ ɘʃku'lar]
potlood (het)	lápis (m)	['lapiʃ]
gom (de)	borracha (f)	[bu'ʀaʃɐ]
krijt (het)	giz (m)	[ʒiʃ]
pennendoos (de)	estojo (m)	[ɘ'ʃtoʒu]

boekentas (de)	pasta (f) escolar	['paʃtɐ ɘʃku'lar]
pen (de)	caneta (f)	[kɐ'netɐ]
schrift (de)	caderno (m)	[kɐ'dɛrnu]
leerboek (het)	manual (m)	[mɐnu'al]
passer (de)	compasso (m)	[kŏ'pasu]

technisch tekenen (ww)	traçar (vt)	[trɐ'sar]
technische tekening (de)	desenho (m) técnico	[dɘ'zɐɲu 'tɛkniku]

gedicht (het)	poesia (f)	[pue'ziɐ]
van buiten (bw)	de cor	[dɘ kor]
van buiten leren	aprender de cor	[ɐprɛ̃'der dɘ kor]

vakantie (de)	férias (f pl)	['fɛriɐʃ]
met vakantie zijn	estar de férias	[ɘ'ʃtar dɘ 'fɛriɐʃ]
vakantie doorbrengen	passar as férias	[pɐ'sar ɐʃ 'fɛriɐʃ]

toets (schriftelijke ~)	teste (m)	['tɛʃtɘ]
opstel (het)	composição, redação (f)	[kŏpuzi'sãu], [ʀɐda'sãu]
dictee (het)	ditado (m)	[di'tadu]
examen (het)	exame (m)	[e'zɐmɘ]
examen afleggen	fazer exame	[fɐ'zer e'zɐmɘ]
experiment (het)	experiência (f)	[ɘʃpɘ'rjẽsiɐ]

118. Hogeschool. Universiteit

academie (de)	academia (f)	[ɐkɐdɘ'miɐ]
universiteit (de)	universidade (f)	[univɘrsi'dadɘ]
faculteit (de)	faculdade (f)	[fɐkul'dadɘ]

student (de)	estudante (m)	[ɘʃtu'dãtɘ]
studente (de)	estudante (f)	[ɘʃtu'dãtɘ]
leraar (de)	professor (m)	[prufɘ'sor]

collegezaal (de)	sala (f) de palestras	['salɐ dɘ pɐ'lɛʃtrɐʃ]
afgestudeerde (de)	graduado (m)	[grɐdu'adu]

diploma (het)	diploma (m)	[dip'lomɐ]
dissertatie (de)	tese (f)	['tɛzɐ]

onderzoek (het)	estudo (m)	[ɘ'ʃtudu]
laboratorium (het)	laboratório (m)	[lɐbuʀɐ'tɔriu]

college (het)	palestra (f)	[pɐ'lɛʃtrɐ]
medestudent (de)	colega (m) de curso	[ku'lɛgɐ dɘ 'kursu]
studiebeurs (de)	bolsa (f) de estudos	['bolsɐ dɘ ɘ'ʃtuduʃ]
academische graad (de)	grau (m) académico	['grau ɐkɐ'dɛmiku]

119. Wetenschappen. Disciplines

wiskunde (de)	matemática (f)	[mətə'matikɐ]
algebra (de)	álgebra (f)	['aɫʒɐbɾɐ]
meetkunde (de)	geometria (f)	[ʒiumə'triɐ]
astronomie (de)	astronomia (f)	[ɐʃtrunu'miɐ]
biologie (de)	biologia (f)	[biulu'ʒiɐ]
geografie (de)	geografia (f)	[ʒiugɾɐ'fiɐ]
geologie (de)	geologia (f)	[ʒiulu'ʒiɐ]
geschiedenis (de)	história (f)	[i'ʃtɔriɐ]
geneeskunde (de)	medicina (f)	[mədi'sinɐ]
pedagogiek (de)	pedagogia (f)	[pədɐgu'ʒiɐ]
rechten (mv.)	direito (m)	[di'rejtu]
fysica, natuurkunde (de)	física (f)	['fizikɐ]
scheikunde (de)	química (f)	['kimikɐ]
filosofie (de)	filosofia (f)	[filuzu'fiɐ]
psychologie (de)	psicologia (f)	[psikulu'ʒiɐ]

120. Schrift. Spelling

grammatica (de)	gramática (f)	[grɐ'matikɐ]
vocabulaire (het)	vocabulário (m)	[vokabu'larju]
fonetiek (de)	fonética (f)	[fɔ'nɛtikɐ]
zelfstandig naamwoord (het)	substantivo (m)	[subʃtɐ̃'tivu]
bijvoeglijk naamwoord (het)	adjetivo (m)	[ɐdʒɛ'tivu]
werkwoord (het)	verbo (m)	['vɛrbu]
bijwoord (het)	advérbio (m)	[ɐd'vɛrbiu]
voornaamwoord (het)	pronome (m)	[pru'nomə]
tussenwerpsel (het)	interjeição (f)	[ĩtɛrʒɐj'sãu]
voorzetsel (het)	preposição (f)	[prəpuzi'sãu]
stam (de)	raiz (f)	[ʀɐ'iʃ]
achtervoegsel (het)	terminação (f)	[tərminɐ'sãu]
voorvoegsel (het)	prefixo (m)	[prə'fiksu]
lettergreep (de)	sílaba (f)	['silɐbɐ]
achtervoegsel (het)	sufixo (m)	[su'fiksu]
nadruk (de)	acento (m)	[ɐ'sẽtu]
afkappingsteken (het)	apóstrofo (m)	[ɐ'pɔʃtrɔfu]
punt (de)	ponto (m)	['põtu]
komma (de/het)	vírgula (f)	['virgulɐ]
puntkomma (de)	ponto e vírgula (m)	['põtu ə 'virgulɐ]
dubbelpunt (de)	dois pontos (m pl)	['doiʃ 'põtuʃ]
beletselteken (het)	reticências (f pl)	[ʀɐti'sẽsiɐʃ]
vraagteken (het)	ponto (m) de interrogação	['põtu də ĩtəʀugɐ'sãu]
uitroepteken (het)	ponto (m) de exclamação	['põtu də əʃklɐmɐ'sãu]

aanhalingstekens (mv.)	aspas (f pl)	['aʃpeʃ]
tussen aanhalingstekens (bw)	entre aspas	[ẽtrə 'aʃpeʃ]
haakjes (mv.)	parênteses (m pl)	[pe'rẽtəzəʃ]
tussen haakjes (bw)	entre parênteses	[ẽtrə pe'rẽtəzəʃ]

streepje (het)	hífen (m)	['ifɛn]
gedachtestreepje (het)	travessão (m)	[trɐvə'sãu]
spatie	espaço (m)	[ə'ʃpasu]
(~ tussen twee woorden)		

letter (de)	letra (f)	['letrɐ]
hoofdletter (de)	letra (f) maiúscula	['letrɐ mɐ'juʃkulɐ]

klinker (de)	vogal (f)	[vu'gal]
medeklinker (de)	consoante (f)	[kõsu'ãtə]

zin (de)	frase (f)	['frazə]
onderwerp (het)	sujeito (m)	[su'ʒejtu]
gezegde (het)	predicado (m)	[prədi'kadu]

regel (in een tekst)	linha (f)	['liɲə]
op een nieuwe regel (bw)	em uma nova linha	[ɛn 'umɐ 'nɔvɐ 'liɲɐ]
alinea (de)	parágrafo (m)	[pɐ'ragrɐfu]

woord (het)	palavra (f)	[pɐ'lavrɐ]
woordgroep (de)	grupo (m) de palavras	['grupu də pɐ'lavrɐʃ]
uitdrukking (de)	expressão (f)	[əʃprə'sãu]
synoniem (het)	sinónimo (m)	[si'nɔnimu]
antoniem (het)	antónimo (m)	[ã'tɔnimu]

regel (de)	regra (f)	['Rɛgrɐ]
uitzondering (de)	exceção (f)	[əʃsɛ'sãu]
correct (bijv. ~e spelling)	correto	[ku'Rɛtu]

vervoeging, conjugatie (de)	conjugação (f)	[kõʒugɐ'sãu]
verbuiging, declinatie (de)	declinação (f)	[dəklinɐ'sãu]
naamval (de)	caso (m)	['kazu]
vraag (de)	pergunta (f)	[pɐr'gũtɐ]
onderstrepen (ww)	sublinhar (vt)	[subli'ɲar]
stippellijn (de)	linha (f) pontilhada	['liɲɐ põti'ʎadɐ]

121. Vreemde talen

taal (de)	língua (f)	['lĩguɐ]
vreemd (bn)	estrangeiro	[əʃtrã'ʒejru]
vreemde taal (de)	língua (f) estrangeira	['lĩguɐ əʃtrã'ʒejrɐ]
leren (bijv. van buiten ~)	estudar (vt)	[əʃtu'dar]
studeren (Nederlands ~)	aprender (vt)	[eprẽ'der]

lezen (ww)	ler (vt)	[ler]
spreken (ww)	falar (vi)	[fe'lar]
begrijpen (ww)	compreender (vt)	[kõprië'der]
schrijven (ww)	escrever (vt)	[əʃkrɐ'ver]
snel (bw)	rapidamente	[Rapidɐ'mẽtə]

| langzaam (bw) | devagar | [dəve'gar] |
| vloeiend (bw) | fluentemente | [fluẽtə'mẽtə] |

regels (mv.)	regras (f pl)	['Rɛgrɐʃ]
grammatica (de)	gramática (f)	[grɐ'matikɐ]
vocabulaire (het)	vocabulário (m)	[vokabu'larju]
fonetiek (de)	fonética (f)	[fɔ'nɛtikɐ]

leerboek (het)	manual (m)	[mɐnu'al]
woordenboek (het)	dicionário (m)	[disiu'nariu]
leerboek (het) voor zelfstudie	manual (m) de autoaprendizagem	[mɐnu'al də 'autɔɐprẽdi'zaʒẽ ⁱ]
taalgids (de)	guia (m) de conversação	['gie də kõvərse'sãu]

cassette (de)	cassete (f)	[ka'sɛtə]
videocassette (de)	vídeo cassete (m)	['vidiu ka'sɛtə]
CD (de)	CD, disco (m) compacto	['sɛdɛ], ['diʃku kõ'paktu]
DVD (de)	DVD (m)	[dɛvɛ'dɛ]

alfabet (het)	alfabeto (m)	[alfe'bɛtu]
spellen (ww)	soletrar (vt)	[sulə'trar]
uitspraak (de)	pronúncia (f)	[pru'nũsie]

accent (het)	sotaque (m)	[su'takə]
met een accent (bw)	com sotaque	[kõ su'takə]
zonder accent (bw)	sem sotaque	[sẽ su'takə]

| woord (het) | palavra (f) | [pɐ'lavrɐ] |
| betekenis (de) | sentido (m) | [sẽ'tidu] |

cursus (de)	cursos (m pl)	['kursuʃ]
zich inschrijven (ww)	inscrever-se (vr)	[iʃkrɐ'versə]
leraar (de)	professor (m)	[prufe'sor]

vertaling (een ~ maken)	tradução (f)	[trɐdu'sãu]
vertaling (tekst)	tradução (f)	[trɐdu'sãu]
vertaler (de)	tradutor (m)	[trɐdu'tor]
tolk (de)	intérprete (m)	[ĩ'tɛrprɐtə]

| polyglot (de) | poliglota (m) | [poli'glɔtə] |
| geheugen (het) | memória (f) | [mə'mɔrie] |

122. Sprookjesfiguren

Sinterklaas (de)	Pai Natal (m)	[paj nɐ'tal]
Assepoester (de)	Cinderela (f)	[sĩdə'rɛlɐ]
zeemeermin (de)	sereia (f)	[sə'rɐjɐ]
Neptunus (de)	Neptuno (m)	[nɛp'tunu]

magiër, tovenaar (de)	mago (m)	['magu]
goede heks (de)	fada (f)	['fadɐ]
magisch (bn)	mágico	['maʒiku]
toverstokje (het)	varinha (f) mágica	[vɐ'rịɲɐ 'maʒikɐ]
sprookje (het)	conto (m) de fadas	['kõtu də 'fadɐʃ]

wonder (het)	milagre (m)	[mi'lagrə]
dwerg (de)	anão (m)	[e'nãu]
veranderen in ...	transformar-se em ...	[trãʃfur'marsə ɛn]
(anders worden)		

geest (de)	fantasma (m)	[fã'taʒmɐ]
spook (het)	espetro (m)	[ə'ʃpɛtru]
monster (het)	monstro (m)	['mõʃtru]
draak (de)	dragão (m)	[dre'gãu]
reus (de)	gigante (m)	[ʒi'gãtə]

123. Dierenriem

Ram (de)	Carneiro	[kɐr'nɐjru]
Stier (de)	Touro	['toru]
Tweelingen (mv.)	Gémeos	['ʒɛmiuʃ]
Kreeft (de)	Caranguejo	[kɐrã'geʒu]
Leeuw (de)	Leão	[lj'ãu]
Maagd (de)	Virgem (f)	['virʒẽⁱ]

Weegschaal (de)	Balança	[bɐ'lãsɐ]
Schorpioen (de)	Escorpião	[əʃkur'pjãu]
Boogschutter (de)	Sagitário	[seʒi'tariu]
Steenbok (de)	Capricórnio	[kɐpri'kɔrniu]
Waterman (de)	Aquário	[ɐku'ariu]
Vissen (mv.)	Peixes	['pɐjʃəʃ]

karakter (het)	caráter (m)	[ke'ratɛr]
karaktertrekken (mv.)	traços (m pl) do caráter	['trasuʃ du ke'ratɛr]
gedrag (het)	comportamento (m)	[kõpurte'mẽtu]
waarzeggen (ww)	predizer (vt)	[prədi'zer]
waarzegster (de)	adivinha (f)	[ɐdi'viɲɐ]
horoscoop (de)	horóscopo (m)	[ɔ'rɔʃkupu]

Kunst

124. Theater

theater (het)	teatro (m)	[te'atru]
opera (de)	ópera (f)	['ɔpərɐ]
operette (de)	opereta (f)	[ɔpe'retɐ]
ballet (het)	balé (m)	[bɐ'lɛ]

affiche (de/het)	cartaz (m)	[kɐr'taʃ]
theatergezelschap (het)	companhia (f) teatral	[kõpɐ'ɲiɐ tiɐ'tral]
tournee (de)	turné (f), digressão (m)	[tur'nɛ], [digrɐ'sãu]
op tournee zijn	estar em turné	[ə'ʃtar ẽ tur'nɛ]
repeteren (ww)	ensaiar (vt)	[ẽsa'jar]
repetitie (de)	ensaio (m)	[ẽ'saju]
repertoire (het)	repertório (m)	[ʀəpər'tɔriu]

voorstelling (de)	apresentação (f)	[ɐprəzẽte'sãu]
spektakel (het)	espetáculo (m)	[əʃpɛ'takulu]
toneelstuk (het)	peça (f)	['pɛsɐ]

biljet (het)	bilhete (m)	[bi'ʎetə]
kassa (de)	bilheteira (f)	[biʎə'tejrɐ]
foyer (de)	hall (m)	[ɔl]
garderobe (de)	guarda-roupa (m)	[guardɐ 'ʀopɐ]
garderobe nummer (het)	senha (f) numerada	['seɲɐ numə'radɐ]
verrekijker (de)	binóculo (m)	[bi'nɔkulu]
plaatsaanwijzer (de)	lanterninha (f)	[lãtər'niɲɐ]

parterre (de)	plateia (f)	[plɐ'tejɐ]
balkon (het)	balcão (m)	[bal'kãu]
gouden rang (de)	primeiro balcão (m)	[pri'mejru bɐ'lkãu]
loge (de)	camarote (m)	[kɐmɐ'rɔtə]
rij (de)	fila (f)	['filɐ]
plaats (de)	assento (m)	[ɐ'sẽtu]

publiek (het)	público (m)	['publiku]
kijker (de)	espetador (m)	[əʃpɐtɐ'dor]
klappen (ww)	aplaudir (vt)	[ɐplau'dir]
applaus (het)	aplausos (m pl)	[ɐp'lauzuʃ]
ovatie (de)	ovação (f)	[ɔvɐ'sãu]

toneel (op het ~ staan)	palco (m)	['palku]
gordijn, doek (het)	pano (m) de boca	['pɐnu də 'bokɐ]
toneeldecor (het)	cenário (m)	[sə'nariu]
backstage (de)	bastidores (m pl)	[bəʃti'dorəʃ]

scène (de)	cena (f)	['senɐ]
bedrijf (het)	ato (m)	['atu]
pauze (de)	entreato (m)	[ẽ'trjatu]

125. Bioscoop

acteur (de)	ator (m)	[a'tor]
actrice (de)	atriz (f)	[e'triʃ]

bioscoop (de)	cinema (m)	[si'neme]
speelfilm (de)	filme (m)	['filme]
aflevering (de)	episódio (m)	[epi'zɔdiu]

detectivefilm (de)	filme (m) policial	['filme puli'sjal]
actiefilm (de)	filme (m) de ação	['filme de a'sãu]
avonturenfilm (de)	filme (m) de aventuras	['filme de evẽ'tureʃ]
sciencefictionfilm (de)	filme (m) de ficção científica	['filme de fi'ksãu siẽ'tifike]
griezelfilm (de)	filme (m) de terror	['filme de te'ʀor]

komedie (de)	comédia (f)	[ku'mɛdie]
melodrama (het)	melodrama (m)	[mɛlɔ'dʀeme]
drama (het)	drama (m)	['dʀeme]

speelfilm (de)	filme (m) ficcional	['filme fiksiu'nal]
documentaire (de)	documentário (m)	[dukumẽ'tariu]
tekenfilm (de)	desenho (m) animado	[de'zeɲu eni'madu]
stomme film (de)	cinema (m) mudo	[si'neme 'mudu]

rol (de)	papel (m)	[pe'pɛl]
hoofdrol (de)	papel (m) principal	[pe'pɛl pʀĩsi'pal]
spelen (ww)	representar (vt)	[ʀepʀezẽ'tar]

filmster (de)	estrela (f) de cinema	[e'ʃtrele de si'neme]
bekend (bn)	conhecido	[kuɲe'sidu]
beroemd (bn)	famoso	[fe'mozu]
populair (bn)	popular	[pupu'lar]

scenario (het)	argumento (m)	[ergu'mẽtu]
scenarioschrijver (de)	argumentista (m)	[ergumẽ'tiʃte]
regisseur (de)	realizador (m)	[ʀielize'dor]
filmproducent (de)	produtor (m)	[pʀudu'tor]
assistent (de)	assistente (m)	[esi'ʃtẽte]
cameraman (de)	diretor (m) de fotografia	[dirɛ'tor de futugʀe'fie]
stuntman (de)	duplo (m)	['duplu]
stuntdubbel (de)	duplo (m)	['duplu]

een film maken	filmar (vt)	[fil'mar]
auditie (de)	audição (f)	[audi'sãu]
opnamen (mv.)	filmagem (f)	[fil'maʒẽ']
filmploeg (de)	equipe (f) de filmagem	[e'kipe de fil'maʒẽ']
filmset (de)	set (m) de filmagem	['sɛte de fil'maʒẽ']
filmcamera (de)	câmara (f)	['kemere]

bioscoop (de)	cinema (m)	[si'neme]
scherm (het)	ecrã (m), tela (f)	[ɛ'krã], ['tɛle]
een film vertonen	exibir um filme	[ezi'bir ũ 'filme]
geluidsspoor (de)	pista (f) sonora	['piʃte su'nɔre]
speciale effecten (mv.)	efeitos (m pl) especiais	[e'fejtuʃ eʃpe'sjaiʃ]

ondertiteling (de)	legendas (f pl)	[lə'ʒẽdəʃ]
voortiteling, aftiteling (de)	crédito (m)	['krɛditu]
vertaling (de)	tradução (f)	[trɐdu'sãu]

126. Schilderij

kunst (de)	arte (f)	['artə]
schone kunsten (mv.)	belas-artes (f pl)	[bɛlɐ'zartəʃ]
kunstgalerie (de)	galeria (f) de arte	[gɐlə'riɐ də 'artə]
kunsttentoonstelling (de)	exposição (f) de arte	[əʃpuzi'sãu də 'artə]
schilderkunst (de)	pintura (f)	[pĩ'turɐ]
grafiek (de)	arte (f) gráfica	['artə 'grafikɐ]
abstracte kunst (de)	arte (f) abstrata	['artə ɐb'ʃtratɐ]
impressionisme (het)	impressionismo (m)	[ĩprəsiu'niʒmu]
schilderij (het)	pintura (f), quadro (m)	[pĩ'turɐ], [ku'adru]
tekening (de)	desenho (m)	[də'zɐɲu]
poster (de)	cartaz, póster (m)	[kɐr'taʃ], ['pɔʃtɛr]
illustratie (de)	ilustração (f)	[iluʃtrɐ'sãu]
miniatuur (de)	miniatura (f)	[miniɐ'turɐ]
kopie (de)	cópia (f)	['kɔpiɐ]
reproductie (de)	reprodução (f)	[rɐprudu'sãu]
mozaïek (het)	mosaico (m)	[mu'zajku]
gebrandschilderd glas (het)	vitral (m)	[vi'tral]
fresco (het)	fresco (m)	['freʃku]
gravure (de)	gravura (f)	[grɐ'vurɐ]
buste (de)	busto (m)	['buʃtu]
beeldhouwwerk (het)	escultura (f)	[əʃkul'turɐ]
beeld (bronzen ~)	estátua (f)	[ə'ʃtatuɐ]
gips (het)	gesso (m)	['ʒesu]
gipsen (bn)	em gesso	[ẽ 'ʒesu]
portret (het)	retrato (m)	[rɐ'tratu]
zelfportret (het)	autorretrato (m)	[autɔrɐ'tratu]
landschap (het)	paisagem (f)	[paj'zaʒẽ']
stilleven (het)	natureza (f) morta	[nɐtu'rezɐ 'mɔrtɐ]
karikatuur (de)	caricatura (f)	[kɐrikɐ'turɐ]
schets (de)	esboço (m)	[ə'ʒbosu]
verf (de)	tinta (f)	['tĩtɐ]
aquarel (de)	aguarela (f)	[aguɐ'rɛlɐ]
olieverf (de)	óleo (m)	['ɔliu]
potlood (het)	lápis (m)	['lapiʃ]
Oost-Indische inkt (de)	tinta da China (f)	[tĩtɐ dɐ 'ʃinɐ]
houtskool (de)	carvão (m)	[kɐr'vãu]
tekenen (met krijt)	desenhar (vt)	[dəzə'ɲar]
schilderen (ww)	pintar (vt)	[pĩ'tar]
poseren (ww)	posar (vi)	[po'zar]
naaktmodel (man)	modelo (m)	[mu'delu]

naaktmodel (vrouw)	modelo (f)	[mu'delu]
kunstenaar (de)	pintor (m)	[pĩ'tor]
kunstwerk (het)	obra (f)	['ɔbrɐ]
meesterwerk (het)	obra-prima (f)	['ɔbrɐ 'primɐ]
studio, werkruimte (de)	estúdio (m)	[ə'ʃtudiu]

schildersdoek (het)	tela (f)	['tɛlɐ]
schildersezel (de)	cavalete (m)	[kɐvɐ'letə]
palet (het)	paleta (f)	[pɐ'letɐ]

lijst (een vergulde ~)	moldura (f)	[mɔl'durɐ]
restauratie (de)	restauração (f)	[Rəʃtaurɐ'sãu]
restaureren (ww)	restaurar (vt)	[Rəʃtau'rar]

127. Literatuur & Poëzie

literatuur (de)	literatura (f)	[litərɐ'turɐ]
auteur (de)	autor (m)	[au'tor]
pseudoniem (het)	pseudónimo (m)	[pseu'dɔnimu]

boek (het)	livro (m)	['livru]
boekdeel (het)	volume (m)	[vu'lumə]
inhoudsopgave (de)	índice (m)	['ĩdisə]
pagina (de)	página (f)	['paʒinɐ]
hoofdpersoon (de)	protagonista (m)	[prutɐgu'niʃtɐ]
handtekening (de)	autógrafo (m)	[au'tɔgrɐfu]

verhaal (het)	conto (m)	['kõtu]
novelle (de)	novela (f)	[nu'vɛlɐ]
roman (de)	romance (m)	[Ru'mãsə]
werk (literatuur)	obra (f)	['ɔbrɐ]
fabel (de)	fábula (m)	['fabulɐ]
detectiveroman (de)	romance (m) policial	[Ru'mãsə puli'sjal]

gedicht (het)	poesia (f)	[pue'ziɐ]
poëzie (de)	poesia (f)	[pue'ziɐ]
epos (het)	poema (m)	[pu'emɐ]
dichter (de)	poeta (m)	[pu'ɛtɐ]

fictie (de)	ficção (f)	[fi'ksãu]
sciencefiction (de)	ficção (f) científica	[fi'ksãu siẽ'tifikɐ]
avonturenroman (de)	aventuras (f pl)	[evẽ'turɐʃ]
opvoedkundige literatuur (de)	literatura (f) didática	[litərɐ'turɐ di'datikɐ]
kinderliteratuur (de)	literatura (f) infantil	[litərɐ'turɐ ĩfã'til]

128. Circus

circus (de/het)	circo (m)	['sirku]
chapiteau circus (de/het)	circo (m) ambulante	['sirku ãbu'lãtə]
programma (het)	programa (m)	[pru'grɐmɐ]
voorstelling (de)	apresentação (f)	[ɐprəzẽtɐ'sãu]
nummer (circus ~)	número (m)	['numəru]

arena (de)	arena (f)	[ɐ'rɐnɐ]
pantomime (de)	pantomima (f)	[pãtu'mimɐ]
clown (de)	palhaço (m)	[pɐ'ʎasu]

acrobaat (de)	acrobata (m)	[ɐkru'batɐ]
acrobatiek (de)	acrobacia (f)	[ɐkrubɐ'siɐ]
gymnast (de)	ginasta (m)	[ʒi'naʃtɐ]
gymnastiek (de)	ginástica (f)	[ʒi'naʃtikɐ]
salto (de)	salto (m) mortal	['saltu mur'tal]

sterke man (de)	homem forte (m)	[ɔmɛj 'fɔrtɐ]
temmer (de)	domador (m)	[dumɐ'dor]
ruiter (de)	cavaleiro (m) equilibrista	[kɐvɐ'lejru ekili'briʃtɐ]
assistent (de)	assistente (m)	[ɐsi'ʃtẽtɐ]

stunt (de)	truque (m)	['trukɐ]
goocheltruc (de)	truque (m) de mágica	['trukɐ dɐ 'maʒikɐ]
goochelaar (de)	mágico (m)	['maʒiku]

jongleur (de)	malabarista (m)	[mɐlɐbɐ'riʃtɐ]
jongleren (ww)	fazer malabarismos	[fɐ'zer mɐlɐbɐ'riʒmuʃ]
dierentrainer (de)	domador (m)	[dumɐ'dor]
dressuur (de)	adestramento (m)	[ɐdɐʃtrɐ'mẽtu]
dresseren (ww)	adestrar (vt)	[ɐdɐ'ʃtrar]

129. Muziek. Popmuziek

muziek (de)	música (f)	['muzikɐ]
muzikant (de)	músico (m)	['muziku]
muziekinstrument (het)	instrumento (m) musical	[ĩʃtru'mẽtu muzi'kal]
spelen (bijv. gitaar ~)	tocar ...	[tu'kar]

gitaar (de)	guitarra (f)	[gi'taʀɐ]
viool (de)	violino (m)	[viu'linu]
cello (de)	violoncelo (m)	[viulõ'sɛlu]
contrabas (de)	contrabaixo (m)	[kõtrɐ'baɪʃu]
harp (de)	harpa (f)	['arpɐ]

piano (de)	piano (m)	['pjɐnu]
vleugel (de)	piano (m) de cauda	['pjɐnu dɐ 'kaudɐ]
orgel (het)	órgão (m)	['ɔrgãu]

blaasinstrumenten (mv.)	instrumentos (m pl) de sopro	[ĩʃtru'mẽtuʃ dɐ 'sopru]
hobo (de)	oboé (m)	[ɔbu'ɛ]
saxofoon (de)	saxofone (m)	[saksɔ'fonɐ]
klarinet (de)	clarinete (m)	[klɐri'netɐ]
fluit (de)	flauta (f)	['flautɐ]
trompet (de)	trompete (m)	[trõ'pɛtɐ]

| accordeon (de/het) | acordeão (m) | [ɐkɔr'djãu] |
| trommel (de) | tambor (m) | [tã'bor] |

| duet (het) | duo, dueto (m) | ['duu], [du'etu] |
| trio (het) | trio (m) | ['triu] |

kwartet (het)	quarteto (m)	[kuɐr'tetu]
koor (het)	coro (m)	['koru]
orkest (het)	orquestra (f)	[ɔr'kɛʃtrɐ]

popmuziek (de)	música (f) pop	['muzikɐ 'pɔpə]
rockmuziek (de)	música (f) rock	['muzikɐ 'ʀɔk]
rockgroep (de)	grupo (m) de rock	['grupu də 'ʀɔkə]
jazz (de)	jazz (m)	[ʒaz]

| idool (het) | ídolo (m) | ['idulu] |
| bewonderaar (de) | fã, admirador (m) | [fã], [ɐdmirɐ'dor] |

concert (het)	concerto (m)	[kõ'sertu]
symfonie (de)	sinfonia (f)	[sĩfu'niɐ]
compositie (de)	composição (f)	[kõpuzi'sãu]
componeren (muziek ~)	compor (vt)	[kõ'por]

zang (de)	canto (m)	['kãtu]
lied (het)	canção (f)	[kã'sãu]
melodie (de)	melodia (f)	[məlu'diɐ]
ritme (het)	ritmo (m)	['ʀitmu]
blues (de)	blues (m)	['bluz]

bladmuziek (de)	notas (f pl)	['nɔtɐʃ]
dirigeerstok (baton)	batuta (f)	[bɐ'tutɐ]
strijkstok (de)	arco (m)	['arku]
snaar (de)	corda (f)	['kɔrdɐ]
koffer (de)	estojo (m)	[ə'ʃtoʒu]

Rusten. Entertainment. Reizen

130. Trip. Reizen

toerisme (het)	turismo (m)	[tu'riʒmu]
toerist (de)	turista (m)	[tu'riʃtɐ]
reis (de)	viagem (f)	['vjaʒẽʲ]
avontuur (het)	aventura (f)	[ɐvẽ'turɐ]
tocht (de)	viagem (f)	['vjaʒẽʲ]

vakantie (de)	férias (f pl)	['fɛriɐʃ]
met vakantie zijn	estar de férias	[ə'ʃtar də 'fɛriɐʃ]
rust (de)	descanso (m)	[də'ʃkãsu]

trein (de)	comboio (m)	[kõ'bɔju]
met de trein	de comboio	[də kõ'bɔju]
vliegtuig (het)	avião (m)	[ɐ'vjãu]
met het vliegtuig	de avião	[də ɐ'vjãu]
met de auto	de carro	[də 'kaʀu]
per schip (bw)	de navio	[də nɐ'viu]

bagage (de)	bagagem (f)	[bɐ'gaʒẽʲ]
valies (de)	mala (f)	['malɐ]
bagagekarretje (het)	carrinho (m)	[kɐ'ʀiɲu]

paspoort (het)	passaporte (m)	[pasɐ'pɔrtə]
visum (het)	visto (m)	['viʃtu]
kaartje (het)	bilhete (m)	[bi'ʎetə]
vliegticket (het)	bilhete (m) de avião	[bi'ʎetə də ɐ'vjãu]

reisgids (de)	guia (m) de viagem	['giɐ də vi'aʒẽʲ]
kaart (de)	mapa (m)	['mapɐ]
gebied (landelijk ~)	local (m), area (f)	[lu'kal], [ɐ'ʀɛɐ]
plaats (de)	lugar, sítio (m)	[lu'gar], ['sitiu]

exotische bestemming (de)	exotismo (m)	[ezu'tiʒmu]
exotisch (bn)	exótico	[e'zɔtiku]
verwonderlijk (bn)	surpreendente	[surprië'dẽtə]

groep (de)	grupo (m)	['grupu]
rondleiding (de)	excursão (f)	[əʃkur'sãu]
gids (de)	guia (m)	['giɐ]

131. Hotel

hotel (het)	hotel (m)	[ɔ'tɛl]
motel (het)	motel (m)	[mu'tɛl]
3-sterren	três estrelas	['treʃ ə'ʃtrelɐʃ]

| 5-sterren | cinco estrelas | ['sĩku ə'ʃtreleʃ] |
| overnachten (ww) | ficar (vi, vt) | [fi'kar] |

kamer (de)	quarto (m)	[ku'artu]
eenpersoonskamer (de)	quarto (m) individual	[ku'artu ĩdividu'al]
tweepersoonskamer (de)	quarto (m) duplo	[ku'artu 'duplu]
een kamer reserveren	reservar um quarto	[Rəzər'var ũ ku'artu]

| halfpension (het) | meia pensão (f) | ['mɛje pẽ'sãu] |
| volpension (het) | pensão (f) completa | [pẽ'sãu kõ'plɛte] |

met badkamer	com banheira	[kõ be'ɲejre]
met douche	com duche	[kõ 'duʃe]
satelliet-tv (de)	televisão (m) satélite	[televi'zãu se'tɛlite]
airconditioner (de)	ar (m) condicionado	[ar kõdisiu'nadu]
handdoek (de)	toalha (f)	[tu'aʎe]
sleutel (de)	chave (f)	['ʃave]

administrateur (de)	administrador (m)	[edminiʃtre'dor]
kamermeisje (het)	camareira (f)	[keme'rejre]
piccolo (de)	bagageiro (m)	[bege'ʒejru]
portier (de)	porteiro (m)	[pur'tejru]

restaurant (het)	restaurante (m)	[Reʃtau'rãte]
bar (de)	bar (m)	[bar]
ontbijt (het)	pequeno-almoço (m)	[pə'kenu al'mosu]
avondeten (het)	jantar (m)	[ʒã'tar]
buffet (het)	buffet (m)	[bu'fe]

| hal (de) | hall (m) de entrada | [ɔl də ẽ'trade] |
| lift (de) | elevador (m) | [eleve'dor] |

| NIET STOREN | NÃO PERTURBE | ['nãu pər'turbə] |
| VERBODEN TE ROKEN! | PROIBIDO FUMAR! | [prui'bidu fu'mar] |

132. Boeken. Lezen

boek (het)	livro (m)	['livru]
auteur (de)	autor (m)	[au'tor]
schrijver (de)	escritor (m)	[əʃkri'tor]
schrijven (een boek)	escrever (vt)	[əʃkrə'ver]

lezer (de)	leitor (m)	[ləj'tor]
lezen (ww)	ler (vt)	[ler]
lezen (het)	leitura (f)	[lej'ture]

| stil (~ lezen) | para si | ['pere si] |
| hardop (~ lezen) | em voz alta | [ẽ vɔʒ 'alte] |

uitgeven (boek ~)	publicar (vt)	[publi'kar]
uitgeven (het)	publicação (f)	[publike'sãu]
uitgever (de)	editor (m)	[edi'tor]
uitgeverij (de)	editora (f)	[edi'tore]
verschijnen (bijv. boek)	sair (vi)	[se'ir]

| verschijnen (het) | lançamento (m) | [lãsɐ'mẽtu] |
| oplage (de) | tiragem (f) | [ti'raʒẽⁱ] |

| boekhandel (de) | livraria (f) | [livrɐ'riɐ] |
| bibliotheek (de) | biblioteca (f) | [bibliu'tɛkɐ] |

novelle (de)	novela (f)	[nu'vɛlɐ]
verhaal (het)	conto (m)	['kõtu]
roman (de)	romance (m)	[ʀu'mãsə]
detectiveroman (de)	romance (m) policial	[ʀu'mãsə puli'sjal]

memoires (mv.)	memórias (f pl)	[mə'mɔriɐʃ]
legende (de)	lenda (f)	['lẽdɐ]
mythe (de)	mito (m)	['mitu]

gedichten (mv.)	poesia (f)	[pue'ziɐ]
autobiografie (de)	autobiografia (f)	[autɔbiugrɐ'fiɐ]
bloemlezing (de)	obras (f pl) escolhidas	['ɔbrɐʃ əʃku'ʎidɐʃ]
sciencefiction (de)	ficção (f) científica	[fi'ksãu siẽ'tifikɐ]

naam (de)	título (m)	['titulu]
inleiding (de)	introdução (f)	[ĩtrudu'sãu]
voorblad (het)	folha (f) de rosto	['foʎɐ də 'ʀoʃtu]

hoofdstuk (het)	capítulo (m)	[kɐ'pitulu]
fragment (het)	excerto (m)	[ə'ʃsertu]
episode (de)	episódio (m)	[epi'zɔdiu]

intrige (de)	tema (m)	['temɐ]
inhoud (de)	conteúdo (m)	[kõ'tjudu]
inhoudsopgave (de)	índice (m)	['ĩdisə]
hoofdpersonage (het)	protagonista (m)	[prutɐgu'niʃtɐ]

boekdeel (het)	tomo, volume (m)	['tomu], [vu'lumə]
omslag (de/het)	capa (f)	['kapɐ]
boekband (de)	encadernação (f)	[ẽkɐdɐrnɐ'sãu]
bladwijzer (de)	marcador (m)	[mɐrkɐ'dor]

pagina (de)	página (f)	['paʒinɐ]
bladeren (ww)	folhear (vt)	[fuʎe'ar]
marges (mv.)	margem (f)	['marʒẽⁱ]
annotatie (de)	anotação (f)	[ɐnutɐ'sãu]
opmerking (de)	nota (f) de rodapé	['nɔtɐ də ʀɔdɐ'pɛ]

tekst (de)	texto (m)	['tɛʃtu]
lettertype (het)	fonte (f)	['fõtə]
drukfout (de)	gralha (f)	['graʎɐ]

vertaling (de)	tradução (f)	[trɐdu'sãu]
vertalen (ww)	traduzir (vt)	[trɐdu'zir]
origineel (het)	original (m)	[ɔriʒi'nal]

beroemd (bn)	famoso	[fɐ'mozu]
onbekend (bn)	desconhecido	[dəʃkuɲɐ'sidu]
interessant (bn)	interessante	[ĩtərɐ'sãtɐ]
bestseller (de)	best-seller (m)	[bɛst'sɛlɐr]

woordenboek (het)	dicionário (m)	[disiu'nariu]
leerboek (het)	manual (m)	[mɐnu'al]
encyclopedie (de)	enciclopédia (f)	[ẽsiklu'pɛdiɐ]

133. Jacht. Vissen

jacht (de)	caça (f)	['kasɐ]
jagen (ww)	caçar (vi)	[kɐ'sar]
jager (de)	caçador (m)	[kɐsɐ'dor]

schieten (ww)	atirar (vi)	[ɐti'rar]
geweer (het)	caçadeira (f)	[kɐsɐ'dejɾɐ]
patroon (de)	cartucho (m)	[kɐr'tuʃu]
hagel (de)	chumbo (m) de caça	['ʃũbu də 'kasɐ]

val (de)	armadilha (f)	[ɐrmɐ'diʎɐ]
valstrik (de)	armadilha (f)	[ɐrmɐ'diʎɐ]
in de val trappen	cair na armadilha	[kɐ'ir nɐ ɐrmɐ'diʎɐ]
een val zetten	pôr a armadilha	['por ɐ ɐrmɐ'diʎɐ]

stroper (de)	caçador (m) furtivo	[kɐsɐ'dor fur'tivu]
wild (het)	caça (f)	['kasɐ]
jachthond (de)	cão (m) de caça	['kãu də 'kasɐ]
safari (de)	safári (m)	[sa'fari]
opgezet dier (het)	animal (m) empalhado	[ɐni'mal ẽpɐ'ʎadu]

visser (de)	pescador (m)	[pəʃkɐ'dor]
visvangst (de)	pesca (f)	['pɛʃkɐ]
vissen (ww)	pescar (vt)	[pə'ʃkar]

hengel (de)	cana (f) de pesca	['kɐnɐ də 'pɛʃkɐ]
vislijn (de)	linha (f) de pesca	['liɲɐ də 'pɛʃkɐ]
haak (de)	anzol (m)	[ã'zɔl]

| dobber (de) | boia (f), flutuador (m) | ['bojɐ], [flutuɐ'dor] |
| aas (het) | isca (f) | ['iʃkɐ] |

| de hengel uitwerpen | lançar a linha | [lã'sar ɐ 'liɲɐ] |
| bijten (ov. de vissen) | morder (vt) | [mur'der] |

| vangst (de) | pesca (f) | ['pɛʃkɐ] |
| wak (het) | buraco (m) no gelo | [bu'raku nu 'ʒelu] |

net (het)	rede (f)	['ʀedə]
boot (de)	barco (m)	['barku]
vissen met netten	pescar com rede	[pə'ʃkar kõ 'ʀedə]

het net uitwerpen	lançar a rede	[lã'sar ɐ 'ʀedə]
het net binnenhalen	puxar a rede	[pu'ʃar ɐ 'ʀedə]
in het net vallen	cair nas malhas	[kɐ'ir nɐʃ 'maʎɐʃ]

walvisvangst (de)	baleeiro (m)	[bɐlɐ'ejru]
walvisvaarder (de)	baleeira (f)	[bɐlɐ'ejrɐ]
harpoen (de)	arpão (m)	[ɐr'pãu]

134. Spellen. Biljart

biljart (het)	bilhar (m)	[bi'ʎar]
biljartzaal (de)	sala (f) de bilhar	['salɐ də bi'ʎar]
biljartbal (de)	bola (f) de bilhar	['bɔlɐ də bi'ʎar]
een bal in het gat jagen	embolsar uma bola	[ẽbɔ'lsar 'umɐ 'bɔlɐ]
keu (de)	taco (m)	['taku]
gat (het)	caçapa (f)	[kɐ'sapɐ]

135. Spellen. Speelkaarten

ruiten (mv.)	ouros (m pl)	['oruʃ]
schoppen (mv.)	espadas (f pl)	[ə'ʃpadeʃ]
klaveren (mv.)	copas (f pl)	['kɔpeʃ]
harten (mv.)	paus (m pl)	['pauʃ]
aas (de)	ás (m)	[aʃ]
koning (de)	rei (m)	[ʀɐj]
dame (de)	dama (f)	['demɐ]
boer (de)	valete (m)	[vɐ'letə]
speelkaart (de)	carta (f) de jogar	['kartɐ də ʒu'gar]
kaarten (mv.)	cartas (f pl)	['karteʃ]
troef (de)	trunfo (m)	['trũfu]
pak (het) kaarten	baralho (m)	[bɐ'raʎu]
punt (bijv. vijftig ~en)	ponto (m)	['põtu]
uitdelen (kaarten ~)	dar, distribuir (vt)	[dar], [diʃtribu'ir]
schudden (de kaarten ~)	embaralhar (vt)	[ẽbɐrɐ'ʎar]
beurt (de)	vez, jogada (f)	[veʒ], [ʒu'gadɐ]
valsspeler (de)	batoteiro (m)	[bɐtu'tɐjru]

136. Rusten. Spellen. Diversen

wandelen (on.ww.)	passear (vi)	[pɐ'sjar]
wandeling (de)	passeio (m)	[pɐ'sɐju]
trip (per auto)	viagem (f) de carro	['vjaʒɐ̃ʲ də 'kaʀu]
avontuur (het)	aventura (f)	[evẽ'turɐ]
picknick (de)	piquenique (m)	[pikə'nikə]
spel (het)	jogo (m)	['ʒogu]
speler (de)	jogador (m)	[ʒugɐ'dor]
partij (de)	partida (f)	[pɐr'tidə]
collectioneur (de)	colecionador (m)	[kulɛsiunɐ'dor]
collectioneren (ww)	colecionar (vt)	[kulɛsiu'nar]
collectie (de)	coleção (f)	[kulɛ'sãu]
kruiswoordraadsel (het)	palavras (f pl) cruzadas	[pɐ'lavreʃ kru'zadeʃ]
hippodroom (de)	hipódromo (m)	[i'pɔdrumu]

discotheek (de)	discoteca (f)	[diʃku'tɛkɐ]
sauna (de)	sauna (f)	['sɐunɐ]
loterij (de)	lotaria (f)	[lute'riɐ]

trektocht (kampeertocht)	campismo (m)	[kã'piʒmu]
kamp (het)	acampamento (m)	[ɐkãpɐ'mẽtu]
tent (de)	tenda (f)	['tẽdɐ]
kompas (het)	bússola (f)	['busulɐ]
rugzaktoerist (de)	campista (m)	[kã'piʃtɐ]

bekijken (een film ~)	ver (vt), assistir à ...	[ver], [ɐsi'ʃtir a]
kijker (televisie~)	telespectador (m)	[tɛlɛʃpɛktɐ'dor]
televisie-uitzending (de)	programa (m) de TV	[pru'grɐmɐ dɐ tɛ've]

137. Fotografie

fotocamera (de)	máquina (f) fotográfica	['makinɐ futu'grafikɐ]
foto (de)	foto, fotografia (f)	['fotu], [futugrɐ'fiɐ]

fotograaf (de)	fotógrafo (m)	[fu'tɔgrɐfu]
fotostudio (de)	estúdio (m) fotográfico	[ɐ'ʃtudiu futu'grafiku]
fotoalbum (het)	álbum (m) de fotografias	['albũ dɐ futugrɐ'fiɐʃ]

lens (de), objectief (het)	objetiva (f)	[ɔbʒɛ'tivɐ]
telelens (de)	teleobjetiva (f)	[tɛlɛɔbʒɛ'tivɐ]
filter (de/het)	filtro (m)	['filtru]
lens (de)	lente (f)	['lẽtɐ]

optiek (de)	ótica (f)	['ɔtikɐ]
diafragma (het)	abertura (f)	[ɐbɐr'turɐ]
belichtingstijd (de)	exposição (f)	[ɐʃpuzi'sãu]
zoeker (de)	visor (m)	[vi'zor]

digitale camera (de)	câmara (f) digital	['kɐmɐrɐ diʒi'tal]
statief (het)	tripé (m)	[tri'pɛ]
flits (de)	flash (m)	[flaʃ]

fotograferen (ww)	fotografar (vt)	[futugrɐ'far]
foto's maken	tirar fotos	[ti'rar 'fotuʃ]
zich laten fotograferen	fotografar-se	[futugrɐ'farsɐ]

focus (de)	foco (m)	['fɔku]
scherpstellen (ww)	focar (vt)	[fu'kar]
scherp (bn)	nítido	['nitidu]
scherpte (de)	nitidez (f)	[niti'deʃ]

contrast (het)	contraste (m)	[kõ'traʃtɐ]
contrastrijk (bn)	contrastante	[kõtrɐ'ʃtãtɐ]

kiekje (het)	retrato (m)	[ʀɐ'tratu]
negatief (het)	negativo (m)	[nɐgɐ'tivu]
filmpje (het)	filme (m)	['filmɐ]
beeld (frame)	fotograma (m)	[futu'grɐmɐ]
afdrukken (foto's ~)	imprimir (vt)	[ĩpri'mir]

138. Strand. Zwemmen

strand (het)	praia (f)	['praje]
zand (het)	areia (f)	[ɐ'reje]
leeg (~ strand)	deserto	[də'zɛrtu]
bruine kleur (de)	bronzeado (m)	[brõ'zjadu]
zonnebaden (ww)	bronzear-se (vr)	[brõ'zjarsə]
gebruind (bn)	bronzeado	[brõ'zjadu]
zonnecrème (de)	protetor (m) solar	[prutɛ'tor su'lar]
bikini (de)	biquíni (m)	[bi'kini]
badpak (het)	fato (m) de banho	['fatu də 'beɲu]
zwembroek (de)	calção (m) de banho	[kal'sãu də 'beɲu]
zwembad (het)	piscina (f)	[pi'ʃsine]
zwemmen (ww)	nadar (vi)	[ne'dar]
douche (de)	duche (m)	['duʃə]
zich omkleden (ww)	mudar de roupa	[mudar də 'ʀope]
handdoek (de)	toalha (f)	[tu'aʎe]
boot (de)	barco (m)	['barku]
motorboot (de)	lancha (f)	['lãʃe]
waterski's (mv.)	esqui (m) aquático	[ə'ʃki ɐku'atiku]
waterfiets (de)	barco (m) de pedais	['barku də pə'daɪʃ]
surfen (het)	surf, surfe (m)	['surfə]
surfer (de)	surfista (m)	[sur'fiʃtɐ]
scuba, aqualong (de)	equipamento (m) de mergulho	[ekipɐ'mẽtu də mər'guʎu]
zwemvliezen (mv.)	barbatanas (f pl)	[bɐrbɐ'tɐneʃ]
duikmasker (het)	máscara (f)	['maʃkɐre]
duiker (de)	mergulhador (m)	[mərguʎe'dor]
duiken (ww)	mergulhar (vi)	[mərgu'ʎar]
onder water (bw)	debaixo d'água	[də'baɪʃu 'dague]
parasol (de)	guarda-sol (m)	[gu'ardɐ 'sɔl]
ligstoel (de)	espreguiçadeira (f)	[əʃprɐgisɐ'dejre]
zonnebril (de)	óculos (m pl) de sol	['ɔkuluʃ də 'sɔl]
luchtmatras (de/het)	colchão (m) de ar	[kɔ'lʃãu də 'ar]
spelen (ww)	brincar (vi)	[brĩ'kar]
gaan zwemmen (ww)	ir nadar	[ir ne'dar]
bal (de)	bola (f) de praia	['bolɐ də 'praje]
opblazen (oppompen)	encher (vt)	[ẽ'ʃer]
lucht-, opblaasbare (bn)	inflável, de ar	[ĩ'flavɛl], [də 'ar]
golf (hoge ~)	onda (f)	['õde]
boei (de)	boia (f)	['bɔje]
verdrinken (ww)	afogar-se (vr)	[ɐfu'garsə]
redden (ww)	salvar (vt)	[sa'lvar]
reddingsvest (de)	colete (m) salva-vidas	[ku'letɐ 'salvɐ 'videʃ]
waarnemen (ww)	observar (vt)	[ɔbsər'var]
redder (de)	nadador-salvador (m)	[nɐdɐ'dor salvɐ'dor]

TECHNISCHE APPARATUUR. VERVOER

Technische apparatuur

139. Computer

computer (de)	computador (m)	[kõputɐ'dor]
laptop (de)	portátil (m)	[pur'tatil]
aanzetten (ww)	ligar (vt)	[li'gar]
uitzetten (ww)	desligar (vt)	[dəʒli'gar]
toetsenbord (het)	teclado (m)	[tɛk'ladu]
toets (enter~)	tecla (f)	['tɛklɐ]
muis (de)	rato (m)	['ʀatu]
muismat (de)	tapete (m) de rato	[te'petɐ də 'ʀatu]
knopje (het)	botão (m)	[bu'tãu]
cursor (de)	cursor (m)	[kur'sor]
monitor (de)	monitor (m)	[muni'tor]
scherm (het)	ecrã (m)	[ɛ'krã]
harde schijf (de)	disco (m) rígido	['diʃku 'ʀiʒidu]
volume (het)	capacidade (f)	[kɐpɐsi'dadə
van de harde schijf	do disco rígido	du 'diʃku 'ʀiʒidu]
geheugen (het)	memória (f)	[mə'mɔriɐ]
RAM-geheugen (het)	memória RAM (f)	[mə'mɔriɐ ʀam]
bestand (het)	ficheiro (m)	[fi'ʃejru]
folder (de)	pasta (f)	['paʃtɐ]
openen (ww)	abrir (vt)	[e'brir]
sluiten (ww)	fechar (vt)	[fə'ʃar]
opslaan (ww)	guardar (vt)	[guer'dar]
verwijderen (wissen)	apagar, eliminar (vt)	[ɐpɐ'gar], [elimi'nar]
kopiëren (ww)	copiar (vt)	[ku'pjar]
sorteren (ww)	ordenar (vt)	[ɔrdə'nar]
overplaatsen (ww)	copiar (vt)	[ku'pjar]
programma (het)	programa (m)	[pru'grɐmɐ]
software (de)	software (m)	['sɔftuɛr]
programmeur (de)	programador (m)	[prugrɐmɐ'dor]
programmeren (ww)	programar (vt)	[prugrɐ'mar]
hacker (computerkraker)	hacker (m)	['akɛr]
wachtwoord (het)	senha (f)	['sɐɲɐ]
virus (het)	vírus (m)	['viruʃ]
ontdekken (virus ~)	detetar (vt)	[dətɛ'tar]

| byte (de) | byte (m) | ['bajtə] |
| megabyte (de) | megabyte (m) | [mɛgə'bajtə] |

| data (de) | dados (m pl) | ['daduʃ] |
| databank (de) | base (f) de dados | ['bazə də 'daduʃ] |

kabel (USB-~, enz.)	cabo (m)	['kabu]
afsluiten (ww)	desconectar (vt)	[dəʃkunɛ'tar]
aansluiten op (ww)	conetar (vt)	[kunɛ'tar]

140. Internet. E-mail

internet (het)	internet (f)	[ĩtɛr'nɛtə]
browser (de)	browser (m)	['brauzer]
zoekmachine (de)	motor (m) de busca	[mu'tor də 'buʃke]
internetprovider (de)	provedor (m)	[pruvə'dor]

webmaster (de)	webmaster (m)	[wɛb'mastɛr]
website (de)	website, sítio web (m)	[wɛb'sajt], ['sitiu wɛb]
webpagina (de)	página (f) web	['paʒine wɛb]

| adres (het) | endereço (m) | [ẽdə'resu] |
| adresboek (het) | livro (m) de endereços | ['livru də ẽdə'resuʃ] |

postvak (het)	caixa (f) de correio	['kaɪʃe də ku'ʀeju]
post (de)	correio (m)	[ku'ʀeju]
vol (~ postvak)	cheia	['ʃeje]

bericht (het)	mensagem (f)	[mẽ'saʒẽⁱ]
binnenkomende berichten (mv.)	mensagens (f pl) recebidas	[mẽ'saʒẽⁱʃ ʀəsə'bideʃ]
uitgaande berichten (mv.)	mensagens (f pl) enviadas	[mẽ'saʒẽⁱʃ ẽ'vjadeʃ]
verzender (de)	remetente (m)	[ʀəmə'tẽtə]
verzenden (ww)	enviar (vt)	[ẽ'vjar]
verzending (de)	envio (m)	[ẽ'viu]

| ontvanger (de) | destinatário (m) | [dəʃtine'tariu] |
| ontvangen (ww) | receber (vt) | [ʀəsə'ber] |

| correspondentie (de) | correspondência (f) | [kuʀəʃpõ'dẽsiɐ] |
| corresponderen (met …) | corresponder-se (vr) | [kuʀəʃpõ'dersə] |

bestand (het)	ficheiro (m)	[fi'ʃejru]
downloaden (ww)	fazer download, baixar (vt)	[fe'zer daun'loed], [baɪ'ʃar]
creëren (ww)	criar (vt)	[kri'ar]
verwijderen (een bestand ~)	apagar, eliminar (vt)	[epe'gar], [elimi'nar]
verwijderd (bn)	eliminado	[elimi'nadu]

verbinding (de)	conexão (f)	[kunɛ'ksãu]
snelheid (de)	velocidade (f)	[vəlusi'dadə]
modem (de)	modem (m)	['mɔdɛm]
toegang (de)	acesso (m)	[ɐ'sɛsu]
poort (de)	porta (f)	['portɐ]
aansluiting (de)	conexão (f)	[kunɛ'ksãu]

zich aansluiten (ww)	**conetar** (vi)	[kunɛ'tar]
selecteren (ww)	**escolher** (vt)	[əʃku'ʎer]
zoeken (ww)	**buscar** (vt)	[bu'ʃkar]

Vervoer

141. Vliegtuig

vliegtuig (het)	avião (m)	[e'vjãu]
vliegticket (het)	bilhete (m) de avião	[bi'ʎetə də e'vjãu]
luchtvaartmaatschappij (de)	companhia (f) aérea	[kõpe'ɲiɐ e'ɛriɐ]
luchthaven (de)	aeroporto (m)	[ɛɾɔ'portu]
supersonisch (bn)	supersónico	[supər'sɔniku]
gezagvoerder (de)	comandante (m) do avião	[kumã'dãtə du e'vjãu]
bemanning (de)	tripulação (f)	[tripulɐ'sãu]
piloot (de)	piloto (m)	[pi'lotu]
stewardess (de)	hospedeira (f) de bordo	[ɔʃpe'dejɾɐ də 'bɔrdu]
stuurman (de)	copiloto (m)	[kopi'lotu]
vleugels (mv.)	asas (f pl)	['azeʃ]
staart (de)	cauda (f)	['kaudɐ]
cabine (de)	cabine (f)	[ke'binə]
motor (de)	motor (m)	[mu'tor]
landingsgestel (het)	trem (m) de aterragem	[trẽ də etə'ʀaʒẽj]
turbine (de)	turbina (f)	[tur'binɐ]
propeller (de)	hélice (f)	['ɛlisə]
zwarte doos (de)	caixa-preta (f)	['kaiʃɐ 'pretɐ]
stuur (het)	coluna (f) de controlo	[ku'lunɐ də kõ'trolu]
brandstof (de)	combustível (m)	[kõbu'ʃtivɛl]
veiligheidskaart (de)	instruções (f pl) de segurança	[ĩʃtru'soiʃ də segu'rãsə]
zuurstofmasker (het)	máscara (f) de oxigénio	['maʃkeɾɐ də ɔksi'ʒɛniu]
uniform (het)	uniforme (m)	[uni'fɔrmə]
reddingsvest (de)	colete (m) salva-vidas	[ku'letə 'salvɐ 'videʃ]
parachute (de)	paraquedas (m)	[peʀe'kɛdeʃ]
opstijgen (het)	descolagem (f)	[dəʃku'laʒẽj]
opstijgen (ww)	descolar (vi)	[dəʃku'lar]
startbaan (de)	pista (f) de descolagem	['piʃtɐ də dəʃku'laʒẽj]
zicht (het)	visibilidade (f)	[vizibili'dadə]
vlucht (de)	voo (m)	['vou]
hoogte (de)	altura (f)	[al'tuɾɐ]
luchtzak (de)	poço (m) de ar	['posu də 'ar]
plaats (de)	assento (m)	[e'sẽtu]
koptelefoon (de)	auscultadores (m pl)	[auʃkulte'doreʃ]
tafeltje (het)	mesa (f) rebatível	['mezɐ ʀebe'tivɛl]
venster (het)	vigia (f)	[vi'ʒiɐ]
gangpad (het)	passagem (f)	[pe'saʒẽj]

142. Trein

trein (de)	comboio (m)	[kõ'bɔju]
elektrische trein (de)	comboio (m) suburbano	[kõ'bɔju subur'bɐnu]
sneltrein (de)	comboio (m) rápido	[kõ'bɔju 'ʀapidu]
diesellocomotief (de)	locomotiva (f) diesel	[lukumu'tivɐ 'dizɛl]
stoomlocomotief (de)	locomotiva (f) a vapor	[lukumu'tivɐ ɐ vɐ'por]
rijtuig (het)	carruagem (f)	[kɐʀu'aʒẽʲ]
restauratierijtuig (het)	carruagem restaurante (f)	[kɐʀu'aʒẽʲ ʀɐʃtau'rãtɐ]
rails (mv.)	carris (m pl)	[kɐ'ʀiʃ]
spoorweg (de)	caminho de ferro (m)	[kɐ'miɲu dɐ 'fɛʀu]
dwarsligger (de)	travessa (f)	[trɐ'vɛsɐ]
perron (het)	plataforma (f)	[plɐtɐ'fɔrmɐ]
spoor (het)	linha (f)	['liɲɐ]
semafoor (de)	semáforo (m)	[sɐ'mafuru]
halte (bijv. kleine treinhalte)	estação (f)	[ɐʃtɐ'sãu]
machinist (de)	maquinista (m)	[mɐki'niʃtɐ]
kruier (de)	bagageiro (m)	[bɐgɐ'ʒɐjru]
conducteur (de)	hospedeiro, -a (m, f)	[ɔʃpɐ'dɐjru, -ɐ]
passagier (de)	passageiro (m)	[pɐsɐ'ʒɐjru]
controleur (de)	revisor (m)	[ʀɐvi'zor]
gang (in een trein)	corredor (m)	[kuʀɐ'dor]
noodrem (de)	freio (m) de emergência	['frɐju dɐ emɐr'ʒẽsiɐ]
coupé (de)	compartimento (m)	[kõpɐrti'mẽtu]
bed (slaapplaats)	cama (f)	['kɐmɐ]
bovenste bed (het)	cama (f) de cima	['kɐmɐ dɐ 'simɐ]
onderste bed (het)	cama (f) de baixo	['kɐmɐ dɐ 'baɪʃu]
beddengoed (het)	roupa (f) de cama	['ʀopɐ dɐ 'kɐmɐ]
kaartje (het)	bilhete (m)	[bi'ʎetɐ]
dienstregeling (de)	horário (m)	[ɔ'rariu]
informatiebord (het)	painel (m) de informação	[paj'nɛl dɐ ĩfurmɐ'sãu]
vertrekken	partir (vt)	[pɐr'tir]
(De trein vertrekt …)		
vertrek (ov. een trein)	partida (f)	[pɐr'tidɐ]
aankomen (ov. de treinen)	chegar (vi)	[ʃɐ'gar]
aankomst (de)	chegada (f)	[ʃɐ'gadɐ]
aankomen per trein	chegar de comboio	[ʃɐ'gar dɐ kõ'bɔju]
in de trein stappen	apanhar o comboio	[ɐpɐ'ɲar u kõ'bɔju]
uit de trein stappen	sair do comboio	[sɐ'ir du kõ'bɔju]
treinwrak (het)	acidente (m) ferroviário	[ɐsi'dẽtɐ fɛʀo'vjariu]
ontspoord zijn	descarrilar (vi)	[dɐʃkɐʀi'lar]
stoomlocomotief (de)	locomotiva (f) a vapor	[lukumu'tivɐ ɐ vɐ'por]
stoker (de)	fogueiro (m)	[fu'gɐjru]
stookplaats (de)	fornalha (f)	[fur'naʎɐ]
steenkool (de)	carvão (m)	[kɐr'vãu]

143. Schip

schip (het)	navio (m)	[nɐ'viu]
vaartuig (het)	embarcação (f)	[ẽbɐrkɐ'sãu]
stoomboot (de)	vapor (m)	[vɐ'por]
motorschip (het)	navio (m)	[nɐ'viu]
lijnschip (het)	transatlântico (m)	[trãzɐt'lãtiku]
kruiser (de)	cruzador (m)	[kruzɐ'dor]
jacht (het)	iate (m)	['jatə]
sleepboot (de)	rebocador (m)	[ʀəbukɐ'dor]
duwbak (de)	barcaça (f)	[bɐr'kasɐ]
ferryboot (de)	ferry (m)	['fɛʀi]
zeilboot (de)	veleiro (m)	[və'lɐjru]
brigantijn (de)	bergantim (m)	[bərgã'tĩ]
ijsbreker (de)	quebra-gelo (m)	['kɛbrɐ 'ʒɛlu]
duikboot (de)	submarino (m)	[submɐ'rinu]
boot (de)	bote, barco (m)	['bɔtə], ['barku]
sloep (de)	bote, dingue (m)	['bɔtə], ['dĩgə]
reddingssloep (de)	bote (m) salva-vidas	['bɔtə 'salvɐ 'vidɐʃ]
motorboot (de)	lancha (f)	['lãʃɐ]
kapitein (de)	capitão (m)	[kɐpi'tãu]
zeeman (de)	marinheiro (m)	[mɐri'ɲɐjru]
matroos (de)	marujo (m)	[mɐ'ruʒu]
bemanning (de)	tripulação (f)	[tripulɐ'sãu]
bootsman (de)	contramestre (m)	[kõtrɐ'mɛʃtrə]
scheepsjongen (de)	grumete (m)	[gru'mɛtə]
kok (de)	cozinheiro (m) de bordo	[kuzi'ɲɐjru də 'bordu]
scheepsarts (de)	médico (m) de bordo	['mɛdiku də 'bordu]
dek (het)	convés (m)	[kõ'vɛʃ]
mast (de)	mastro (m)	['maʃtru]
zeil (het)	vela (f)	['vɛlɐ]
ruim (het)	porão (m)	[pu'rãu]
voorsteven (de)	proa (f)	['prɔɐ]
achtersteven (de)	popa (f)	['pɔpɐ]
roeispaan (de)	remo (m)	['ʀɛmu]
schroef (de)	hélice (f)	['ɛlisə]
kajuit (de)	camarote (m)	[kɐmɐ'rɔtə]
officierskamer (de)	sala (f) dos oficiais	['salɐ duʃ ofi'sjaɪʃ]
machinekamer (de)	sala (f) das máquinas	['salɐ dɐʃ 'makinɐʃ]
brug (de)	ponte (m) de comando	['põtə də ku'mãdu]
radiokamer (de)	sala (f) de comunicações	['salɐ də kumunikɐ'sõɪʃ]
radiogolf (de)	onda (f)	['õdɐ]
logboek (het)	diário (m) de bordo	[di'ariu də 'bordu]
verrekijker (de)	luneta (f)	[lu'nɛtɐ]
klok (de)	sino (m)	['sinu]

vlag (de)	bandeira (f)	[bã'dejɾe]
kabel (de)	cabo (m)	['kabu]
knoop (de)	nó (m)	[nɔ]

| leuning (de) | corrimão (m) | [kuʀi'mãu] |
| trap (de) | prancha (f) de embarque | ['pɾãʃe də ẽ'barke] |

anker (het)	âncora (f)	['ãkuɾe]
het anker lichten	recolher a âncora	[ʀeku'ʎer e 'ãkuɾe]
het anker neerlaten	lançar a âncora	[lã'sar e 'ãkuɾe]
ankerketting (de)	amarra (f)	[e'maʀe]

haven (bijv. containerhaven)	porto (m)	['portu]
kaai (de)	cais, amarradouro (m)	[kaɪʃ], [emeʀe'doru]
aanleggen (ww)	atracar (vi)	[etre'kar]
wegvaren (ww)	desatracar (vi)	[dezetre'kar]

reis (de)	viagem (f)	['vjaʒẽⁱ]
cruise (de)	cruzeiro (m)	[kru'zejru]
koers (de)	rumo (m), rota (f)	['ʀumu], ['ʀɔte]
route (de)	itinerário (m)	[itine'rariu]

vaarwater (het)	canal (m) navegável	[ke'nal neve'gavɛl]
zandbank (de)	banco (m) de areia	['bãku də e'ʀeje]
stranden (ww)	encalhar (vt)	[ẽke'ʎar]

storm (de)	tempestade (f)	[tẽpe'ʃtade]
signaal (het)	sinal (m)	[si'nal]
zinken (ov. een boot)	afundar-se (vr)	[efũ'darse]
Man overboord!	Homem ao mar!	['ɔmẽⁱ 'au 'mar]
SOS (noodsignaal)	SOS	[ɛseo 'ɛse]
reddingsboei (de)	boia (f) salva-vidas	['bɔje 'salve 'videʃ]

144. Vliegveld

luchthaven (de)	aeroporto (m)	[eɛrɔ'portu]
vliegtuig (het)	avião (m)	[e'vjãu]
luchtvaartmaatschappij (de)	companhia (f) aérea	[kõpe'ɲie e'ɛrie]
luchtverkeersleider (de)	controlador (m) de tráfego aéreo	[kõtrule'dor də 'trafegu e'ɛriu]

vertrek (het)	partida (f)	[per'tide]
aankomst (de)	chegada (f)	[ʃe'gade]
aankomen (per vliegtuig)	chegar (vi)	[ʃe'gar]

| vertrektijd (de) | hora (f) de partida | ['ɔre də per'tide] |
| aankomstuur (het) | hora (f) de chegada | ['ɔre də ʃe'gade] |

| vertraagd zijn (ww) | estar atrasado | [e'ʃtar etre'zadu] |
| vluchtvertraging (de) | atraso (m) de voo | [e'trazu də 'vou] |

informatiebord (het)	painel (m) de informação	[paj'nɛl də ĩfurme'sãu]
informatie (de)	informação (f)	[ĩfurme'sãu]
aankondigen (ww)	anunciar (vt)	[enũ'sjar]

vlucht (bijv. KLM ~)	voo (m)	['vou]
douane (de)	alfândega (f)	[al'fãdəgə]
douanier (de)	funcionário (m) da alfândega	[fũsiu'nariu də al'fãdəgə]

douaneaangifte (de)	declaração (f) alfandegária	[dəklɐɾe'sãu alfãdə'gariɐ]
invullen (douaneaangifte ~)	preencher (vt)	[priẽ'ʃer]
een douaneaangifte invullen	preencher a declaração	[priẽ'ʃer ɐ dəklɐɾe'sãu]
paspoortcontrole (de)	controlo (m) de passaportes	[kõ'trolu də pasɐ'portəʃ]

bagage (de)	bagagem (f)	[bɐ'gaʒẽʲ]
handbagage (de)	bagagem (f) de mão	[bɐ'gaʒẽʲ də 'mãu]
bagagekarretje (het)	carrinho (m)	[kɐ'ɾiɲu]

landing (de)	aterragem (f)	[etə'ʀaʒẽʲ]
landingsbaan (de)	pista (f) de aterragem	['piʃtɐ də etə'ʀaʒẽʲ]
landen (ww)	aterrar (vi)	[etə'ʀar]
vliegtuigtrap (de)	escada (f) de avião	[ə'ʃkadɐ də ɐ'vjãu]

inchecken (het)	check-in (m)	[ʃɛ'kin]
incheckbalie (de)	balcão (m) do check-in	[bal'kãu du ʃɛ'kin]
inchecken (ww)	fazer o check-in	[fe'zer u ʃɛ'kin]
instapkaart (de)	cartão (m) de embarque	[ker'tãu də ẽ'barkə]
gate (de)	porta (f) de embarque	['portɐ də ẽ'barkə]

transit (de)	trânsito (m)	['trãzitu]
wachten (ww)	esperar (vi, vt)	[əʃpə'rar]
wachtzaal (de)	sala (f) de espera	['salɐ də ə'ʃpɛrɐ]
begeleiden (uitwuiven)	despedir-se de ...	[dəʃpə'dirsə də]
afscheid nemen (ww)	despedir-se (vr)	[dəʃpə'dirsə]

145. Fiets. Motorfiets

fiets (de)	bicicleta (f)	[bisik'lɛtɐ]
bromfiets (de)	scotter, lambreta (f)	[sku'ter], [lã'bretɐ]
motorfiets (de)	mota (f)	['motɐ]

met de fiets rijden	ir de bicicleta	[ir də bisi'klɛtɐ]
stuur (het)	guiador (m)	[giɐ'dor]
pedaal (de/het)	pedal (m)	[pə'dal]
remmen (mv.)	travões (m pl)	[trɐ'voɪʃ]
fietszadel (de/het)	selim (m)	[sə'lĩ]

pomp (de)	bomba (f)	['bõbɐ]
bagagedrager (de)	porta-bagagens (m)	['portɐ bɐ'gaʒẽʲʃ]
fietslicht (het)	lanterna (f)	[lã'tɛrnɐ]
helm (de)	capacete (m)	[kɐpɐ'setə]

wiel (het)	roda (f)	['ʀɔdɐ]
spatbord (het)	guarda-lamas (m)	[guardɐ 'lɐmɐʃ]
velg (de)	aro (m)	['aru]
spaak (de)	raio (m)	['ʀaju]

Auto's

146. Soorten auto's

auto (de)	carro, automóvel (m)	['kaʀu], [autu'mɔvɛl]
sportauto (de)	carro (m) desportivo	['kaʀu dəʃpur'tivu]
limousine (de)	limusine (f)	[limu'zinə]
terreinwagen (de)	todo o terreno (m)	['todu u tə'ʀenu]
cabriolet (de)	descapotável (m)	[dəʃkɐpu'tavɛl]
minibus (de)	minibus (m)	['minibuʃ]
ambulance (de)	ambulância (f)	[ãbu'lãsiɐ]
sneeuwruimer (de)	limpa-neve (m)	['lĩpɐ 'nɛvɐ]
vrachtwagen (de)	camião (m)	[ka'mjãu]
tankwagen (de)	camião-cisterna (m)	[ka'mjãu si'ʃtɛrnɐ]
bestelwagen (de)	carrinha (f)	[kɐ'ʀiɲɐ]
trekker (de)	camião-trator (m)	[ka'mjãu trɐ'tor]
aanhangwagen (de)	atrelado (m)	[ɐtrə'ladu]
comfortabel (bn)	confortável	[kõfur'tavɛl]
tweedehands (bn)	usado	[u'zadu]

147. Auto's. Carrosserie

motorkap (de)	capô (m)	[kɐ'po]
spatbord (het)	guarda-lamas (m)	[guardɐ 'lemɐʃ]
dak (het)	tejadilho (m)	[təʒe'diʎu]
voorruit (de)	para-brisa (m)	[parɐ'brizɐ]
achterruit (de)	espelho (m) retrovisor	[ə'ʃpeʎu ʀɛtrɔvi'zor]
ruitensproeier (de)	lavador (m)	[lɐvɐ'dor]
wisserbladen (mv.)	limpa-para-brisas (m)	['lĩpɐ 'parɐ 'brizɐʃ]
zijruit (de)	vidro (m) lateral	['vidru lɐtə'ral]
raamlift (de)	elevador (m) do vidro	[elɐvɐ'dor du 'vidru]
antenne (de)	antena (f)	[ã'tenɐ]
zonnedak (het)	teto solar (m)	['tɛtu su'lar]
bumper (de)	para-choques (m pl)	['parɐ 'ʃɔkəʃ]
koffer (de)	bagageira (f)	[bɐgɐ'ʒɐjrɐ]
imperiaal (de/het)	bagageira (f) de tejadilho	[bɐgɐ'ʒɐjrɐ də təʒe'diʎu]
portier (het)	porta (f)	['pɔrtɐ]
handvat (het)	maçaneta (f)	[mɐsɐ'netɐ]
slot (het)	fechadura (f)	[fəʃɐ'durɐ]
nummerplaat (de)	matrícula (f)	[mɐ'trikulɐ]
knalpot (de)	silenciador (m)	[silẽsiɐ'dor]

benzinetank (de)	tanque (m) de gasolina	['tãkə də gezu'linə]
uitlaatpijp (de)	tubo (m) de escape	['tubu də ə'ʃkapə]

gas (het)	acelerador (m)	[esələre'dor]
pedaal (de/het)	pedal (m)	[pə'dal]
gaspedaal (de/het)	pedal (m) do acelerador	[pə'dal du esələre'dor]

rem (de)	travão (m)	[tre'vãu]
rempedaal (de/het)	pedal (m) do travão	[pə'dal du tre'vãu]
remmen (ww)	travar (vt)	[tre'var]
handrem (de)	travão (m) de mão	[tre'vãu də 'mãu]

koppeling (de)	embraiagem (f)	[ẽbra'jaʒẽ']
koppelingspedaal (de/het)	pedal (m) da embraiagem	[pə'dal de ẽbra'jaʒẽ']
koppelingsschijf (de)	disco (m) de embraiagem	['diʃku də ẽbra'jaʒẽ']
schokdemper (de)	amortecedor (m)	[emurtəsə'dor]

wiel (het)	roda (f)	['ʀɔdə]
reservewiel (het)	pneu (m) sobresselente	['pneu sobrəsə'lẽtə]
band (de)	pneu (m)	['pneu]
wieldop (de)	tampão (m) de roda	[tã'pãu də 'ʀɔdə]

aandrijfwielen (mv.)	rodas (f pl) motrizes	['ʀɔdeʃ mu'trizəʃ]
met voorwielaandrijving	de tração dianteira	[də tra'sãu diã'tejre]
met achterwielaandrijving	de tração traseira	[də tra'sãu tre'zejre]
met vierwielaandrijving	de tração às 4 rodas	[də tra'sãu aʃ ku'atru 'ʀɔdeʃ]

versnellingsbak (de)	caixa (f) de mudanças	['kaɪʃe də mu'dãseʃ]
automatisch (bn)	automático	[autu'matiku]
mechanisch (bn)	mecânico	[me'keniku]
versnellingspook (de)	alavanca (f) das mudanças	[ele'vãke deʃ mu'dãseʃ]

voorlicht (het)	farol (m)	[fe'rɔl]
voorlichten (mv.)	faróis (m pl), luzes (f pl)	[fe'rɔɪʃ], ['luzəʃ]

dimlicht (het)	médios (m pl)	['mɛdiuʃ]
grootlicht (het)	máximos (m pl)	['masimuʃ]
stoplicht (het)	luzes (f pl) de stop	['luzəʃ də stɔp]

standlichten (mv.)	mínimos (m pl)	['minimuʃ]
noodverlichting (de)	luzes (f pl) de emergência	['luzəʃ də emər'ʒẽsie]
mistlichten (mv.)	faróis (m pl) antinevoeiro	[fe'rɔɪʃ ãtinevu'ejru]
pinker (de)	pisca-pisca (m)	['piʃke 'piʃke]
achteruitrijdlicht (het)	luz (f) de marcha atrás	[luʃ də 'marʃe e'traʃ]

148. Auto's. Passagiersruimte

interieur (het)	interior (m) do carro	[ĩtə'rjor du 'kaʀu]
leren (van leer gemaak)	de couro, de pele	[də 'koru], [də 'pɛlə]
fluwelen (abn)	de veludo	[də və'ludu]
bekleding (de)	estofos (m pl)	[ə'ʃtɔfuʃ]

toestel (het)	indicador (m)	[ĩdike'dor]
instrumentenbord (het)	painel (m) de instrumentos	[paj'nɛl də ĩʃtru'mẽtuʃ]

snelheidsmeter (de)	velocímetro (m)	[vəlu'simətru]
pijltje (het)	ponteiro (m)	[põ'tejru]

kilometerteller (de)	conta-quilómetros (m)	['kõtɐ ki'lɔmətruʃ]
sensor (de)	indicador (m)	[ĩdikɐ'dor]
niveau (het)	nível (m)	['nivɛl]
controlelampje (het)	luz (f) avisadora	[luʃ ɐvizɐ'dorɐ]

stuur (het)	volante (m)	[vu'lãtə]
toeter (de)	buzina (f)	[bu'zinɐ]
knopje (het)	botão (m)	[bu'tãu]
schakelaar (de)	interruptor (m)	[ĩtəʀup'tor]

stoel (bestuurders~)	assento (m)	[ɐ'sẽtu]
rugleuning (de)	costas (f pl) do assento	['kɔʃtəʃ du ɐ'sẽtu]
hoofdsteun (de)	cabeceira (f)	[kebɐ'sejʀɐ]
veiligheidsgordel (de)	cinto (m) de segurança	['sĩtu də səgu'rãsɐ]
de gordel aandoen	apertar o cinto	[ɐpər'tar u 'sĩtu]
regeling (de)	regulação (f)	[ʀəgulɐ'sãu]

airbag (de)	airbag (m)	[ɛr'bɛg]
airconditioner (de)	ar (m) condicionado	[ar kõdisiu'nadu]

radio (de)	rádio (m)	['ʀadiu]
CD-speler (de)	leitor (m) de CD	[lɛj'tor də 'sɛdɛ]
aanzetten (bijv. radio ~)	ligar (vt)	[li'gar]
antenne (de)	antena (f)	[ã'tenɐ]
handschoenenkastje (het)	porta-luvas (m)	['pɔrtɐ 'luveʃ]
asbak (de)	cinzeiro (m)	[sĩ'zejru]

149. Auto's. Motor

motor (de)	motor (m)	[mu'tor]
diesel- (abn)	diesel	['dizɛl]
benzine- (~motor)	a gasolina	[ɐ gɐzu'linɐ]

motorinhoud (de)	cilindrada (f)	[silĩ'dradɐ]
vermogen (het)	potência (f)	[pu'tẽsiɐ]
paardenkracht (de)	cavalo-vapor (m)	[kɐ'valu vɐ'por]
zuiger (de)	pistão (m)	[pi'ʃtãu]
cilinder (de)	cilindro (m)	[si'lĩdru]
klep (de)	válvula (f)	['valvulɐ]

injectie (de)	injetor (m)	[ĩʒɛ'tor]
generator (de)	gerador (m)	[ʒɐʀɐ'dor]
carburator (de)	carburador (m)	[kɐrbuʀɐ'dor]
motorolie (de)	óleo (m) para motor	['ɔliu 'pɐʀɐ mu'tor]

radiator (de)	radiador (m)	[ʀɐdiɐ'dor]
koelvloeistof (de)	refrigerante (m)	[ʀɐfriʒə'ʀãtə]
ventilator (de)	ventilador (m)	[vẽtilɐ'dor]

accu (de)	bateria (f)	[bɐtə'ʀiɐ]
starter (de)	dispositivo (m) de arranque	[diʃpuzi'tivu də ɐ'ʀãkə]

| contact (ontsteking) | ignição (f) | [igni'sãu] |
| bougie (de) | vela (f) de ignição | ['vɛlɐ də igni'sãu] |

pool (de)	borne (m)	['bɔrnə]
positieve pool (de)	borne (m) positivo	['bɔrnə puzi'tivu]
negatieve pool (de)	borne (m) negativo	['bɔrnə nəgɐ'tivu]
zekering (de)	fusível (m)	[fu'zivɛl]

luchtfilter (de)	filtro (m) de ar	['filtru də 'ar]
oliefilter (de)	filtro (m) de óleo	['filtru də 'ɔliu]
benzinefilter (de)	filtro (m) de combustível	['filtru də kõbu'ʃtivɛl]

150. Auto's. Botsing. Reparatie

auto-ongeval (het)	acidente (m) de carro	[ɐsi'dẽtɐ də 'kaʀu]
verkeersongeluk (het)	acidente (m) rodoviário	[ɐsi'dẽtɐ ʀɔdɔ'vjariu]
aanrijden	ir contra ...	[ir 'kõtʀɐ]
(tegen een boom, enz.)		
verongelukken (ww)	sofrer um acidente	[su'frer ũ ɐsi'dẽtɐ]
beschadiging (de)	danos (m pl)	['dɐnuʃ]
heelhuids (bn)	intato	[ĩ'tatu]

pech (de)	avaria (f)	[ɐvɐ'riɐ]
kapot gaan (zijn gebroken)	avariar (vi)	[ɐvɐ'rjar]
sleeptouw (het)	cabo (m) de reboque	['kabu də ʀɐ'bɔkə]

lek (het)	furo (m)	['furu]
lekke krijgen (band)	estar furado	[ə'ʃtar fu'radu]
oppompen (ww)	encher (vt)	[ẽ'ʃer]
druk (de)	pressão (f)	[prə'sãu]
checken (ww)	verificar (vt)	[vərifi'kar]

| reparatie (de) | reparação (f) | [ʀəpɐʀɐ'sãu] |
| garage (de) | oficina (f) de reparação de carros | [ɔfi'sinɐ də ʀɐpɐʀɐ'sãu də 'kaʀuʃ] |

| wisselstuk (het) | peça (f) sobresselente | ['pɛsɐ sobrəsə'lẽtɐ] |
| onderdeel (het) | peça (f) | ['pɛsɐ] |

bout (de)	parafuso (m)	[pɐʀɐ'fuzu]
schroef (de)	parafuso (m)	[pɐʀɐ'fuzu]
moer (de)	porca (f)	['pɔrkɐ]
sluitring (de)	anilha (f)	[ɐ'niʎɐ]
kogellager (de/het)	rolamento (m)	[ʀulɐ'mẽtu]

pijp (de)	tubo (m)	['tubu]
pakking (de)	junta (f)	['ʒũtɐ]
kabel (de)	fio, cabo (m)	['fiu], ['kabu]

dommekracht (de)	macaco (m)	[mɐ'kaku]
moersleutel (de)	chave (f) de boca	['ʃavɐ də 'bokɐ]
hamer (de)	martelo (m)	[mɐr'tɛlu]
pomp (de)	bomba (f)	['bõbɐ]
schroevendraaier (de)	chave (f) de fendas	['ʃavə də 'fẽdɐʃ]
brandblusser (de)	extintor (m)	[əʃtĩ'tor]

gevarendriehoek (de)	triângulo (m) de emergência	['trjãgulu də emər'ʒẽsie]
afslaan (ophouden te werken)	parar (vi)	[pe'rar]
uitvallen (het)	paragem (f)	[pe'raʒẽⁱ]
zijn gebroken	estar quebrado	[ə'ʃtar ke'bradu]

oververhitten (ww)	superaquecer-se (vr)	[supɛrɐke'sersə]
verstopt raken (ww)	entupir-se (vr)	[ẽtu'pirsə]
bevriezen (autodeur, enz.)	congelar-se (vr)	[kõʒə'larsə]
barsten (leidingen, enz.)	rebentar (vi)	[ʀəbẽ'tar]

druk (de)	pressão (f)	[prə'sãu]
niveau (bijv. olieniveau)	nível (m)	['nivɛl]
slap (de drijfriem is ~)	frouxo	['froʃu]

deuk (de)	mossa (f)	['mɔsɐ]
geklop (vreemde geluiden)	ruído (m)	[ʀu'idu]
barst (de)	fissura (f)	[fi'surɐ]
kras (de)	arranhão (m)	[ɐʀɐ'ɲãu]

151. Auto's. Weg

weg (de)	estrada (f)	[ə'ʃtradə]
snelweg (de)	autoestrada (f)	[autɔə'ʃtradə]
autoweg (de)	rodovia (f)	[ʀɔdɔ'vie]
richting (de)	direção (f)	[dirɛ'sãu]
afstand (de)	distância (f)	[di'ʃtãsie]

brug (de)	ponte (f)	['põtə]
parking (de)	parque (m) de estacionamento	['parkə də əʃtesiune'mẽtu]
plein (het)	praça (f)	['prase]
verkeersknooppunt (het)	nó (m) rodoviário	[nɔ ʀɔdɔ'vjariu]
tunnel (de)	túnel (m)	['tunɛl]

benzinestation (het)	posto (m) de gasolina	['poʃtu də gezu'line]
parking (de)	parque (m) de estacionamento	['parkə də əʃtesiune'mẽtu]
benzinepomp (de)	bomba (f) de gasolina	['bõbɐ də gezu'line]
garage (de)	oficina (f) de reparação de carros	[ɔfi'sine də ʀɐpɐrɐ'sãu də 'kaʀuʃ]
tanken (ww)	abastecer (vt)	[ɐbɐʃtə'ser]
brandstof (de)	combustível (m)	[kõbu'ʃtivɛl]
jerrycan (de)	bidão (m) de gasolina	[bi'dãu də gezu'line]

asfalt (het)	asfalto (m)	[e'ʃfaltu]
markering (de)	marcação (f) de estradas	[mɐrke'sãu də ə'ʃtradeʃ]
trottoirband (de)	lancil (m)	[lã'sil]
geleiderail (de)	proteção (f) guard-rail	[prutɛ'sãu guardʀe'il]
greppel (de)	valeta (f)	[ve'lete]
vluchtstrook (de)	berma (f) da estrada	['bɛrmɐ də ə'ʃtradə]
lichtmast (de)	poste (m) de luz	['pɔʃtə də 'luʃ]
besturen (een auto ~)	conduzir, guiar (vt)	[kõdu'zir], [gi'ar]
afslaan (naar rechts ~)	virar (vi)	[vi'rar]

| U-bocht maken (ww) | dar retorno | [dar ʀe'tornu] |
| achteruit (de) | marcha-atrás (f) | ['marʃe e'traʃ] |

toeteren (ww)	buzinar (vi)	[buzi'nar]
toeter (de)	buzina (f)	[bu'zine]
vastzitten (in modder)	atolar-se (vr)	[etu'larse]
spinnen (wielen gaan ~)	patinar (vi)	[peti'nar]
uitzetten (ww)	desligar (vt)	[deʒli'gar]

snelheid (de)	velocidade (f)	[velusi'dade]
een snelheidsovertreding maken	exceder a velocidade	[eʃse'der e velusi'dade]
bekeuren (ww)	multar (vt)	[mul'tar]
verkeerslicht (het)	semáforo (m)	[se'mafuru]
rijbewijs (het)	carta (f) de condução	['karte de kõdu'sãu]

overgang (de)	passagem (f) de nível	[pe'saʒẽʲ de 'nivɛl]
kruispunt (het)	cruzamento (m)	[kruze'mẽtu]
zebrapad (oversteekplaats)	passadeira (f)	[pese'dejre]
bocht (de)	curva (f)	['kurve]
voetgangerszone (de)	zona (f) pedonal	['zone pedu'nal]

MENSEN. GEBEURTENISSEN IN HET LEVEN

Gebeurtenissen in het leven

152. Vakanties. Evenement

feest (het)	festa (f)	['fɛʃtɐ]
nationale feestdag (de)	festa (f) nacional	['fɛʃtɐ nɐsiu'nal]
feestdag (de)	feriado (m)	[fə'rjadu]
herdenken (ww)	festejar (vt)	[fəʃtə'ʒar]
gebeurtenis (de)	evento (m)	[e'vẽtu]
evenement (het)	evento (m)	[e'vẽtu]
banket (het)	banquete (m)	[bã'ketə]
receptie (de)	receção (f)	[ʀəsɛ'sãu]
feestmaal (het)	festim (m)	[fə'ʃtĩ]
verjaardag (de)	aniversário (m)	[ɐnivər'sariu]
jubileum (het)	jubileu (m)	[ʒubi'leu]
vieren (ww)	celebrar (vt)	[sələ'brar]
Nieuwjaar (het)	Ano (m) Novo	['ɐnu 'novu]
Gelukkig Nieuwjaar!	Feliz Ano Novo!	[fə'liʃ 'ɐnu 'novu]
Sinterklaas (de)	Pai (m) Natal	[paj nɐ'tal]
Kerstfeest (het)	Natal (m)	[nɐ'tal]
Vrolijk kerstfeest!	Feliz Natal!	[fə'liʃ nɐ'tal]
kerstboom (de)	árvore (f) de Natal	['arvurə də nɐ'tal]
vuurwerk (het)	fogo (m) de artifício	['fogu də ɐrti'fisiu]
bruiloft (de)	boda (f)	['bodɐ]
bruidegom (de)	noivo (m)	['nojvu]
bruid (de)	noiva (f)	['nojvɐ]
uitnodigen (ww)	convidar (vt)	[kõvi'dar]
uitnodigingskaart (de)	convite (m)	[kõ'vitə]
gast (de)	convidado (m)	[kõvi'dadu]
op bezoek gaan	visitar (vt)	[vizi'tar]
gasten verwelkomen	receber os hóspedes	[ʀəsə'ber uʃ 'ɔʃpədəʃ]
geschenk, cadeau (het)	presente (m)	[prə'zẽtə]
geven (iets cadeau ~)	oferecer (vt)	[ɔfərə'ser]
geschenken ontvangen	receber presentes	[ʀəsə'ber prə'zẽtəʃ]
boeket (het)	ramo (m) de flores	['ʀɐmu də 'florəʃ]
felicitaties (mv.)	felicitações (f pl)	[fəlisitɐ'sojʃ]
feliciteren (ww)	felicitar (vt)	[fəlisi'tar]
wenskaart (de)	cartão (m) de parabéns	[kɐr'tãu də pɐrɐ'bẽjʃ]

| een kaartje versturen | enviar um postal | [ẽ'vjar ũ pu'ʃtal] |
| een kaartje ontvangen | receber um postal | [ʀəsə'ber ũ pu'ʃtal] |

toast (de)	brinde (m)	['brĩdə]
aanbieden (een drankje ~)	oferecer (vt)	[ɔfərə'ser]
champagne (de)	champanhe (m)	[ʃã'pɐɲə]

plezier hebben (ww)	divertir-se (vr)	[divər'tirsə]
plezier (het)	diversão (f)	[divər'sãu]
vreugde (de)	alegria (f)	[elə'griɐ]

| dans (de) | dança (f) | ['dãsə] |
| dansen (ww) | dançar (vi) | [dã'sar] |

| wals (de) | valsa (f) | ['valsə] |
| tango (de) | tango (m) | ['tãgu] |

153. Begrafenissen. Begrafenis

kerkhof (het)	cemitério (m)	[səmi'tɛriu]
graf (het)	sepultura (f), túmulo (m)	[səpul'turɐ], ['tumulu]
kruis (het)	cruz (f)	[kruʃ]
grafsteen (de)	lápide (f)	['lapidə]
omheining (de)	cerca (f)	['serkɐ]
kapel (de)	capela (f)	[kɐ'pɛlɐ]

dood (de)	morte (f)	['mɔrtə]
sterven (ww)	morrer (vi)	[mu'ʀer]
overledene (de)	defunto (m)	[də'fũtu]
rouw (de)	luto (m)	['lutu]

begraven (ww)	enterrar, sepultar (vt)	[ẽtə'ʀar], [səpul'tar]
begrafenisonderneming (de)	agência (f) funerária	[ɐ'ʒẽsiɐ funə'rariɐ]
begrafenis (de)	funeral (m)	[funə'ral]

krans (de)	coroa (f) de flores	[ku'roɐ də 'flɔrəʃ]
doodskist (de)	caixão (m)	[kaɪ'ʃãu]
lijkwagen (de)	carro (m) funerário	['kaʀu funə'rariu]
lijkkleed (de)	mortalha (f)	[mur'taʎe]

begrafenisstoet (de)	procissão (f) funerária	[prusi'sãu funə'rariɐ]
urn (de)	urna (f) funerária	['urnɐ funə'rariɐ]
crematorium (het)	crematório (m)	[krəme'tɔriu]

overlijdensbericht (het)	obituário (m), necrologia (f)	[ɔbitu'ariu], [nəkrulu'ʒiɐ]
huilen (wenen)	chorar (vi)	[ʃu'rar]
snikken (huilen)	soluçar (vi)	[sulu'sar]

154. Oorlog. Soldaten

| peloton (het) | pelotão (m) | [pəlu'tãu] |
| compagnie (de) | companhia (f) | [kõpɐ'ɲiɐ] |

regiment (het)	regimento (m)	[ʀəʒi'mẽtu]
leger (armee)	exército (m)	[e'zɛrsitu]
divisie (de)	divisão (f)	[divi'zãu]

| sectie (de) | destacamento (m) | [dəʃtɐke'mẽtu] |
| troep (de) | hoste (f) | ['ɔʃtə] |

| soldaat (militair) | soldado (m) | [sol'dadu] |
| officier (de) | oficial (m) | [ɔfi'sjal] |

soldaat (rang)	soldado (m) raso	[sol'dadu 'ʀazu]
sergeant (de)	sargento (m)	[ser'ʒẽtu]
luitenant (de)	tenente (m)	[tə'nẽtə]
kapitein (de)	capitão (m)	[kɐpi'tãu]
majoor (de)	major (m)	[mɐ'ʒɔr]
kolonel (de)	coronel (m)	[kuru'nɛl]
generaal (de)	general (m)	[ʒənə'ral]

matroos (de)	marujo (m)	[mɐ'ruʒu]
kapitein (de)	capitão (m)	[kɐpi'tãu]
bootsman (de)	contramestre (m)	[kõtrɐ'mɛʃtrə]

artillerist (de)	artilheiro (m)	[ɐrti'ʎejru]
valschermjager (de)	soldado (m) paraquedista	[sol'dadu pɐrɐkə'diʃtɐ]
piloot (de)	piloto (m)	[pi'lotu]
stuurman (de)	navegador (m)	[nɐvɐge'dor]
mecanicien (de)	mecânico (m)	[mə'kɐniku]

sappeur (de)	sapador (m)	[sɐpɐ'dor]
parachutist (de)	paraquedista (m)	[pɐrɐkɐ'diʃtɐ]
verkenner (de)	explorador (m)	[əʃplurɐ'dor]
scherpschutter (de)	franco-atirador (m)	['frãkɔ ɐtirɐ'dor]

patrouille (de)	patrulha (f)	[pɐ'truʎɐ]
patrouilleren (ww)	patrulhar (vt)	[pɐtru'ʎar]
wacht (de)	sentinela (f)	[sẽti'nɛlɐ]

| krijger (de) | guerreiro (m) | [gə'ʀejru] |
| patriot (de) | patriota (m) | [pɐtri'ɔtɐ] |

| held (de) | herói (m) | [e'rɔj] |
| heldin (de) | heroína (f) | [eru'inɐ] |

| verrader (de) | traidor (m) | [traj'dor] |
| verraden (ww) | trair (vt) | [trɐ'ir] |

| deserteur (de) | desertor (m) | [dəzər'tor] |
| deserteren (ww) | desertar (vt) | [dəzər'tar] |

huurling (de)	mercenário (m)	[mərsə'nariu]
rekruut (de)	recruta (m)	[ʀɐ'krutɐ]
vrijwilliger (de)	voluntário (m)	[vulũ'tariu]

gedode (de)	morto (m)	['mortu]
gewonde (de)	ferido (m)	[fə'ridu]
krijgsgevangene (de)	prisioneiro (m) de guerra	[priziu'nejru də 'gɛʀɐ]

155. Oorlog. Militaire acties. Deel 1

oorlog (de)	guerra (f)	['gɛʁɐ]
oorlog voeren (ww)	guerrear (vt)	[gɛʁɐ'ar]
burgeroorlog (de)	guerra (f) civil	['gɛʁɐ si'vil]
achterbaks (bw)	perfidamente	[pərfidɐ'mẽtə]
oorlogsverklaring (de)	declaração (f) de guerra	[dəklɐʁɐ'sãu də 'gɛʁɐ]
verklaren (de oorlog ~)	declarar (vt) guerra	[dəklɐ'rar 'gɛʁɐ]
agressie (de)	agressão (f)	[ɐgrɐ'sãu]
aanvallen (binnenvallen)	atacar (vt)	[ɐtɐ'kar]
binnenvallen (ww)	invadir (vt)	[ĩva'dir]
invaller (de)	invasor (m)	[ĩva'zor]
veroveraar (de)	conquistador (m)	[kõkiʃtɐ'dor]
verdediging (de)	defesa (f)	[də'fezɐ]
verdedigen (je land ~)	defender (vt)	[dəfẽ'der]
zich verdedigen (ww)	defender-se (vr)	[dəfẽ'dersə]
vijand (de)	inimigo (m)	[ini'migu]
tegenstander (de)	adversário (m)	[ɐdvər'sariu]
vijandelijk (bn)	inimigo	[ini'migu]
strategie (de)	estratégia (f)	[əʃtrɐ'tɛʒiɐ]
tactiek (de)	tática (f)	['tatikɐ]
order (de)	ordem (f)	['ɔrdẽʲ]
bevel (het)	comando (m)	[ku'mãdu]
bevelen (ww)	ordenar (vt)	[ɔrdə'nar]
opdracht (de)	missão (f)	[mi'sãu]
geheim (bn)	secreto	[sə'krɛtu]
veldslag (de)	batalha (f)	[bɐ'taʎɐ]
strijd (de)	combate (m)	[kõ'batə]
aanval (de)	ataque (m)	[ɐ'takə]
bestorming (de)	assalto (m)	[ɐ'saltu]
bestormen (ww)	assaltar (vt)	[ɐsal'tar]
bezetting (de)	assédio, sítio (m)	[ɐ'sɛdiu], ['sitiu]
aanval (de)	ofensiva (f)	[ɔfẽ'sivɐ]
in het offensief te gaan	passar à ofensiva	[pɐ'sar a ɔfẽ'sivɐ]
terugtrekking (de)	retirada (f)	[ʁɐti'radɐ]
zich terugtrekken (ww)	retirar-se (vr)	[ʁɐti'rarsə]
omsingeling (de)	cerco (m)	['serku]
omsingelen (ww)	cercar (vt)	[sər'kar]
bombardement (het)	bombardeio (m)	[bõbər'dɐju]
een bom gooien	lançar uma bomba	[lã'sar 'umɐ 'bõbɐ]
bombarderen (ww)	bombardear (vt)	[bõbər'djar]
ontploffing (de)	explosão (f)	[əʃplu'zãu]
schot (het)	tiro (m)	['tiru]

een schot lossen	disparar um tiro	[diʃpe'rar ũ 'tiru]
schieten (het)	tiroteio (m)	[tiru'teju]

mikken op (ww)	apontar para ...	[epõ'tar 'pere]
aanleggen (een wapen ~)	apontar (vt)	[epõ'tar]
treffen (doelwit ~)	acertar (vt)	[esər'tar]

zinken (tot zinken brengen)	afundar (vt)	[efũ'dar]
kogelgat (het)	brecha (f)	['brɛʃe]
zinken (gezonken zijn)	afundar-se (vr)	[efũ'darsə]

front (het)	frente (m)	['frẽtə]
evacuatie (de)	evacuação (f)	[evekue'sãu]
evacueren (ww)	evacuar (vt)	[eveku'ar]

loopgraaf (de)	trincheira (f)	[trĩ'ʃejre]
prikkeldraad (de)	arame (m) farpado	[e'reme fer'padu]
verdedigingsobstakel (het)	obstáculo (m) anticarro	[ɔb'ʃtakulu ãti'karu]
wachttoren (de)	torre (f) de vigia	['tore də vi'ʒie]

hospitaal (het)	hospital (m)	[ɔʃpi'tal]
verwonden (ww)	ferir (vt)	[fe'rir]
wond (de)	ferida (f)	[fe'ride]
gewonde (de)	ferido (m)	[fe'ridu]
gewond raken (ww)	ficar ferido	[fi'kar fe'ridu]
ernstig (~e wond)	grave	['gravə]

156. Wapens

wapens (mv.)	arma (f)	['arme]
vuurwapens (mv.)	arma (f) de fogo	['arme də 'fogu]
koude wapens (mv.)	arma (f) branca	['arme 'brãke]

chemische wapens (mv.)	arma (f) química	['arme 'kimike]
kern-, nucleair (bn)	nuclear	[nukle'ar]
kernwapens (mv.)	arma (f) nuclear	['arme nuklə'ar]

bom (de)	bomba (f)	['bõbe]
atoombom (de)	bomba (f) atómica	['bõbe e'tɔmike]

pistool (het)	pistola (f)	[pi'ʃtɔle]
geweer (het)	caçadeira (f)	[kese'dejre]
machinepistool (het)	pistola-metralhadora (f)	[pi'ʃtɔle mətreʎe'dore]
machinegeweer (het)	metralhadora (f)	[mətreʎe'dore]

loop (schietbuis)	boca (f)	['boke]
loop (bijv. geweer met kortere ~)	cano (m)	['kenu]
kaliber (het)	calibre (m)	[ke'librə]

trekker (de)	gatilho (m)	[ge'tiʎu]
korrel (de)	mira (f)	['mire]
magazijn (het)	carregador (m)	[keRəge'dor]
geweerkolf (de)	coronha (f)	[ku'roɲe]

granaat (handgranaat)	granada (f) de mão	[gre'nade de 'mãu]
explosieven (mv.)	explosivo (m)	[eʃplu'zivu]
kogel (de)	bala (f)	['bale]
patroon (de)	cartucho (m)	[ker'tuʃu]
lading (de)	carga (f)	['karge]
ammunitie (de)	munições (f pl)	[muni'soɪʃ]
bommenwerper (de)	bombardeiro (m)	[bõber'dejru]
straaljager (de)	avião (m) de caça	[e'vjãu de 'kase]
helikopter (de)	helicóptero (m)	[eli'kopteru]
afweergeschut (het)	canhão (m) antiaéreo	[ke'nãu ãtie'ɛriu]
tank (de)	tanque (m)	['tãke]
kanon (tank met een ~ van 76 mm)	canhão (m), peça (f)	[ke'nãu], ['pɛse]
artillerie (de)	artilharia (f)	[ertiʎe'rie]
kanon (het)	canhão (m)	[ke'nãu]
aanleggen (een wapen ~)	fazer a pontaria	[fe'zer e põte'rie]
projectiel (het)	obus (m)	[ɔ'buʃ]
mortiergranaat (de)	granada (f) de morteiro	[gre'nade de mur'tejru]
mortier (de)	morteiro (m)	[mur'tejru]
granaatscherf (de)	estilhaço (m)	[eʃti'ʎasu]
duikboot (de)	submarino (m)	[subme'rinu]
torpedo (de)	torpedo (m)	[tur'pɛdu]
raket (de)	míssil (m)	['misil]
laden (geweer, kanon)	carregar (vt)	[keRe'gar]
schieten (ww)	atirar, disparar (vi)	[eti'rar], [diʃpe'rar]
richten op (mikken)	apontar para ...	[epõ'tar 'pere]
bajonet (de)	baioneta (f)	[baju'nete]
degen (de)	espada (f)	[e'ʃpade]
sabel (de)	sabre (m)	['sabre]
speer (de)	lança (f)	['lãse]
boog (de)	arco (m)	['arku]
pijl (de)	flecha (f)	['flɛʃe]
musket (de)	mosquete (m)	[mu'ʃkɛte]
kruisboog (de)	besta (f)	['beʃte]

157. Oude mensen

primitief (bn)	primitivo	[primi'tivu]
voorhistorisch (bn)	pré-histórico	[prɛɪ'ʃtɔriku]
eeuwenoude (~ beschaving)	antigo	[ã'tigu]
Steentijd (de)	Idade (f) da Pedra	[i'dade de 'pɛdre]
Bronstijd (de)	Idade (f) do Bronze	[i'dade du 'brõze]
IJstijd (de)	período (m) glacial	[pe'riudu gle'sjal]
stam (de)	tribo (f)	['tribu]
menseneter (de)	canibal (m)	[keni'bal]

jager (de)	caçador (m)	[keseˈdor]
jagen (ww)	caçar (vi)	[keˈsar]
mammoet (de)	mamute (m)	[meˈmutə]

grot (de)	caverna (f)	[keˈvɛrne]
vuur (het)	fogo (m)	[ˈfogu]
kampvuur (het)	fogueira (f)	[fuˈgejre]
rotstekening (de)	pintura (f) rupestre	[pĩˈture ʀuˈpɛʃtrə]

werkinstrument (het)	ferramenta (f)	[fəʀeˈmẽte]
speer (de)	lança (f)	[ˈlãse]
stenen bijl (de)	machado (m) de pedra	[meˈʃadu də ˈpɛdre]
oorlog voeren (ww)	guerrear (vt)	[gɛʀeˈar]
temmen (bijv. wolf ~)	domesticar (vt)	[duməʃtiˈkar]

idool (het)	ídolo (m)	[ˈidulu]
aanbidden (ww)	adorar, venerar (vt)	[eduˈrar], [vənəˈrar]
bijgeloof (het)	superstição (f)	[supərʃtiˈsãu]
ritueel (het)	ritual (m)	[ʀituˈal]

evolutie (de)	evolução (f)	[evuluˈsãu]
ontwikkeling (de)	desenvolvimento (m)	[dəzẽvolviˈmẽtu]
verdwijning (de)	desaparecimento (m)	[dəzepərəsiˈmẽtu]
zich aanpassen (ww)	adaptar-se (vr)	[edepˈtarsə]

archeologie (de)	arqueologia (f)	[erkiuluˈʒie]
archeoloog (de)	arqueólogo (m)	[erˈkjolugu]
archeologisch (bn)	arqueológico	[erkiuˈloʒiku]

opgravingsplaats (de)	local (m) das escavações	[luˈkal deʃ əʃkeveˈsoɪʃ]
opgravingen (mv.)	escavações (f pl)	[əʃkeveˈsoɪʃ]
vondst (de)	achado (m)	[eˈʃadu]
fragment (het)	fragmento (m)	[fraˈgmẽtu]

158. Middeleeuwen

volk (het)	povo (m)	[ˈpovu]
volkeren (mv.)	povos (m pl)	[ˈpovuʃ]
stam (de)	tribo (f)	[ˈtribu]
stammen (mv.)	tribos (f pl)	[ˈtribuʃ]

barbaren (mv.)	bárbaros (m pl)	[ˈbarberuʃ]
Galliërs (mv.)	gauleses (m pl)	[gauˈlezəʃ]
Goten (mv.)	godos (m pl)	[ˈgoduʃ]
Slaven (mv.)	eslavos (m pl)	[əˈʒlavuʃ]
Vikings (mv.)	víquingues (m pl)	[ˈvikĩgəs]

| Romeinen (mv.) | romanos (m pl) | [ʀuˈmenuʃ] |
| Romeins (bn) | romano | [ʀuˈmenu] |

Byzantijnen (mv.)	bizantinos (m pl)	[bizãˈtinuʃ]
Byzantium (het)	Bizâncio	[biˈzãsiu]
Byzantijns (bn)	bizantino	[bizãˈtinu]
keizer (bijv. Romeinse ~)	imperador (m)	[ĩpəreˈdor]

opperhoofd (het)	líder (m)	['lidɛɾ]
machtig (bn)	poderoso	[pudə'rozu]
koning (de)	rei (m)	[ʀɐj]
heerser (de)	governante (m)	[guvər'nãtə]

ridder (de)	cavaleiro (m)	[kɐvɐ'lɐjru]
feodaal (de)	senhor feudal (m)	[sə'ɲor feu'dal]
feodaal (bn)	feudal	[feu'dal]
vazal (de)	vassalo (m)	[vɐ'salu]

hertog (de)	duque (m)	['dukə]
graaf (de)	conde (m)	['kõdə]
baron (de)	barão (m)	[bɐ'rãu]
bisschop (de)	bispo (m)	['biʃpu]

harnas (het)	armadura (f)	[ɐɾmɐ'durɐ]
schild (het)	escudo (m)	[ə'ʃkudu]
zwaard (het)	espada (f)	[ə'ʃpadɐ]
vizier (het)	viseira (f)	[vi'zɐjrɐ]
maliënkolder (de)	cota (f) de malha	['kɔtɐ də 'maʎɐ]

kruistocht (de)	cruzada (f)	[kru'zadɐ]
kruisvaarder (de)	cruzado (m)	[kru'zadu]

gebied (bijv. bezette ~en)	território (m)	[tɐʀi'tɔriu]
aanvallen (binnenvallen)	atacar (vt)	[ɐtɐ'kaɾ]
veroveren (ww)	conquistar (vt)	[kõki'ʃtaɾ]
innemen (binnenvallen)	ocupar, invadir (vt)	[ɔku'paɾ], [ĩva'diɾ]

bezetting (de)	assédio, sítio (m)	[ɐ'sɛdiu], ['sitiu]
belegerd (bn)	sitiado	[si'tjadu]
belegeren (ww)	assediar, sitiar (vt)	[ɐsə'djaɾ], [si'tjaɾ]

inquisitie (de)	inquisição (f)	[ĩkizi'sãu]
inquisiteur (de)	inquisidor (m)	[ĩkizi'dor]
foltering (de)	tortura (f)	[tur'turɐ]
wreed (bn)	cruel	[kru'ɛl]
ketter (de)	herege (m)	[e'rɛʒə]
ketterij (de)	heresia (f)	[erə'ziɐ]

zeevaart (de)	navegação (f) marítima	[nɐvəgɐ'sãu mɐ'ritimɐ]
piraat (de)	pirata (m)	[pi'ratɐ]
piraterij (de)	pirataria (f)	[pirɐtɐ'riɐ]
enteren (het)	abordagem (f)	[ɐbur'daʒɐ̃j]

buit (de)	presa (f), butim (m)	['prezɐ], [bu'tĩ]
schatten (mv.)	tesouros (m pl)	[tə'zoruʃ]

ontdekking (de)	descobrimento (m)	[dəʃkubri'mẽtu]
ontdekken (bijv. nieuw land)	descobrir (vt)	[dəʃku'brir]
expeditie (de)	expedição (f)	[əʃpədi'sãu]

musketier (de)	mosqueteiro (m)	[muʃkə'tɐjru]
kardinaal (de)	cardeal (m)	[kɐɾ'djal]
heraldiek (de)	heráldica (f)	[e'raldikɐ]
heraldisch (bn)	heráldico	[e'raldiku]

159. Leider. Baas. Autoriteiten

koning (de)	rei (m)	[ʀej]
koningin (de)	rainha (f)	[ʀɐ'iɲɐ]
koninklijk (bn)	real	[ʀɐ'al]
koninkrijk (het)	reino (m)	['ʀejnu]
prins (de)	príncipe (m)	['prĩsipə]
prinses (de)	princesa (f)	[prĩ'sezɐ]
president (de)	presidente (m)	[prəzi'dẽtə]
vicepresident (de)	vice-presidente (m)	['visə prəzi'dẽtə]
senator (de)	senador (m)	[sɐnɐ'dor]
monarch (de)	monarca (m)	[mu'narkɐ]
heerser (de)	governante (m)	[guvər'nãtə]
dictator (de)	ditador (m)	[ditɐ'dor]
tiran (de)	tirano (m)	[ti'rɐnu]
magnaat (de)	magnata (m)	[mɐ'gnatɐ]
directeur (de)	diretor (m)	[dirɛ'tor]
chef (de)	chefe (m)	['ʃɛfə]
beheerder (de)	dirigente (m)	[diri'ʒẽtə]
baas (de)	patrão (m)	[pɐ'trãu]
eigenaar (de)	dono (m)	['donu]
hoofd	chefe (m)	['ʃɛfə]
(bijv. ~ van de delegatie)		
autoriteiten (mv.)	autoridades (f pl)	[auturi'dadəʃ]
superieuren (mv.)	superiores (m pl)	[supə'rjorəʃ]
gouverneur (de)	governador (m)	[guvərnɐ'dor]
consul (de)	cônsul (m)	['kõsul]
diplomaat (de)	diplomata (m)	[diplu'matɐ]
burgemeester (de)	Presidente (m) da Câmara	[prəzi'dẽtə dɐ 'kɐmɐrɐ]
sheriff (de)	xerife (m)	[ʃɛ'rifə]
keizer (bijv. Romeinse ~)	imperador (m)	[ĩpɐrɐ'dor]
tsaar (de)	czar (m)	['kzar]
farao (de)	faraó (m)	[fɐrɐ'ɔ]
kan (de)	cã (m)	['kã]

160. De wet overtreden. Criminelen. Deel 1

bandiet (de)	bandido (m)	[bã'didu]
misdaad (de)	crime (m)	['krimə]
misdadiger (de)	criminoso (m)	[krimi'nozu]
dief (de)	ladrão (m)	[lɐ'drãu]
stelen (ww)	roubar (vt)	[ʀo'bar]
stelen (de)	furto (m)	['furtu]
diefstal (de)	furto (m)	['furtu]
kidnappen (ww)	raptar (vt)	[ʀɐp'tar]

kidnapping (de)	rapto (m)	['ʀaptu]
kidnapper (de)	raptor (m)	[ʀap'tor]

losgeld (het)	resgate (m)	[ʀəʒ'gatə]
eisen losgeld (ww)	pedir resgate	[pə'dir ʀəʒ'gatə]

overvallen (ww)	roubar (vt)	[ʀo'bar]
overval (de)	assalto, roubo (m)	[ɐ'saltu], ['ʀobu]
overvaller (de)	assaltante (m)	[ɐsal'tãtə]

afpersen (ww)	extorquir (vt)	[əʃtur'kir]
afperser (de)	extorsionário (m)	[əʃtursiu'nariu]
afpersing (de)	extorsão (f)	[əʃtur'sãu]

vermoorden (ww)	matar, assassinar (vt)	[mɐ'tar], [ɐsɐsi'nar]
moord (de)	homicídio (m)	[ɔmi'sidiu]
moordenaar (de)	homicida, assassino (m)	[ɔmi'sidɐ], [ɐsɐ'sinu]

schot (het)	tiro (m)	['tiru]
een schot lossen	dar um tiro	[dar ũ 'tiru]
neerschieten (ww)	matar a tiro	[mɐ'tar ɐ 'tiru]
schieten (ww)	atirar, disparar (vi)	[ɐti'rar], [diʃpɐ'rar]
schieten (het)	tiroteio (m)	[tiru'tɐju]

ongeluk (gevecht, enz.)	incidente (m)	[ĩsid'ẽtə]
gevecht (het)	briga (f)	['brigɐ]
Help!	Socorro!	[su'koʀu]
slachtoffer (het)	vítima (f)	['vitimɐ]

beschadigen (ww)	danificar (vt)	[dɐnifi'kar]
schade (de)	dano (m)	['dɐnu]
lijk (het)	cadáver (m)	[kɐ'davɛr]
zwaar (~ misdrijf)	grave	['gravə]

aanvallen (ww)	atacar (vt)	[ɐtɐ'kar]
slaan (iemand ~)	bater (vt)	[bɐ'ter]
in elkaar slaan (toetakelen)	espancar (vt)	[əʃpã'kar]
ontnemen (beroven)	tirar (vt)	[ti'rar]
steken (met een mes)	esfaquear (vt)	[əʃfɐ'kjar]
verminken (ww)	mutilar (vt)	[muti'lar]
verwonden (ww)	ferir (vt)	[fə'rir]

chantage (de)	chantagem (f)	[ʃã'taʒẽ']
chanteren (ww)	chantagear (vt)	[ʃãtɐ'ʒjar]
chanteur (de)	chantagista (m)	[ʃãtɐ'ʒiʃtə]

afpersing (de)	extorsão (f)	[əʃtur'sãu]
afperser (de)	extorsionário (m)	[əʃtursiu'nariu]
gangster (de)	gângster (m)	['gãgʃtɛr]
maffia (de)	máfia (f)	['mafiɐ]

kruimeldief (de)	carteirista (m)	[kɐrtɐj'riʃtə]
inbreker (de)	assaltante, ladrão (m)	[ɐsal'tãtə], [lɐ'drãu]
smokkelen (het)	contrabando (m)	[kõtrɐ'bãdu]
smokkelaar (de)	contrabandista (m)	[kõtrɐbã'diʃtə]
namaak (de)	falsificação (f)	[falsifikɐ'sãu]

| namaken (ww) | falsificar (vt) | [falsifi'kar] |
| namaak-, vals (bn) | falsificado | [falsifi'kadu] |

161. De wet overtreden. Criminelen. Deel 2

verkrachting (de)	violação (f)	[viuɪe'sãu]
verkrachten (ww)	violar (vt)	[viu'lar]
verkrachter (de)	violador (m)	[viuɪe'dor]
maniak (de)	maníaco (m)	[mɐ'niɐku]

prostituee (de)	prostituta (f)	[pruʃti'tute]
prostitutie (de)	prostituição (f)	[pruʃtitui'sãu]
pooier (de)	chulo (m)	['ʃulu]

| drugsverslaafde (de) | toxicodependente (m) | [tɔksiku·dɐpẽ'dẽtə] |
| drugshandelaar (de) | traficante (m) | [trɐfi'kãtə] |

opblazen (ww)	explodir (vt)	[əʃplu'dir]
explosie (de)	explosão (f)	[əʃplu'zãu]
in brand steken (ww)	incendiar (vt)	[ĩsẽ'djar]
brandstichter (de)	incendiário (m)	[ĩsẽ'djariu]

terrorisme (het)	terrorismo (m)	[tɐʀu'riʒmu]
terrorist (de)	terrorista (m)	[tɐʀu'riʃte]
gijzelaar (de)	refém (m)	[ʀɐ'fẽⁱ]

bedriegen (ww)	enganar (vt)	[ẽgɐ'nar]
bedrog (het)	engano (m)	[ẽ'gɐnu]
oplichter (de)	vigarista (m)	[vigɐ'riʃte]

omkopen (ww)	subornar (vt)	[subur'nar]
omkoperij (de)	suborno (m)	[su'bornu]
smeergeld (het)	suborno (m)	[su'bornu]

vergif (het)	veneno (m)	[vɐ'nenu]
vergiftigen (ww)	envenenar (vt)	[ẽvɐnɐ'nar]
vergif innemen (ww)	envenenar-se (vr)	[ẽvɐnɐ'narsə]

| zelfmoord (de) | suicídio (m) | [sui'sidiu] |
| zelfmoordenaar (de) | suicida (m) | [sui'side] |

bedreigen (bijv. met een pistool)	ameaçar (vt)	[ɐmiɐ'sar]
bedreiging (de)	ameaça (f)	[ɐ'mjase]
een aanslag plegen	atentar contra a vida de ...	[etẽ'tar 'kõtrɐ ɐ 'vide də]
aanslag (de)	atentado (m)	[etẽ'tadu]

| stelen (een auto) | roubar (vt) | [ʀo'bar] |
| kapen (een vliegtuig) | desviar (vt) | [də'ʒvjar] |

wraak (de)	vingança (f)	[vĩ'gãse]
wreken (ww)	vingar (vt)	[vĩ'gar]
martelen (gevangenen)	torturar (vt)	[turtu'rar]
foltering (de)	tortura (f)	[tur'ture]

folteren (ww)	atormentar (vt)	[eturmẽ'tar]
piraat (de)	pirata (m)	[pi'ratɐ]
straatschender (de)	desordeiro (m)	[dəzɔr'dejru]
gewapend (bn)	armado	[ɐr'madu]
geweld (het)	violência (f)	[viu'lẽsiɐ]
onwettig (strafbaar)	ilegal	[ilə'gal]

spionage (de)	espionagem (f)	[əʃpiu'naʒẽ]
spioneren (ww)	espionar (vi)	[əʃpiu'nar]

162. Politie. Wet. Deel 1

justitie (de)	justiça (f)	[ʒu'ʃtisɐ]
gerechtshof (het)	tribunal (m)	[tribu'nal]

rechter (de)	juiz (m)	[ʒu'iʃ]
jury (de)	jurados (m pl)	[ʒu'raduʃ]
juryrechtspraak (de)	tribunal (m) do júri	[tribu'nal du 'ʒuri]
berechten (ww)	julgar (vt)	[ʒu'lgar]

advocaat (de)	advogado (m)	[edvu'gadu]
beklaagde (de)	réu (m)	['ʀɛu]
beklaagdenbank (de)	banco (m) dos réus	['bãku duʃ 'ʀɛuʃ]

beschuldiging (de)	acusação (f)	[ɐkuzɐ'sãu]
beschuldigde (de)	acusado (m)	[ɐku'zadu]

vonnis (het)	sentença (f)	[sẽ'tẽsɐ]
veroordelen	sentenciar (vt)	[sẽtẽ'sjar]
(in een rechtszaak)		

schuldige (de)	culpado (m)	[kul'padu]
straffen (ww)	punir (vt)	[pu'nir]
bestraffing (de)	punição (f)	[puni'sãu]

boete (de)	multa (f)	['multɐ]
levenslange opsluiting (de)	prisão (f) perpétua	[pri'zãu pər'pɛtuɐ]
doodstraf (de)	pena (f) de morte	['penɐ də 'mɔrtɐ]
elektrische stoel (de)	cadeira (f) elétrica	[kɐ'dejrɐ e'lɛtrikɐ]
schavot (het)	forca (f)	['forkɐ]

executeren (ww)	executar (vt)	[ezəku'tar]
executie (de)	execução (f)	[ezəku'sãu]

gevangenis (de)	prisão (f)	[pri'zãu]
cel (de)	cela (f) de prisão	['sɛlɐ də pri'zãu]

konvooi (het)	escolta (f)	[ə'ʃkɔltɐ]
gevangenisbewaker (de)	guarda (m) prisional	[gu'ardɐ priziu'nal]
gedetineerde (de)	preso (m)	['prezu]

handboeien (mv.)	algemas (f pl)	[al'ʒemɐʃ]
handboeien omdoen	algemar (vt)	[alʒə'mar]
ontsnapping (de)	fuga, evasão (f)	['fugɐ], [evɐ'zãu]

ontsnappen (ww)	fugir (vi)	[fu'ʒir]
verdwijnen (ww)	desaparecer (vi)	[dəzepərə'ser]
vrijlaten (uit de gevangenis)	soltar, libertar (vt)	[sol'tar], [libər'tar]
amnestie (de)	amnistia (f)	[emni'ʃtiɐ]

politie (de)	polícia (f)	[pu'lisiɐ]
politieagent (de)	polícia (m)	[pu'lisiɐ]
politiebureau (het)	esquadra (f) de polícia	[əʃku'adrɐ də pu'lisiɐ]
knuppel (de)	cassetete (m)	[kasə'tetə]
megafoon (de)	megafone (m)	[mɛgɐ'fonə]

patrouilleerwagen (de)	carro (m) de patrulha	['karu də pɐ'truʎɐ]
sirene (de)	sirene (f)	[si'rɛnə]
de sirene aansteken	ligar a sirene	[li'gar ɐ si'rɛnə]
geloei (het) van de sirene	toque (m) da sirene	['tɔkə də si'rɛnə]

plaats delict (de)	cena (f) do crime	['senɐ du 'krimə]
getuige (de)	testemunha (f)	[təʃtə'muɲɐ]
vrijheid (de)	liberdade (f)	[libər'dadə]
handlanger (de)	cúmplice (m)	['kũplisə]
ontvluchten (ww)	escapar (vi)	[əʃkɐ'par]
spoor (het)	traço (m)	['trasu]

163. Politie. Wet. Deel 2

opsporing (de)	procura (f)	[prɔ'kurɐ]
opsporen (ww)	procurar (vt)	[prɔku'rar]
verdenking (de)	suspeita (f)	[su'ʃpejtɐ]
verdacht (bn)	suspeito	[su'ʃpejtu]
aanhouden (stoppen)	parar (vt)	[pɐ'rar]
tegenhouden (ww)	deter (vt)	[də'ter]

strafzaak (de)	caso (m)	['kazu]
onderzoek (het)	investigação (f)	[ĩvəʃtigɐ'sãu]
detective (de)	detetive (m)	[dətɛ'tivə]
onderzoeksrechter (de)	investigador (m)	[ĩvəʃtigɐ'dor]
versie (de)	versão (f)	[vər'sãu]

motief (het)	motivo (m)	[mu'tivu]
verhoor (het)	interrogatório (m)	[ĩtɐrugɐ'tɔriu]
ondervragen (door de politie)	interrogar (vt)	[ĩtɐru'gar]
ondervragen (omstanders ~)	questionar (vt)	[kəʃtiu'nar]
controle (de)	verificação (f)	[vərifikɐ'sãu]

razzia (de)	batida (f) policial	[bɐ'tidɐ puli'sjal]
huiszoeking (de)	busca (f)	['buʃkɐ]
achtervolging (de)	perseguição (f)	[pərsəgi'sãu]
achtervolgen (ww)	perseguir (vt)	[pərsə'gir]
opsporen (ww)	seguir (vt)	[sə'gir]

arrest (het)	prisão (f)	[pri'zãu]
arresteren (ww)	prender (vt)	[prẽ'der]
vangen, aanhouden (een dief, enz.)	pegar, capturar (vt)	[pə'gar], [kaptu'rar]

aanhouding (de)	captura (f)	[kap'turɐ]
document (het)	documento (m)	[duku'mẽtu]
bewijs (het)	prova (f)	['prɔve]
bewijzen (ww)	provar (vt)	[pru'var]
voetspoor (het)	pegada (f)	[pɐ'gadɐ]
vingerafdrukken (mv.)	impressões (f pl) digitais	[ĩprɐ'soɪʃ diʒi'taɪʃ]
bewijs (het)	prova (f)	['prɔve]
alibi (het)	álibi (m)	['alibi]
onschuldig (bn)	inocente	[inu'sẽtə]
onrecht (het)	injustiça (f)	[ĩʒu'ʃtisɐ]
onrechtvaardig (bn)	injusto	[ĩ'ʒuʃtu]
crimineel (bn)	criminal	[krimi'nal]
confisqueren	confiscar (vt)	[kõfi'ʃkar]
(in beslag nemen)		
drug (de)	droga (f)	['drɔgɐ]
wapen (het)	arma (f)	['armɐ]
ontwapenen (ww)	desarmar (vt)	[dɐzɐr'mar]
bevelen (ww)	ordenar (vt)	[ɔrdɐ'nar]
verdwijnen (ww)	desaparecer (vi)	[dɐzɐpɐrɐ'ser]
wet (de)	lei (f)	[lɐj]
wettelijk (bn)	legal	[lɐ'gal]
onwettelijk (bn)	ilegal	[ilɐ'gal]
verantwoordelijkheid (de)	responsabilidade (f)	[Rɐʃpõsɐbili'dadə]
verantwoordelijk (bn)	responsável	[Rɐʃpõ'savɛl]

NATUUR

De Aarde. Deel 1

164. De kosmische ruimte

kosmos (de)	cosmos (m)	['kɔȝmuʃ]
kosmisch (bn)	cósmico	['kɔȝmiku]
kosmische ruimte (de)	espaço (m) cósmico	[ə'ʃpaṣu 'kɔȝmiku]
wereld (de)	mundo (m)	['mũdu]
heelal (het)	universo (m)	[uni'vɛrsu]
sterrenstelsel (het)	galáxia (f)	[gɐ'laksiɐ]
ster (de)	estrela (f)	[ə'ʃtrelɐ]
sterrenbeeld (het)	constelação (f)	[kõʃtɐle'sãu]
planeet (de)	planeta (m)	[plɐ'netɐ]
satelliet (de)	satélite (m)	[sɐ'tɛlitɐ]
meteoriet (de)	meteorito (m)	[mɐtiu'ritu]
komeet (de)	cometa (m)	[ku'metɐ]
asteroïde (de)	asteroide (m)	[ɐʃtɐ'rɔjdɐ]
baan (de)	órbita (f)	['ɔrbitɐ]
draaien (om de zon, enz.)	girar (vi)	[ȝi'rar]
atmosfeer (de)	atmosfera (f)	[etmu'ʃfɛrɐ]
Zon (de)	Sol (m)	[sɔl]
zonnestelsel (het)	Sistema (m) Solar	[si'ʃtemɐ su'lar]
zonsverduistering (de)	eclipse (m) solar	[ek'lipsɐ su'lar]
Aarde (de)	Terra (f)	['tɛʀɐ]
Maan (de)	Lua (f)	['luɐ]
Mars (de)	Marte (m)	['martɐ]
Venus (de)	Vénus (f)	['vɛnuʃ]
Jupiter (de)	Júpiter (m)	['ȝupitɛr]
Saturnus (de)	Saturno (m)	[sɐ'turnu]
Mercurius (de)	Mercúrio (m)	[mɐr'kuriu]
Uranus (de)	Urano (m)	[u'renu]
Neptunus (de)	Neptuno (m)	[nɛp'tunu]
Pluto (de)	Plutão (m)	[plu'tãu]
Melkweg (de)	Via Láctea (f)	['viɐ 'latiɐ]
Grote Beer (de)	Ursa Maior (f)	[ursɐ mɐ'jɔr]
Poolster (de)	Estrela Polar (f)	[ə'ʃtrelɐ pu'lar]
marsmannetje (het)	marciano (m)	[mɐr'sjɐnu]
buitenaards wezen (het)	extraterrestre (m)	[ɐʃtrɐtɐ'ʀɛʃtrɐ]

bovenaards (het)	alienígena (m)	[elie'niӡene]
vliegende schotel (de)	disco (m) voador	['diʃku vue'dor]
ruimtevaartuig (het)	nave (f) espacial	['nave eʃpe'sjal]
ruimtestation (het)	estação (f) orbital	[eʃte'sãu ɔrbi'tal]
start (de)	lançamento (m)	[lãse'mẽtu]
motor (de)	motor (m)	[mu'tor]
straalpijp (de)	bocal (m)	[bu'kal]
brandstof (de)	combustível (m)	[kõbu'ʃtivɛl]
cabine (de)	cabine (f)	[ke'bine]
antenne (de)	antena (f)	[ã'tene]
patrijspoort (de)	vigia (f)	[vi'ӡie]
zonnebatterij (de)	bateria (f) solar	[bete'rie su'lar]
ruimtepak (het)	traje (m) espacial	['traӡe eʃpe'sjal]
gewichtloosheid (de)	imponderabilidade (f)	[ĩpõderebili'dade]
zuurstof (de)	oxigénio (m)	[ɔksi'ӡɛniu]
koppeling (de)	acoplagem (f)	[eku'plaӡẽ͂ʲ]
koppeling maken	fazer uma acoplagem	[fe'zer 'ume eku'plaӡẽ͂ʲ]
observatorium (het)	observatório (m)	[ɔbserve'tɔriu]
telescoop (de)	telescópio (m)	[tele'ʃkɔpiu]
waarnemen (ww)	observar (vt)	[ɔbser'var]
exploreren (ww)	explorar (vt)	[eʃplu'rar]

165. De Aarde

Aarde (de)	Terra (f)	['tɛʀe]
aardbol (de)	globo (m) terrestre	['globu te'ʀɛʃtre]
planeet (de)	planeta (m)	[ple'nete]
atmosfeer (de)	atmosfera (f)	[etmu'ʃfɛre]
aardrijkskunde (de)	geografia (f)	[ӡiugre'fie]
natuur (de)	natureza (f)	[netu'reze]
wereldbol (de)	globo (m)	['globu]
kaart (de)	mapa (m)	['mape]
atlas (de)	atlas (m)	['atleʃ]
Europa (het)	Europa (f)	[eu'rɔpe]
Azië (het)	Ásia (f)	['azie]
Afrika (het)	África (f)	['afrike]
Australië (het)	Austrália (f)	[au'ʃtralie]
Amerika (het)	América (f)	[e'mɛrike]
Noord-Amerika (het)	América (f) do Norte	[e'mɛrike du 'nɔrte]
Zuid-Amerika (het)	América (f) do Sul	[e'mɛrike du sul]
Antarctica (het)	Antártida (f)	[ã'tartide]
Arctis (de)	Ártico (m)	['artiku]

166. Windrichtingen

noorden (het)	norte (m)	['nɔrtə]
naar het noorden	para norte	['pɐɐ 'nɔrtə]
in het noorden	no norte	[nu 'nɔrtə]
noordelijk (bn)	do norte	[du 'nɔrtə]

zuiden (het)	sul (m)	[sul]
naar het zuiden	para sul	['pɐɐ sul]
in het zuiden	no sul	[nu sul]
zuidelijk (bn)	do sul	[du sul]

westen (het)	oeste, ocidente (m)	[ɔ'ɛʃtə], [ɔsi'dẽtə]
naar het westen	para oeste	['pɐɐ ɔ'ɛʃtə]
in het westen	no oeste	[nu ɔ'ɛʃtə]
westelijk (bn)	ocidental	[ɔsidẽ'tal]

oosten (het)	leste, oriente (m)	['lɛʃtə], [ɔ'rjẽtə]
naar het oosten	para leste	['pɐɐ 'lɛʃtə]
in het oosten	no leste	[nu 'lɛʃtə]
oostelijk (bn)	oriental	[ɔriẽ'tal]

167. Zee. Oceaan

zee (de)	mar (m)	[mar]
oceaan (de)	oceano (m)	[ɔ'sjɐnu]
golf (baai)	golfo (m)	['golfu]
straat (de)	estreito (m)	[ə'ʃtrejtu]

grond (vaste grond)	terra (f) firme	['tɛʀɐ 'firmə]
continent (het)	continente (m)	[kõti'nẽtə]
eiland (het)	ilha (f)	['iʎɐ]
schiereiland (het)	península (f)	[pə'nĩsulɐ]
archipel (de)	arquipélago (m)	[ɐrki'pɛlegu]

baai, bocht (de)	baía (f)	[bɐ'iɐ]
haven (de)	porto (m)	['portu]
lagune (de)	lagoa (f)	[lɐ'goɐ]
kaap (de)	cabo (m)	['kabu]

atol (de)	atol (m)	[ɐ'tɔl]
rif (het)	recife (m)	[ʀə'sifə]
koraal (het)	coral (m)	[ku'ral]
koraalrif (het)	recife (m) de coral	[ʀə'sifə də ku'ral]

diep (bn)	profundo	[pru'fũdu]
diepte (de)	profundidade (f)	[prufũdi'dadə]
diepzee (de)	abismo (m)	[ɐ'biʒmu]
trog (bijv. Marianentrog)	fossa (f) oceânica	['fɔsɐ ɔ'sjɐnikɐ]

stroming (de)	corrente (f)	[ku'ʀẽtə]
omspoelen (ww)	banhar (vt)	[bɐ'ɲar]
oever (de)	litoral (m)	[litu'ral]

kust (de)	costa (f)	['kɔʃtɐ]
vloed (de)	maré (f) alta	[mɐ'rɛ 'altɐ]
eb (de)	refluxo (m), maré (f) baixa	[ʀə'fluksu], [mɐ'rɛ 'baɪʃɐ]
ondiepte (ondiep water)	restinga (f)	[ʀə'ʃtĩgɐ]
bodem (de)	fundo (m)	['fũdu]

golf (hoge ~)	onda (f)	['õdɐ]
golfkam (de)	crista (f) da onda	['kriʃtɐ dɐ 'õdɐ]
schuim (het)	espuma (f)	[ə'ʃpumɐ]

storm (de)	tempestade (f)	[tẽpɐ'ʃtadə]
orkaan (de)	furacão (m)	[furɐ'kãu]
tsunami (de)	tsunami (m)	[tsu'nɐmi]
windstilte (de)	calmaria (f)	[kalmɐ'riɐ]
kalm (bijv. ~e zee)	calmo	['kalmu]

| pool (de) | polo (m) | ['pɔlu] |
| polair (bn) | polar | [pu'lar] |

breedtegraad (de)	latitude (f)	[lɛti'tudə]
lengtegraad (de)	longitude (f)	[lõʒi'tudə]
parallel (de)	paralela (f)	[pɐrɐ'lɛlɐ]
evenaar (de)	equador (m)	[ekwɐ'dor]

hemel (de)	céu (m)	['sɛu]
horizon (de)	horizonte (m)	[ɔri'zõtə]
lucht (de)	ar (m)	[ar]

vuurtoren (de)	farol (m)	[fɐ'rɔl]
duiken (ww)	mergulhar (vi)	[mərgu'ʎar]
zinken (ov. een boot)	afundar-se (vr)	[ɐfũ'darsə]
schatten (mv.)	tesouros (m pl)	[tə'zoruʃ]

168. Bergen

berg (de)	montanha (f)	[mõ'tɐɲɐ]
bergketen (de)	cordilheira (f)	[kurdi'ʎejrɐ]
gebergte (het)	serra (f)	['sɛʀɐ]

bergtop (de)	cume (m)	['kumə]
bergpiek (de)	pico (m)	['piku]
voet (ov. de berg)	sopé (m)	[su'pɛ]
helling (de)	declive (m)	[dək'livə]

vulkaan (de)	vulcão (m)	[vu'lkãu]
actieve vulkaan (de)	vulcão (m) ativo	[vu'lkãu a'tivu]
uitgedoofde vulkaan (de)	vulcão (m) extinto	[vu'lkãu ə'ʃtĩtu]

uitbarsting (de)	erupção (f)	[erup'sãu]
krater (de)	cratera (f)	[krɐ'tɛrɐ]
magma (het)	magma (m)	['magmɐ]
lava (de)	lava (f)	['lavɐ]
gloeiend (~e lava)	fundido	[fũ'didu]
kloof (canyon)	desfiladeiro (m)	[dəʃfilɐ'dejru]

bergkloof (de)	garganta (f)	[ger'gãtɐ]
spleet (de)	fenda (f)	['fẽdɐ]
afgrond (de)	precipício (m)	[prəsi'pisiu]

bergpas (de)	passo, colo (m)	['pasu], ['kɔlu]
plateau (het)	planalto (m)	[plɐ'naltu]
klip (de)	falésia (f)	[fe'lɛziɐ]
heuvel (de)	colina (f)	[ku'linɐ]

gletsjer (de)	glaciar (m)	[glɐ'sjar]
waterval (de)	queda (f) d'água	['kɛdɐ 'daguɐ]
geiser (de)	géiser (m)	['ʒɛjzɛr]
meer (het)	lago (m)	['lagu]

vlakte (de)	planície (f)	[plɐ'nisiɐ]
landschap (het)	paisagem (f)	[paj'zaʒẽj]
echo (de)	eco (m)	['ɛku]

alpinist (de)	alpinista (m)	[alpi'niʃtɐ]
bergbeklimmer (de)	escalador (m)	[əʃkɐlɐ'dor]
trotseren (berg ~)	conquistar (vt)	[kõki'ʃtar]
beklimming (de)	subida, escalada (f)	[su'bidɐ], [əʃkɐ'ladɐ]

169. Rivieren

rivier (de)	rio (m)	['ʀiu]
bron (~ van een rivier)	fonte, nascente (f)	['fõtɐ], [nɐ'ʃsẽtɐ]
rivierbedding (de)	leito (m) do rio	['lɐjtu du 'ʀiu]
rivierbekken (het)	bacia (f)	[bɐ'siɐ]
uitmonden in ...	desaguar no ...	[dəzagu'ar nu]

| zijrivier (de) | afluente (m) | [ɐflu'ẽtɐ] |
| oever (de) | margem (f) | ['marʒẽj] |

stroming (de)	corrente (f)	[ku'ʀẽtɐ]
stroomafwaarts (bw)	rio abaixo	['ʀiu ɐ'bajʃu]
stroomopwaarts (bw)	rio acima	['ʀiu ɐ'simɐ]

overstroming (de)	inundação (f)	[inũdɐ'sãu]
overstroming (de)	cheia (f)	['ʃɐjɐ]
buiten zijn oevers treden	transbordar (vi)	[trãʒbur'dar]
overstromen (ww)	inundar (vt)	[inũ'dar]

| zandbank (de) | banco (m) de areia | ['bãku dɐ ɐ'ʀɐjɐ] |
| stroomversnelling (de) | rápidos (m pl) | ['ʀapiduʃ] |

dam (de)	barragem (f)	[bɐ'ʀaʒẽj]
kanaal (het)	canal (m)	[kɐ'nal]
spaarbekken (het)	reservatório (m) de água	[ʀəzɐrvɐ'tɔriu dɐ 'aguɐ]
sluis (de)	eclusa (f)	[ə'kluzɐ]

waterlichaam (het)	corpo (m) de água	['korpu dɐ 'aguɐ]
moeras (het)	pântano (m)	['pãtɐnu]
broek (het)	tremedal (m)	[trəmə'dal]

draaikolk (de)	remoinho (m)	[ʀəmu'iɲu]
stroom (de)	arroio, regato (m)	[ɐ'ʀoju], [ʀə'gatu]
drink- (abn)	potável	[pu'tavɛl]
zoet (~ water)	doce	['dosə]

ijs (het)	gelo (m)	['ʒelu]
bevriezen (rivier, enz.)	congelar-se (vr)	[kõʒə'larsə]

170. Bos

bos (het)	floresta (f), bosque (m)	[flu'ʀɛʃtɐ], ['bɔʃkə]
bos- (abn)	florestal	[fluʀə'ʃtal]

oerwoud (dicht bos)	mata (f) cerrada	['matɐ sə'ʀadɐ]
bosje (klein bos)	arvoredo (m)	[ɐrvu'redu]
open plek (de)	clareira (f)	[klɐ'rejrɐ]

struikgewas (het)	matagal (m)	[mɐtɐ'gal]
struiken (mv.)	mato (m)	['matu]

paadje (het)	vereda (f)	[və'redɐ]
ravijn (het)	ravina (f)	[ʀɐ'vinɐ]

boom (de)	árvore (f)	['arvurə]
blad (het)	folha (f)	['foʎɐ]
gebladerte (het)	folhagem (f)	[fu'ʎaʒẽj]

vallende bladeren (mv.)	queda (f) das folhas	['kɛdɐ deʃ 'foʎɐʃ]
vallen (ov. de bladeren)	cair (vi)	[kɐ'ir]
boomtop (de)	topo (m)	['topu]

tak (de)	ramo (m)	['ʀɐmu]
ent (de)	galho (m)	['gaʎu]
knop (de)	botão, rebento (m)	[bu'tãu], [ʀə'bẽtu]
naald (de)	agulha (f)	[ɐ'guʎɐ]
dennenappel (de)	pinha (f)	['piɲɐ]

boom holte (de)	buraco (m) de árvore	[bu'raku də 'arvurə]
nest (het)	ninho (m)	['niɲu]
hol (het)	toca (f)	['tɔkɐ]

stam (de)	tronco (m)	['trõku]
wortel (bijv. boom~s)	raiz (f)	[ʀɐ'iʃ]
schors (de)	casca (f) de árvore	['kaʃkɐ də 'arvurə]
mos (het)	musgo (m)	['muʒgu]

ontwortelen (een boom)	arrancar pela raiz	[ɐʀã'kar 'pelɐ ʀɐ'iʃ]
kappen (een boom ~)	cortar (vt)	[kur'tar]
ontbossen (ww)	desflorestar (vt)	[dəʃfluʀə'ʃtar]
stronk (de)	toco, cepo (m)	['tɔku], ['sepu]

kampvuur (het)	fogueira (f)	[fu'gejrɐ]
bosbrand (de)	incêndio (m) florestal	[ĩ'sẽdiu fluʀə'ʃtal]
blussen (ww)	apagar (vt)	[ɐpɐ'gar]

boswachter (de)	guarda-florestal (m)	[gu'ardɐ flurə'ʃtal]
bescherming (de)	proteção (f)	[prutɛ'sãu]
beschermen	proteger (vt)	[prutə'ʒer]
(bijv. de natuur ~)		
stroper (de)	caçador (m) furtivo	[kɐsɐ'dor fur'tivu]
val (de)	armadilha (f)	[ɐrmɐ'diʎɐ]

| plukken (vruchten, enz.) | colher (vt) | [ku'ʎɛr] |
| verdwalen (de weg kwijt zijn) | perder-se (vr) | [pər'dersə] |

171. Natuurlijke hulpbronnen

natuurlijke rijkdommen (mv.)	recursos (m pl) naturais	[ʀə'kursuʃ nɐtu'raiʃ]
delfstoffen (mv.)	minerais (m pl)	[minə'raiʃ]
lagen (mv.)	depósitos (m pl)	[də'pɔzituʃ]
veld (bijv. olie~)	jazida (f)	[ʒɐ'zidɐ]

winnen (uit erts ~)	extrair (vt)	[əʃtrɐ'ir]
winning (de)	extração (f)	[əʃtra'sãu]
erts (het)	minério (m)	[mi'nɛriu]
mijn (bijv. kolenmijn)	mina (f)	['minɐ]
mijnschacht (de)	poço (m) de mina	['posu də 'minɐ]
mijnwerker (de)	mineiro (m)	[mi'nɐjru]

gas (het)	gás (m)	[gaʃ]
gasleiding (de)	gasoduto (m)	[gazɔ'dutu]
olie (aardolie)	petróleo (m)	[pə'trɔliu]
olieleiding (de)	oleoduto (m)	[ɔliu'dutu]
oliebron (de)	poço (m) de petróleo	['posu də pə'trɔliu]
boortoren (de)	torre (f) petrolífera	['torɐ pətru'lifərɐ]
tanker (de)	petroleiro (m)	[pətru'lɐjru]

zand (het)	areia (f)	[ɐ'rɐjɐ]
kalksteen (de)	calcário (m)	[kal'kariu]
grind (het)	cascalho (m)	[kɐ'ʃkaʎu]
veen (het)	turfa (f)	['turfɐ]
klei (de)	argila (f)	[ɐr'ʒilɐ]
steenkool (de)	carvão (m)	[kɐr'vãu]

ijzer (het)	ferro (m)	['fɛʀu]
goud (het)	ouro (m)	['oru]
zilver (het)	prata (f)	['pratɐ]
nikkel (het)	níquel (m)	['nikɛl]
koper (het)	cobre (m)	['kɔbrə]

zink (het)	zinco (m)	['zĩku]
mangaan (het)	manganês (m)	[mãgɐ'neʃ]
kwik (het)	mercúrio (m)	[mər'kuriu]
lood (het)	chumbo (m)	['ʃũbu]

mineraal (het)	mineral (m)	[minə'ral]
kristal (het)	cristal (m)	[kri'ʃtal]
marmer (het)	mármore (m)	['marmurə]
uraan (het)	urânio (m)	[u'rɐniu]

De Aarde. Deel 2

172. Weer

weer (het)	tempo (m)	['tẽpu]
weersvoorspelling (de)	previsão (f) do tempo	[prɐvi'zãu du 'tẽpu]
temperatuur (de)	temperatura (f)	[tẽpɐrɐ'turɐ]
thermometer (de)	termómetro (m)	[tɐr'mɔmɐtru]
barometer (de)	barómetro (m)	[bɐ'rɔmɐtru]
vochtig (bn)	húmido	['umidu]
vochtigheid (de)	humidade (f)	[umi'dadɐ]
hitte (de)	calor (m)	[kɐ'lor]
heet (bn)	cálido	['kalidu]
het is heet	está muito calor	[ə'ʃta 'mũjtu kɐ'lor]
het is warm	está calor	[ə'ʃta kɐ'lor]
warm (bn)	quente	['kẽtɐ]
het is koud	está frio	[ə'ʃta 'friu]
koud (bn)	frio	['friu]
zon (de)	sol (m)	[sɔl]
schijnen (de zon)	brilhar (vi)	[bri'ʎar]
zonnig (~e dag)	de sol, ensolarado	[də sɔl], [ẽsulɐ'radu]
opgaan (ov. de zon)	nascer (vi)	[nɐ'ʃser]
ondergaan (ww)	pôr-se (vr)	['porsə]
wolk (de)	nuvem (f)	['nuvẽj]
bewolkt (bn)	nublado	[nu'bladu]
regenwolk (de)	nuvem (f) preta	['nuvẽj 'pretɐ]
somber (bn)	escuro, cinzento	[ə'ʃkuru], [sĩ'zẽtu]
regen (de)	chuva (f)	['ʃuvɐ]
het regent	está a chover	[ə'ʃta ɐ ʃu'ver]
regenachtig (bn)	chuvoso	[ʃu'vozu]
motregenen (ww)	chuviscar (vi)	[ʃuvi'ʃkar]
plensbui (de)	chuva (f) torrencial	['ʃuvɐ tuRẽ'sjal]
stortbui (de)	chuvada (f)	[ʃu'vadɐ]
hard (bn)	forte	['fɔrtɐ]
plas (de)	poça (f)	['pɔsɐ]
nat worden (ww)	molhar-se (vr)	[mu'ʎarsɐ]
mist (de)	nevoeiro (m)	[nɐvu'ejru]
mistig (bn)	de nevoeiro	[də nɐvu'ejru]
sneeuw (de)	neve (f)	['nɛvɐ]
het sneeuwt	está a nevar	[ə'ʃta ɐ nɛ'var]

173. Zwaar weer. Natuurrampen

noodweer (storm)	trovoada (f)	[truvu'adɐ]
bliksem (de)	relâmpago (m)	[ʀə'lãpɐgu]
flitsen (ww)	relampejar (vi)	[ʀəlãpə'ʒar]
donder (de)	trovão (m)	[tru'vãu]
donderen (ww)	trovejar (vi)	[truvə'ʒar]
het dondert	está a trovejar	[ə'ʃta ɐ truvə'ʒar]
hagel (de)	granizo (m)	[grɐ'nizu]
het hagelt	está a cair granizo	[ə'ʃta ɐ kɐ'ir grɐ'nizu]
overstromen (ww)	inundar (vt)	[inũ'dar]
overstroming (de)	inundação (f)	[inũdɐ'sãu]
aardbeving (de)	terremoto (m)	[tɐʀə'mɔtu]
aardschok (de)	abalo, tremor (m)	[ɐ'balu], [trɐ'mor]
epicentrum (het)	epicentro (m)	[epi'sɛtru]
uitbarsting (de)	erupção (f)	[erup'sãu]
lava (de)	lava (f)	['lavɐ]
wervelwind (de)	turbilhão (m)	[turbi'ʎãu]
windhoos (de)	tornado (m)	[tur'nadu]
tyfoon (de)	tufão (m)	[tu'fãu]
orkaan (de)	furacão (m)	[furɐ'kãu]
storm (de)	tempestade (f)	[tɐ̃pə'ʃtadə]
tsunami (de)	tsunami (m)	[tsu'nɐmi]
cycloon (de)	ciclone (m)	[sik'lɔnə]
onweer (het)	mau tempo (m)	['mau 'tɐ̃pu]
brand (de)	incêndio (m)	[ĩ'sɛ̃diu]
ramp (de)	catástrofe (f)	[kɐ'taʃtrufə]
meteoriet (de)	meteorito (m)	[mətiu'ritu]
lawine (de)	avalanche (f)	[ɐvɐ'lãʃə]
sneeuwverschuiving (de)	deslizamento (m) de neve	[dəʒlize'mɛ̃tu də 'nɛvə]
sneeuwjacht (de)	nevasca (f)	[nə'vaʃkɐ]
sneeuwstorm (de)	tempestade (f) de neve	[tɐ̃pə'ʃtadə də 'nɛvə]

Fauna

174. Zoogdieren. Roofdieren

roofdier (het)	predador (m)	[prəde'dor]
tijger (de)	tigre (m)	['tigrə]
leeuw (de)	leão (m)	['ljãu]
wolf (de)	lobo (m)	['lobu]
vos (de)	raposa (f)	[ʀɐ'pozɐ]
jaguar (de)	jaguar (m)	[ʒɐgu'ar]
luipaard (de)	leopardo (m)	[liu'pardu]
jachtluipaard (de)	chita (f)	['ʃitɐ]
panter (de)	pantera (f)	[pã'terɐ]
poema (de)	puma (m)	['pumɐ]
sneeuwluipaard (de)	leopardo-das-neves (m)	[liu'pardu deʒ 'nɛvəʃ]
lynx (de)	lince (m)	['lĩsə]
coyote (de)	coiote (m)	[ko'jɔtə]
jakhals (de)	chacal (m)	[ʃɐ'kal]
hyena (de)	hiena (f)	['jenɐ]

175. Wilde dieren

dier (het)	animal (m)	[ɛni'mal]
beest (het)	besta (f)	['beʃtə]
eekhoorn (de)	esquilo (m)	[ə'ʃkilu]
egel (de)	ouriço (m)	[o'risu]
haas (de)	lebre (f)	['lɛbrə]
konijn (het)	coelho (m)	[ku'eʎu]
das (de)	texugo (m)	[tɛ'ksugu]
wasbeer (de)	guaxinim (m)	[guaksi'nĩ]
hamster (de)	hamster (m)	['emstɐr]
marmot (de)	marmota (f)	[mɐr'mɔtɐ]
mol (de)	toupeira (f)	[to'pejrɐ]
muis (de)	rato (m)	['ʀatu]
rat (de)	ratazana (f)	[ʀɐtɐ'zɐnɐ]
vleermuis (de)	morcego (m)	[mur'segu]
hermelijn (de)	arminho (m)	[ɐr'miɲu]
sabeldier (het)	zibelina (f)	[zibɐ'linɐ]
marter (de)	marta (f)	['martɐ]
wezel (de)	doninha (f)	[du'niɲɐ]
nerts (de)	vison (m)	[vi'zõ]

bever (de)	castor (m)	[ke'ʃtor]
otter (de)	lontra (f)	['lõtre]

paard (het)	cavalo (m)	[ke'valu]
eland (de)	alce (m)	['alsə]
hert (het)	veado (m)	['vjadu]
kameel (de)	camelo (m)	[ke'melu]

bizon (de)	bisão (m)	[bi'zãu]
wisent (de)	auroque (m)	[au'rɔkə]
buffel (de)	búfalo (m)	['bufelu]

zebra (de)	zebra (f)	['zɛbre]
antilope (de)	antílope (m)	[ã'tilupə]
ree (de)	corça (f)	['kɔrse]
damhert (het)	gamo (m)	['gemu]
gems (de)	camurça (f)	[ke'murse]
everzwijn (het)	javali (m)	[ʒeve'li]

walvis (de)	baleia (f)	[be'lejɐ]
rob (de)	foca (f)	['fɔke]
walrus (de)	morsa (f)	['mɔrse]
zeebeer (de)	urso-marinho (m)	['ursu me'riɲu]
dolfijn (de)	golfinho (m)	[gol'fiɲu]

beer (de)	urso (m)	['ursu]
ijsbeer (de)	urso (m) branco	['ursu 'brãku]
panda (de)	panda (m)	['pãdɐ]

aap (de)	macaco (m)	[me'kaku]
chimpansee (de)	chimpanzé (m)	[ʃĩpã'zɛ]
orang-oetan (de)	orangotango (m)	[ɔrãgu'tãgu]
gorilla (de)	gorila (m)	[gu'rilɐ]
makaak (de)	macaco (m)	[me'kaku]
gibbon (de)	gibão (m)	[ʒi'bãu]

olifant (de)	elefante (m)	[ele'fãtə]
neushoorn (de)	rinoceronte (m)	[ʀinɔsə'rõtə]
giraffe (de)	girafa (f)	[ʒi'rafe]
nijlpaard (het)	hipopótamo (m)	[ipɔ'pɔtemu]

kangoeroe (de)	canguru (m)	[kãgu'ru]
koala (de)	coala (m)	[ku'ale]

mangoest (de)	mangusto (m)	[mã'guʃtu]
chinchilla (de)	chinchila (m)	[ʃĩ'ʃile]
stinkdier (het)	doninha-fedorenta (f)	[du'niɲe fedu'rẽte]
stekelvarken (het)	porco-espinho (m)	['pɔrku ə'ʃpiɲu]

176. Huisdieren

poes (de)	gata (f)	['gate]
kater (de)	gato (m) macho	['gatu 'maʃu]
hond (de)	cão (m)	['kãu]

paard (het)	cavalo (m)	[kɐ'valu]
hengst (de)	garanhão (m)	[gɐɾɐ'ɲãu]
merrie (de)	égua (f)	['ɛguɐ]

koe (de)	vaca (f)	['vakɐ]
bul, stier (de)	touro (m)	['toru]
os (de)	boi (m)	[boj]

schaap (het)	ovelha (f)	[ɔ'veʎɐ]
ram (de)	carneiro (m)	[kɐɾ'nejru]
geit (de)	cabra (f)	['kabrɐ]
bok (de)	bode (m)	['bɔdə]

| ezel (de) | burro (m) | ['buʀu] |
| muilezel (de) | mula (f) | ['mulɐ] |

varken (het)	porco (m)	['porku]
biggetje (het)	leitão (m)	[lɐj'tãu]
konijn (het)	coelho (m)	[ku'eʎu]

| kip (de) | galinha (f) | [gɐ'liɲɐ] |
| haan (de) | galo (m) | ['galu] |

eend (de)	pata (f)	['patɐ]
woerd (de)	pato (m)	['patu]
gans (de)	ganso (m)	['gãsu]

| kalkoen haan (de) | peru (m) | [pə'ru] |
| kalkoen (de) | perua (f) | [pə'ruɐ] |

huisdieren (mv.)	animais (m pl) domésticos	[ɐni'majʃ du'mɛʃtikuʃ]
tam (bijv. hamster)	domesticado	[dumɐʃti'kadu]
temmen (tam maken)	domesticar (vt)	[dumɐʃti'kar]
fokken (bijv. paarden ~)	criar (vt)	[kri'ar]

boerderij (de)	quinta (f)	['kĩtɐ]
gevogelte (het)	aves (f pl) domésticas	['avəʃ du'mɛʃtikɐʃ]
rundvee (het)	gado (m)	['gadu]
kudde (de)	rebanho (m), manada (f)	[ʀə'bɐɲu], [mɐ'nadɐ]

paardenstal (de)	estábulo (m)	[ə'ʃtabulu]
zwijnenstal (de)	pocilga (f)	[pu'silgɐ]
koeienstal (de)	estábulo (m)	[ə'ʃtabulu]
konijnenhok (het)	coelheira (f)	[kuɛ'ʎejrɐ]
kippenhok (het)	galinheiro (m)	[gɐli'ɲejru]

177. Honden. Hondenrassen

hond (de)	cão (m)	['kãu]
herdershond (de)	cão pastor (m)	['kãu pɐ'ʃtor]
Duitse herdershond (de)	pastor-alemão (m)	[pɐ'ʃtor ɐlə'mãu]
poedel (de)	caniche (m)	[ka'niʃə]
teckel (de)	teckel (m)	[tɛk'kɛl]
buldog (de)	buldogue (m)	[bul'dɔgə]

boxer (de)	boxer (m)	['bɔksɐr]
mastiff (de)	mastim (m)	[me'ʃtĩ]
rottweiler (de)	rottweiler (m)	[ʀɔt'vajlɐr]
doberman (de)	dobermann (m)	[dɔ'bɛrmɐn]

basset (de)	basset (m)	[ba'sɛt]
bobtail (de)	pastor inglês (m)	[pe'ʃtor ĩ'gleʃ]
dalmatiër (de)	dálmata (m)	['dalmete]
cockerspaniël (de)	cocker spaniel (m)	['kɔkɐr spe'njɛl]

| Newfoundlander (de) | terra-nova (m) | [tɛʀe'nɔve] |
| sint-bernard (de) | são-bernardo (m) | [sãubɐr'nardu] |

husky (de)	husky (m)	['eski]
chowchow (de)	Chow-chow (m)	[ʃou'ʃou]
spits (de)	spitz alemão (m)	['ʃpitz ele'mãu]
mopshond (de)	carlindogue (m)	[kɐrlĩ'dɔge]

178. Dierengeluiden

geblaf (het)	latido (m)	[le'tidu]
blaffen (ww)	latir (vi)	[le'tir]
miauwen (ww)	miar (vi)	[mi'ar]
spinnen (katten)	ronronar (vi)	[ʀõʀu'nar]

loeien (ov. een koe)	mugir (vi)	[mu'ʒir]
brullen (stier)	bramir (vi)	[bre'mir]
grommen (ov. de honden)	rosnar (vi)	[ʀu'ʒnar]

gehuil (het)	uivo (m)	['ujvu]
huilen (wolf, enz.)	uivar (vi)	[uj'var]
janken (ov. een hond)	ganir (vi)	[ge'nir]

mekkeren (schapen)	balir (vi)	[be'lir]
knorren (varkens)	grunhir (vi)	[gru'ɲir]
gillen (bijv. varken)	guinchar (vi)	[gĩ'ʃar]

kwaken (kikvorsen)	coaxar (vi)	[kua'ʃar]
zoemen (hommel, enz.)	zumbir (vi)	[zũ'bir]
tjirpen (sprinkhanen)	estridular, ziziar (vi)	[eʃtridu'lar], [zi'zjar]

179. Vogels

vogel (de)	pássaro (m), ave (f)	['paseru], ['ave]
duif (de)	pombo (m)	['põbu]
mus (de)	pardal (m)	[pɐr'dal]
koolmees (de)	chapim-real (m)	[ʃe'pĩ ʀi'al]
ekster (de)	pega-rabuda (f)	['pɛge ʀa'bude]

raaf (de)	corvo (m)	['korvu]
kraai (de)	gralha (f) cinzenta	['graʎe sĩ'zẽte]
kauw (de)	gralha-de-nuca-cinzenta (f)	['graʎe de 'nuke sĩ'zẽte]

roek (de)	gralha-calva (f)	['gra/ɐ 'kalvɐ]
eend (de)	pato (m)	['patu]
gans (de)	ganso (m)	['gãsu]
fazant (de)	faisão (m)	[faj'zãu]

arend (de)	águia (f)	['agiɐ]
havik (de)	açor (m)	[ɐ'sor]
valk (de)	falcão (m)	[fa'lkãu]

| gier (de) | abutre (m) | [ɐ'butrə] |
| condor (de) | condor (m) | [kõ'dor] |

zwaan (de)	cisne (m)	['siӡnə]
kraanvogel (de)	grou (m)	[gro]
ooievaar (de)	cegonha (f)	[sə'goɲɐ]

papegaai (de)	papagaio (m)	[pɐpɐ'gaju]
kolibrie (de)	beija-flor (m)	['bɐjӡɐ 'flor]
pauw (de)	pavão (m)	[pɐ'vãu]

| struisvogel (de) | avestruz (m) | [ɐvə'ʃtruʃ] |
| reiger (de) | garça (f) | ['garsɐ] |

| flamingo (de) | flamingo (m) | [flɐ'mĩgu] |
| pelikaan (de) | pelicano (m) | [pəli'kɐnu] |

| nachtegaal (de) | rouxinol (m) | [ʀoʃi'nɔl] |
| zwaluw (de) | andorinha (f) | [ãdu'riɲɐ] |

lijster (de)	tordo-zornal (m)	['tɔrdu zuʀ'nal]
zanglijster (de)	tordo-músico (m)	['tɔrdu 'muziku]
merel (de)	melro-preto (m)	['mɛlʀu 'pretu]

gierzwaluw (de)	andorinhão (m)	[ãduri'ɲãu]
leeuwerik (de)	cotovia (f)	[kutu'viɐ]
kwartel (de)	codorna (f)	[kɔ'dɔrnɐ]

specht (de)	pica-pau (m)	['pikɐ 'pau]
koekoek (de)	cuco (m)	['kuku]
uil (de)	coruja (f)	[ku'ruӡɐ]
oehoe (de)	corujão, bufo (m)	[kɔru'ӡãu], ['bufu]
auerhoen (het)	tetraz-grande (m)	[tɛ'traӡ 'grãdə]

| korhoen (het) | tetraz-lira (m) | [tɛ'traӡ 'lirɐ] |
| patrijs (de) | perdiz-cinzenta (f) | [pərdiʃ sĩ'zẽtɐ] |

spreeuw (de)	estorninho (m)	[əʃtur'niɲu]
kanarie (de)	canário (m)	[kɐ'nariu]
hazelhoen (het)	galinha-do-mato (f)	[gɐ'liɲɐ du 'matu]

| vink (de) | tentilhão (m) | [tẽti'ʎãu] |
| goudvink (de) | dom-fafe (m) | [dõ'fafə] |

meeuw (de)	gaivota (f)	[gaj'vɔtɐ]
albatros (de)	albatroz (m)	[albɐ'trɔʃ]
pinguïn (de)	pinguim (m)	[pĩgu'ĩ]

180. Vogels. Zingen en geluiden

fluiten, zingen (ww)	cantar (vi)	[kã'tar]
schreeuwen (dieren, vogels)	gritar (vi)	[gri'tar]
kraaien (ov. een haan)	cantar (o galo)	[kã'tar u 'galu]
kukeleku	cocorocó (m)	[kɔkuru'kɔ]

klokken (hen)	cacarejar (vi)	[kekerə'ʒar]
krassen (kraai)	crocitar (vi)	[krɔsi'tar]
kwaken (eend)	grasnar (vi)	[grɐ'ʒnar]
piepen (kuiken)	piar (vi)	[pi'ar]
tjilpen (bijv. een mus)	chilrear, gorjear (vi)	[ʃilʀe'ar], [gur'ʒjar]

181. Vis. Zeedieren

brasem (de)	brema (f)	['bremɐ]
karper (de)	carpa (f)	['karpɐ]
baars (de)	perca (f)	['pɛrkɐ]
meerval (de)	siluro (m)	[si'luru]
snoek (de)	lúcio (m)	['lusiu]

zalm (de)	salmão (m)	[sal'mãu]
steur (de)	esturjão (m)	[əʃtur'ʒãu]

haring (de)	arenque (m)	[e'rẽkə]
atlantische zalm (de)	salmão (m)	[sal'mãu]
makreel (de)	cavala, sarda (f)	[ke'valɐ], ['sardɐ]
platvis (de)	solha (f)	['soʎɐ]

snoekbaars (de)	lúcio perca (m)	['lusiu 'perka]
kabeljauw (de)	bacalhau (m)	[beke'ʎau]
tonijn (de)	atum (m)	[e'tũ]
forel (de)	truta (f)	['trutɐ]

paling (de)	enguia (f)	[ẽ'giɐ]
sidderrog (de)	raia elétrica (f)	['ʀajɐ e'lɛtrikɐ]
murene (de)	moreia (f)	[mu'rejɐ]
piranha (de)	piranha (f)	[pi'reɲɐ]

haai (de)	tubarão (m)	[tube'rãu]
dolfijn (de)	golfinho (m)	[gol'fiɲu]
walvis (de)	baleia (f)	[be'lejɐ]

krab (de)	caranguejo (m)	[kerã'geʒu]
kwal (de)	medusa, alforreca (f)	[mə'duzɐ], [alfu'ʀɛkɐ]
octopus (de)	polvo (m)	['polvu]

zeester (de)	estrela-do-mar (f)	[ə'ʃtrelɐ du 'mar]
zee-egel (de)	ouriço-do-mar (m)	[o'risu du 'mar]
zeepaardje (het)	cavalo-marinho (m)	[ke'valu me'riɲu]

oester (de)	ostra (f)	['ɔʃtrɐ]
garnaal (de)	camarão (m)	[keme'rãu]

| kreeft (de) | lavagante (m) | [lɐvɐ'gãtə] |
| langoest (de) | lagosta (f) | [lɐ'goʃtɐ] |

182. Amfibieën. Reptielen

| slang (de) | serpente, cobra (f) | [sər'pẽtə], ['kɔbrɐ] |
| giftig (slang) | venenoso | [vənə'nozu] |

adder (de)	víbora (f)	['viburɐ]
cobra (de)	cobra-capelo, naja (f)	[kɔbrɐkɐ'pɛlu], ['naʒɐ]
python (de)	pitão (m)	[pi'tãu]
boa (de)	jiboia (f)	[ʒi'bɔjɐ]

ringslang (de)	cobra-de-água (f)	[kɔbrɐdə'agua]
ratelslang (de)	cascavel (f)	[kɐʃkɐ'vɛl]
anaconda (de)	anaconda (f)	[ɐnɐ'kõdɐ]

hagedis (de)	lagarto (m)	[lɐ'gartu]
leguaan (de)	iguana (f)	[igu'ɐnɐ]
varaan (de)	varano (m)	[vɐ'rɐnu]
salamander (de)	salamandra (f)	[sɐlɐ'mãdrɐ]
kameleon (de)	camaleão (m)	[kɐmɐ'ljãu]
schorpioen (de)	escorpião (m)	[əʃkur'pjãu]

schildpad (de)	tartaruga (f)	[tɐrtɐ'rugɐ]
kikker (de)	rã (f)	[Rã]
pad (de)	sapo (m)	['sapu]
krokodil (de)	crocodilo (m)	[kruku'dilu]

183. Insecten

insect (het)	inseto (m)	[ĩ'sɛtu]
vlinder (de)	borboleta (f)	[burbu'letɐ]
mier (de)	formiga (f)	[fur'migɐ]
vlieg (de)	mosca (f)	['moʃkɐ]
mug (de)	mosquito (m)	[mu'ʃkitu]
kever (de)	escaravelho (m)	[əʃkɐrɐ'vɛʎu]

wesp (de)	vespa (f)	['vɛʃpɐ]
bij (de)	abelha (f)	[ɐ'bɐʎɐ]
hommel (de)	mamangava (f)	[mɐmã'gavɐ]
horzel (de)	moscardo (m)	[mu'ʃkardu]

| spin (de) | aranha (f) | [ɐ'rɐɲɐ] |
| spinnenweb (het) | teia (f) de aranha | ['tɐjɐ də ɐ'rɐɲɐ] |

libel (de)	libélula (f)	[li'bɛlulɐ]
sprinkhaan (de)	gafanhoto-do-campo (m)	[gɐfɐ'ɲotu du 'kãpu]
nachtvlinder (de)	traça (f)	['trasɐ]

| kakkerlak (de) | barata (f) | [bɐ'ratɐ] |
| teek (de) | carraça (f) | [kɐ'Rasɐ] |

vlo (de)	**pulga** (f)	['pulgɐ]
kriebelmug (de)	**borrachudo** (m)	[buʀɐ'ʃudu]

treksprinkhaan (de)	**gafanhoto** (m)	[gɐfɐ'ɲotu]
slak (de)	**caracol** (m)	[kɐɾɐ'kɔl]
krekel (de)	**grilo** (m)	['gɾilu]
glimworm (de)	**pirilampo** (m)	[piri'lãpu]
lieveheersbeestje (het)	**joaninha** (f)	[ʒuɐ'niɲɐ]
meikever (de)	**besouro** (m)	[bə'zoɾu]

bloedzuiger (de)	**sanguessuga** (f)	[sãgə'sugɐ]
rups (de)	**lagarta** (f)	[lɐ'gaɾtɐ]
aardworm (de)	**minhoca** (f)	[mi'ɲɔkɐ]
larve (de)	**larva** (f)	['laɾvɐ]

184. Dieren. Lichaamsdelen

snavel (de)	**bico** (m)	['biku]
vleugels (mv.)	**asas** (f pl)	['azɐʃ]
poot (ov. een vogel)	**pata** (f)	['patɐ]
verenkleed (het)	**plumagem** (f)	[plu'maʒẽ']
veer (de)	**pena, pluma** (f)	['penɐ], ['plumɐ]
kuifje (het)	**crista** (f)	['kɾiʃtɐ]

kieuwen (mv.)	**brânquias, guelras** (f pl)	['bɾãkiɐʃ], ['gɛlʀɐʃ]
kuit, dril (de)	**ovas** (f pl)	['ɔvɐʃ]
larve (de)	**larva** (f)	['laɾvɐ]
vin (de)	**barbatana** (f)	[bɐɾbɐ'tɐnɐ]
schubben (mv.)	**escama** (f)	[ə'ʃkɐmɐ]

slagtand (de)	**canino** (m)	[kɐ'ninu]
poot (bijv. ~ van een kat)	**pata** (f)	['patɐ]
muil (de)	**focinho** (m)	[fu'siɲu]
bek (mond van dieren)	**boca** (f)	['bokɐ]
staart (de)	**cauda** (f), **rabo** (m)	['kaudɐ], ['ʀabu]
snorharen (mv.)	**bigodes** (m pl)	[bi'gɔdəʃ]

hoef (de)	**casco** (m)	['kaʃku]
hoorn (de)	**corno** (m)	['kornu]

schild (schildpad, enz.)	**carapaça** (f)	[kɐɾɐ'pasɐ]
schelp (de)	**concha** (f)	['kõʃɐ]
eierschaal (de)	**casca** (f) **de ovo**	['kaʃkɐ də 'ovu]

vacht (de)	**pelo** (m)	['pelu]
huid (de)	**pele** (f), **couro** (m)	['pɛlə], ['koɾu]

185. Dieren. Leefomgevingen

leefgebied (het)	**hábitat**	['abitɐt]
migratie (de)	**migração** (f)	[migɾɐ'sãu]
berg (de)	**montanha** (f)	[mõ'tɐɲɐ]

| rif (het) | recife (m) | [ʀə'sifə] |
| klip (de) | falésia (f) | [fe'lɛziɐ] |

bos (het)	floresta (f)	[flu'rɛʃtɐ]
jungle (de)	selva (f)	['sɛlvɐ]
savanne (de)	savana (f)	[sɐ'vɐnɐ]
toendra (de)	tundra (f)	['tũdrɐ]

steppe (de)	estepe (f)	[ə'ʃtɛpə]
woestijn (de)	deserto (m)	[də'zɛrtu]
oase (de)	oásis (m)	[o'aziʃ]

zee (de)	mar (m)	[mar]
meer (het)	lago (m)	['lagu]
oceaan (de)	oceano (m)	[ɔ'sjɐnu]

moeras (het)	pântano (m)	['pãtɐnu]
zoetwater- (abn)	de água doce	[də 'aguɐ 'dosə]
vijver (de)	lagoa (f)	[lɐ'goɐ]
rivier (de)	rio (m)	['ʀiu]

berenhol (het)	toca (f) do urso	['tɔkɐ du 'ursu]
nest (het)	ninho (m)	['niɲu]
boom holte (de)	buraco (m) de árvore	[bu'raku də 'arvurɐ]
hol (het)	toca (f)	['tɔkɐ]
mierenhoop (de)	formigueiro (m)	[furmi'gɐjru]

Flora

186. Bomen

boom (de)	árvore (f)	['arvurə]
loof- (abn)	decídua	[də'siduə]
dennen- (abn)	conífera	[ku'nifərə]
groenblijvend (bn)	perene	[pə'rɛnə]
appelboom (de)	macieira (f)	[mɐ'sjɐjrɐ]
perenboom (de)	pereira (f)	[pə'rɐjrɐ]
zoete kers (de)	cerejeira (f)	[sərə'ʒɐjrɐ]
zure kers (de)	ginjeira (f)	[ʒi'ʒɐjrɐ]
pruimelaar (de)	ameixeira (f)	[ɐmɐj'ʃɐjrɐ]
berk (de)	bétula (f)	['bɛtulɐ]
eik (de)	carvalho (m)	[kɐr'vaʎu]
linde (de)	tília (f)	['tiliɐ]
esp (de)	choupo-tremedor (m)	['ʃopu trɐmə'dor]
esdoorn (de)	bordo (m)	['bordu]
spar (de)	espruce (m)	[ə'ʃprusə]
den (de)	pinheiro (m)	[pi'ɲɐjru]
lariks (de)	alerce, lariço (m)	[ɐ'lɛrsə], [lɐ'risu]
zilverspar (de)	abeto (m)	[ɐ'bɛtu]
ceder (de)	cedro (m)	['sɛdru]
populier (de)	choupo, álamo (m)	['ʃopu], ['alɐmu]
lijsterbes (de)	tramazeira (f)	[trɐmɐ'zɐjrɐ]
wilg (de)	salgueiro (m)	[sa'lgɐjru]
els (de)	amieiro (m)	[ɐ'mjɐjru]
beuk (de)	faia (f)	['fajɐ]
iep (de)	ulmeiro (m)	[ul'mɐjru]
es (de)	freixo (m)	['frɐjʃu]
kastanje (de)	castanheiro (m)	[kɐʃtɐ'ɲɐjru]
magnolia (de)	magnólia (f)	[mɐ'gnɔliɐ]
palm (de)	palmeira (f)	[pal'mɐjrɐ]
cipres (de)	cipreste (m)	[sip'rɛʃtə]
mangrove (de)	mangue (m)	['mãgə]
baobab (apenbroodboom)	embondeiro, baobá (m)	[ẽbõ'dɐjru], [bau'ba]
eucalyptus (de)	eucalipto (m)	[ɐukɐ'liptu]
mammoetboom (de)	sequoia (f)	[sə'kwɔjɐ]

187. Heesters

struik (de)	arbusto (m)	[ɐr'buʃtu]
heester (de)	arbusto (m), moita (f)	[ɐr'buʃtu], ['mojtɐ]

| wijnstok (de) | videira (f) | [vi'dɐjrɐ] |
| wijngaard (de) | vinhedo (m) | [vi'ɲedu] |

frambozenstruik (de)	framboeseira (f)	[frãbue'zejrɐ]
zwarte bes (de)	groselheira-preta (f)	[gruzɐʎejrɐ 'pretɐ]
rode bessenstruik (de)	groselheira-vermelha (f)	[gruzɐ'ʎejrɐ vɐr'meʎɐ]
kruisbessenstruik (de)	groselheira (f) espinhosa	[gruzɐ'ʎejrɐ ɐʃpi'ɲozɐ]

acacia (de)	acácia (f)	[ɐ'kasiɐ]
zuurbes (de)	bérberis (f)	['bɛrbɐriʃ]
jasmijn (de)	jasmim (m)	[ʒɐʒ'mĩ]

jeneverbes (de)	junípero (m)	[ʒu'nipɐru]
rozenstruik (de)	roseira (f)	[ʀu'zejrɐ]
hondsroos (de)	roseira (f) brava	[ʀu'zejrɐ 'bravɐ]

188. Champignons

paddenstoel (de)	cogumelo (m)	[kugu'mɛlu]
eetbare paddenstoel (de)	cogumelo (m) comestível	[kugu'mɛlu kumɐ'ʃtivɛl]
giftige paddenstoel (de)	cogumelo (m) venenoso	[kugu'mɛlu vɐnɐ'nozu]
hoed (de)	chapéu (m)	[ʃɐ'pɛu]
steel (de)	pé, caule (m)	[pɛ], ['kaulɐ]

eekhoorntjesbrood (het)	boleto (m)	[bu'letu]
rosse populierboleet (de)	boleto (m) alaranjado	[bu'letu 'ɐlɐrã'ʒadu]
berkenboleet (de)	míscaro (m) das bétulas	['miʃkeru deʃ 'bɛtuleʃ]
cantharel (de)	cantarela (f)	[kãtɐ'rɛla]
russula (de)	rússula (f)	['ʀusulɐ]

morielje (de)	morchella (f)	[mu'rʃɛlɐ]
vliegenzwam (de)	agário-das-moscas (m)	[ɐ'gariu deʒ 'moʃkeʃ]
groene knolamaniet (de)	cicuta (f) verde	[si'kutɐ 'verdɐ]

189. Vruchten. Bessen

vrucht (de)	fruta (f)	['frutɐ]
vruchten (mv.)	frutas (f pl)	['frutɐʃ]
appel (de)	maçã (f)	[mɐ'sã]
peer (de)	pera (f)	['perɐ]
pruim (de)	ameixa (f)	[ɐ'mejʃɐ]

aardbei (de)	morango (m)	[mu'rãgu]
zure kers (de)	ginja (f)	['ʒĩʒɐ]
zoete kers (de)	cereja (f)	[sɐ'reʒɐ]
druif (de)	uva (f)	['uvɐ]

framboos (de)	framboesa (f)	[frãbu'ezɐ]
zwarte bes (de)	groselha (f) preta	[gru'zeʎɐ 'pretɐ]
rode bes (de)	groselha (f) vermelha	[gru'zeʎɐ vɐr'meʎɐ]
kruisbes (de)	groselha (f) espinhosa	[gru'zeʎɐ ɐʃpi'ɲozɐ]
veenbes (de)	oxicoco (m)	[ɔksi'koku]

sinaasappel (de)	laranja (f)	[le'rãʒe]
mandarijn (de)	tangerina (f)	[tãʒe'rine]
ananas (de)	ananás (m)	[ene'naʃ]
banaan (de)	banana (f)	[be'nene]
dadel (de)	tâmara (f)	['temere]

citroen (de)	limão (m)	[li'mãu]
abrikoos (de)	damasco (m)	[de'maʃku]
perzik (de)	pêssego (m)	['pesegu]
kiwi (de)	kiwi (m)	[ki'vi]
grapefruit (de)	toranja (f)	[tu'rãʒe]

bes (de)	baga (f)	['bage]
bessen (mv.)	bagas (f pl)	['bageʃ]
vossenbes (de)	arando (m) vermelho	[e'rãdu vər'meʎu]
bosaardbei (de)	morango-silvestre (m)	[mu'rãgu sil'vɛʃtre]
blauwe bosbes (de)	mirtilo (m)	[mir'tilu]

190. Bloemen. Planten

| bloem (de) | flor (f) | [flor] |
| boeket (het) | ramo (m) de flores | ['ʀemu de 'floreʃ] |

roos (de)	rosa (f)	['ʀɔze]
tulp (de)	tulipa (f)	[tu'lipe]
anjer (de)	cravo (m)	['kravu]
gladiool (de)	gladíolo (m)	[gle'diulu]

korenbloem (de)	centáurea (f)	[sẽ'taurie]
klokje (het)	campânula (f)	[kã'penule]
paardenbloem (de)	dente-de-leão (m)	['dẽte de li'ãu]
kamille (de)	camomila (f)	[kamu'mile]

aloë (de)	aloé (m)	[elu'ɛ]
cactus (de)	cato (m)	['katu]
ficus (de)	fícus (m)	['fikuʃ]

lelie (de)	lírio (m)	['liriu]
geranium (de)	gerânio (m)	[ʒe'reniu]
hyacint (de)	jacinto (m)	[ʒe'sĩtu]

mimosa (de)	mimosa (f)	[mi'mɔze]
narcis (de)	narciso (m)	[nar'sizu]
Oost-Indische kers (de)	capuchinha (f)	[kepu'ʃiɲe]

orchidee (de)	orquídea (f)	[ɔr'kidie]
pioenroos (de)	peónia (f)	[pi'onie]
viooltje (het)	violeta (f)	[viu'lete]

driekleurig viooltje (het)	amor-perfeito (m)	[e'mor pər'fejtu]
vergeet-mij-nietje (het)	não-me-esqueças (m)	['nãu me e'ʃkeseʃ]
madeliefje (het)	margarida (f)	[merge'ride]
papaver (de)	papoula (f)	[pe'pole]
hennep (de)	cânhamo (m)	['keɲemu]

munt (de)	hortelã (f)	[ɔrtə'lã]
lelietje-van-dalen (het)	lírio-do-vale (m)	['liriu du 'valə]
sneeuwklokje (het)	campânula-branca (f)	[kãpɐnulɐ 'brãkɐ]

brandnetel (de)	urtiga (f)	[ur'tigɐ]
veldzuring (de)	azeda (f)	[ɐ'zedɐ]
waterlelie (de)	nenúfar (m)	[nə'nufar]
varen (de)	feto (m), samambaia (f)	['fɛtu], [sɐmã'bajɐ]
korstmos (het)	líquen (m)	['likɛn]

oranjerie (de)	estufa (f)	[ə'ʃtufɐ]
gazon (het)	relvado (m)	[ʀɛ'lvadu]
bloemperk (het)	canteiro (m) de flores	[kã'tɐjru də 'florəʃ]

plant (de)	planta (f)	['plãtɐ]
gras (het)	erva (f)	['ɛrvɐ]
grasspriet (de)	folha (f) de erva	['foʎɐ də 'ɛrvɐ]

blad (het)	folha (f)	['foʎɐ]
bloemblad (het)	pétala (f)	['pɛtɐlɐ]
stengel (de)	talo (m)	['talu]
knol (de)	tubérculo (m)	[tu'bɛrkulu]

| scheut (de) | broto, rebento (m) | ['brout], [ʀə'bẽtu] |
| doorn (de) | espinho (m) | [ə'ʃpiɲu] |

bloeien (ww)	florescer (vi)	[flurə'ʃser]
verwelken (ww)	murchar (vi)	[mur'ʃar]
geur (de)	cheiro (m)	['ʃɐjru]
snijden (bijv. bloemen ~)	cortar (vt)	[kur'tar]
plukken (bloemen ~)	colher (vt)	[ku'ʎɛr]

191. Granen, graankorrels

graan (het)	grão (m)	['grãu]
graangewassen (mv.)	cereais (m pl)	[sə'rjaɪʃ]
aar (de)	espiga (f)	[ə'ʃpigɐ]

tarwe (de)	trigo (m)	['trigu]
rogge (de)	centeio (m)	[sẽ'tɐju]
haver (de)	aveia (f)	[ɐ'vɐjɐ]

| gierst (de) | milho-miúdo (m) | ['miʎu mi'udu] |
| gerst (de) | cevada (f) | [sə'vadɐ] |

maïs (de)	milho (m)	['miʎu]
rijst (de)	arroz (m)	[ɐ'ʀɔʒ]
boekweit (de)	trigo-sarraceno (m)	['trigu saʀɐ'senu]

erwt (de)	ervilha (f)	[er'viʎɐ]
nierboon (de)	feijão (m)	[fɐj'ʒãu]
soja (de)	soja (f)	['sɔʒɐ]
linze (de)	lentilha (f)	[lẽ'tiʎɐ]
bonen (mv.)	fava (f)	['favɐ]

REGIONALE AARDRIJKSKUNDE

Landen. Nationaliteiten

192. Politiek. Overheid. Deel 1

politiek (de)	política (f)	[pu'litikɐ]
politiek (bn)	político	[pu'litiku]
politicus (de)	político (m)	[pu'litiku]
staat (land)	estado (m)	[ə'ʃtadu]
burger (de)	cidadão (m)	[sidɐ'dãu]
staatsburgerschap (het)	cidadania (f)	[sidɐdɐ'niɐ]
nationaal wapen (het)	brasão (m) de armas	[brɐ'zãu də 'armɐʃ]
volkslied (het)	hino (m) nacional	['inu nɐsju'nal]
regering (de)	governo (m)	[gu'vɐrnu]
staatshoofd (het)	Chefe (m) de Estado	['ʃɛfə də ə'ʃtadu]
parlement (het)	parlamento (m)	[pɐrlɐ'mẽtu]
partij (de)	partido (m)	[pɐr'tidu]
kapitalisme (het)	capitalismo (m)	[kɐpitɐ'liʒmu]
kapitalistisch (bn)	capitalista	[kɐpitɐ'liʃtɐ]
socialisme (het)	socialismo (m)	[susiɐ'liʒmu]
socialistisch (bn)	socialista	[susiɐ'liʃtɐ]
communisme (het)	comunismo (m)	[kumu'niʒmu]
communistisch (bn)	comunista	[kumu'niʃtɐ]
communist (de)	comunista (m)	[kumu'niʃtɐ]
democratie (de)	democracia (f)	[dəmukrɐ'siɐ]
democraat (de)	democrata (m)	[dəmu'kratɐ]
democratisch (bn)	democrático	[dəmu'kratiku]
democratische partij (de)	Partido (m) Democrático	[pɐr'tidu dəmu'kratiku]
liberaal (de)	liberal (m)	[libə'ral]
liberaal (bn)	liberal	[libə'ral]
conservator (de)	conservador (m)	[kõsərvɐ'dor]
conservatief (bn)	conservador	[kõsərvɐ'dor]
republiek (de)	república (f)	[Rɛ'publikɐ]
republikein (de)	republicano (m)	[Rɛpubli'kɐnu]
Republikeinse Partij (de)	Partido (m) Republicano	[pɐr'tidu Rɛpubli'kɐnu]
verkiezing (de)	eleições (f pl)	[elɐj'sõiʃ]
kiezen (ww)	eleger (vt)	[elə'ʒer]

| kiezer (de) | eleitor (m) | [elɐj'tor] |
| verkiezingscampagne (de) | campanha (f) eleitoral | [kã'pɐɲɐ elɐjtu'ral] |

stemming (de)	votação (f)	[vutɐ'sãu]
stemmen (ww)	votar (vi)	[vu'tar]
stemrecht (het)	direito (m) de voto	[di'rɐjtu də 'vɔtu]

kandidaat (de)	candidato (m)	[kãdi'datu]
zich kandideren	candidatar-se (vi)	[kãdidɐ'tarsə]
campagne (de)	campanha (f)	[kã'pɐɲɐ]

| oppositie- (abn) | da oposição | [də ɔpuzi'sãu] |
| oppositie (de) | oposição (f) | [ɔpuzi'sãu] |

bezoek (het)	visita (f)	[vi'zitɐ]
officieel bezoek (het)	visita (f) oficial	[vi'zitɐ ɔfi'sjal]
internationaal (bn)	internacional	[ĩtɐrnɐsiu'nal]

| onderhandelingen (mv.) | negociações (f pl) | [nɐgusiɐ'soɪʃ] |
| onderhandelen (ww) | negociar (vi) | [nɐgu'sjar] |

193. Politiek. Overheid. Deel 2

maatschappij (de)	sociedade (f)	[susiɛ'dadə]
grondwet (de)	constituição (f)	[kõʃtitui'sãu]
macht (politieke ~)	poder (m)	[pu'der]
corruptie (de)	corrupção (f)	[kuʀup'sãu]

| wet (de) | lei (f) | [lɐj] |
| wettelijk (bn) | legal | [lə'gal] |

| rechtvaardigheid (de) | justiça (f) | [ʒu'ʃtisɐ] |
| rechtvaardig (bn) | justo | ['ʒuʃtu] |

comité (het)	comité (m)	[kumi'tɛ]
wetsvoorstel (het)	projeto-lei (m)	[pru'ʒɛtu 'lɐj]
begroting (de)	orçamento (m)	[ɔrsɐ'mẽtu]
beleid (het)	política (f)	[pu'litikɐ]
hervorming (de)	reforma (f)	[ʀɐ'fɔrmɐ]
radicaal (bn)	radical	[ʀɐdi'kal]

macht (vermogen)	força (f)	['forsɐ]
machtig (bn)	poderoso	[pudə'rozu]
aanhanger (de)	partidário (m)	[pɐrti'dariu]
invloed (de)	influência (f)	[ĩflu'ẽsiɐ]

regime (het)	regime (m)	[ʀɐ'ʒimə]
conflict (het)	conflito (m)	[kõ'flitu]
samenzwering (de)	conspiração (f)	[kõʃpirɐ'sãu]
provocatie (de)	provocação (f)	[pruvukɐ'sãu]

omverwerpen (ww)	derrubar (vt)	[dɐʀu'bar]
omverwerping (de)	derrube (m), queda (f)	[də'ʀubə], ['kɛdə]
revolutie (de)	revolução (f)	[ʀɐvulu'sãu]

| staatsgreep (de) | golpe (m) de Estado | ['gɔlpə də ə'ʃtadu] |
| militaire coup (de) | golpe (m) militar | ['gɔlpə mili'tar] |

crisis (de)	crise (f)	['krizə]
economische recessie (de)	recessão (f) económica	[ʀəsə'sãu eku'nɔmikə]
betoger (de)	manifestante (m)	[mɛnifə'ʃtãtə]
betoging (de)	manifestação (f)	[mɛnifəʃte'sãu]
krijgswet (de)	lei (f) marcial	[lɐj mɐr'sjal]
militaire basis (de)	base (f) militar	['bazə mili'tar]

| stabiliteit (de) | estabilidade (f) | [əʃtebili'dadə] |
| stabiel (bn) | estável | [ə'ʃtavɛl] |

| uitbuiting (de) | exploração (f) | [əʃpluʀe'sãu] |
| uitbuiten (ww) | explorar (vt) | [əʃplu'rar] |

racisme (het)	racismo (m)	[ʀa'siʒmu]
racist (de)	racista (m)	[ʀa'siʃte]
fascisme (het)	fascismo (m)	[fe'ʃsiʒmu]
fascist (de)	fascista (m)	[fe'ʃsiʃte]

194. Landen. Diversen

vreemdeling (de)	estrangeiro (m)	[əʃtrã'ʒejru]
buitenlands (bn)	estrangeiro	[əʃtrã'ʒejru]
in het buitenland (bw)	no estrangeiro	[nu əʃtrã'ʒejru]

emigrant (de)	emigrante (m)	[emi'grãtə]
emigratie (de)	emigração (f)	[emigʀe'sãu]
emigreren (ww)	emigrar (vi)	[emi'grar]

Westen (het)	Ocidente (m)	[ɔsi'dẽtə]
Oosten (het)	Oriente (m)	[ɔ'rjẽtə]
Verre Oosten (het)	Extremo Oriente (m)	[ə'ʃtremu ɔ'rjẽtə]

beschaving (de)	civilização (f)	[sivilize'sãu]
mensheid (de)	humanidade (f)	[umeni'dadə]
wereld (de)	mundo (m)	['mũdu]
vrede (de)	paz (f)	[paʒ]
wereld- (abn)	mundial	[mũ'djal]

vaderland (het)	pátria (f)	['patrie]
volk (het)	povo (m)	['povu]
bevolking (de)	população (f)	[pupule'sãu]
mensen (mv.)	gente (f)	['ʒẽtə]
natie (de)	nação (f)	[ne'sãu]
generatie (de)	geração (f)	[ʒɛʀe'sãu]

gebied (bijv. bezette ~en)	território (m)	[təʀi'tɔriu]
regio, streek (de)	região (f)	[ʀə'ʒjãu]
deelstaat (de)	estado (m)	[ə'ʃtadu]

| traditie (de) | tradição (f) | [tredi'sãu] |
| gewoonte (de) | costume (m) | [ku'ʃtumə] |

ecologie (de)	ecologia (f)	[εkulu'ʒie]
Indiaan (de)	índio (m)	['ĩdiu]
zigeuner (de)	cigano (m)	[si'genu]
zigeunerin (de)	cigana (f)	[si'gene]
zigeuner- (abn)	cigano	[si'genu]

rijk (het)	império (m)	[ĩ'pεriu]
kolonie (de)	colónia (f)	[ku'lɔnie]
slavernij (de)	escravidão (f)	[əʃkrɐvi'dãu]
invasie (de)	invasão (f)	[ĩva'zãu]
hongersnood (de)	fome (f)	['fɔmə]

195. Grote religieuze groepen. Bekentenissen

religie (de)	religião (f)	[Rəli'ʒjãu]
religieus (bn)	religioso	[Rəli'ʒjozu]

geloof (het)	crença (f)	['krẽse]
geloven (ww)	crer (vt)	[krer]
gelovige (de)	crente (m)	['krẽtə]

atheïsme (het)	ateísmo (m)	[ete'iʒmu]
atheïst (de)	ateu (m)	[e'teu]

christendom (het)	cristianismo (m)	[kriʃtie'niʒmu]
christen (de)	cristão (m)	[kri'ʃtãu]
christelijk (bn)	cristão	[kri'ʃtãu]

katholicisme (het)	catolicismo (m)	[ketuli'siʒmu]
katholiek (de)	católico (m)	[ke'tɔliku]
katholiek (bn)	católico	[ke'tɔliku]

protestantisme (het)	protestantismo (m)	[pruteʃtã'tiʒmu]
Protestante Kerk (de)	Igreja (f) Protestante	[i'greʒe prutə'ʃtãtə]
protestant (de)	protestante (m)	[prutə'ʃtãtə]

orthodoxie (de)	ortodoxia (f)	[ɔrtɔdɔ'ksie]
Orthodoxe Kerk (de)	Igreja (f) Ortodoxa	[i'greʒe ɔrtɔ'dɔkse]
orthodox	ortodoxo (m)	[ɔrtɔ'dɔksu]

presbyterianisme (het)	presbiterianismo (m)	[prəʒbiterie'niʒmu]
Presbyteriaanse Kerk (de)	Igreja (f) Presbiteriana	[i'greʒe prəʒbitɐ'rjene]
presbyteriaan (de)	presbiteriano (m)	[prəʒbitə'rjenu]

lutheranisme (het)	Igreja (f) Luterana	[i'greʒe lutə'rene]
lutheraan (de)	luterano (m)	[lutə'renu]

baptisme (het)	Igreja (f) Batista	[i'greʒe ba'tiʃte]
baptist (de)	batista (m)	[ba'tiʃte]

Anglicaanse Kerk (de)	Igreja (f) Anglicana	[i'greʒe ãgli'kene]
anglicaan (de)	anglicano (m)	[ãgli'kenu]
mormonisme (het)	mormonismo (m)	[murmu'niʒmu]
mormoon (de)	mórmon (m)	['mɔrmɔn]

Jodendom (het)	**Judaísmo** (m)	[ʒude'iʒmu]
jood (aanhanger van het Jodendom)	**judeu** (m)	[ʒu'deu]
boeddhisme (het)	**budismo** (m)	[bu'diʒmu]
boeddhist (de)	**budista** (m)	[bu'diʃte]
hindoeïsme (het)	**hinduísmo** (m)	[ĩdu'iʒmu]
hindoe (de)	**hindu** (m)	[ĩ'du]
islam (de)	**Islão** (m)	[i'ʒlãu]
islamiet (de)	**muçulmano** (m)	[musul'menu]
islamitisch (bn)	**muçulmano**	[musul'menu]
sjiisme (het)	**Xiismo** (m)	[ʃi'iʒmu]
sjiiet (de)	**xiita** (m)	[ʃi'ite]
soennisme (het)	**sunismo** (m)	[su'niʒmu]
soenniet (de)	**sunita** (m)	[su'nite]

196. Religies. Priesters

priester (de)	**padre** (m)	['padre]
paus (de)	**Papa** (m)	['pape]
monnik (de)	**monge** (m)	['mõʒe]
non (de)	**freira** (f)	['frejre]
pastoor (de)	**pastor** (m)	[pe'ʃtor]
abt (de)	**abade** (m)	[e'bade]
vicaris (de)	**vigário** (m)	[vi'gariu]
bisschop (de)	**bispo** (m)	['biʃpu]
kardinaal (de)	**cardeal** (m)	[ker'djal]
predikant (de)	**pregador** (m)	[prege'dor]
preek (de)	**sermão** (m)	[ser'mãu]
kerkgangers (mv.)	**paroquianos** (pl)	[peru'kjenuʃ]
gelovige (de)	**crente** (m)	['krẽte]
atheïst (de)	**ateu** (m)	[e'teu]

197. Geloof. Christendom. Islam

Adam	**Adão**	[e'dãu]
Eva	**Eva**	['ɛve]
God (de)	**Deus** (m)	['deuʃ]
Heer (de)	**Senhor** (m)	[se'ɲor]
Almachtige (de)	**Todo Poderoso** (m)	['todu pude'rozu]
zonde (de)	**pecado** (m)	[pe'kadu]
zondigen (ww)	**pecar** (vi)	[pe'kar]

| zondaar (de) | pecador (m) | [pəke'dor] |
| zondares (de) | pecadora (f) | [pəke'dorɐ] |

| hel (de) | inferno (m) | [ĩ'fɛrnu] |
| paradijs (het) | paraíso (m) | [perɐ'izu] |

| Jezus | Jesus | [ʒə'zuʃ] |
| Jezus Christus | Jesus Cristo | [ʒə'zuʃ 'kriʃtu] |

Heilige Geest (de)	Espírito (m) Santo	[ə'ʃpiritu 'sãtu]
Verlosser (de)	Salvador (m)	[salvɐ'dor]
Maagd Maria (de)	Virgem Maria (f)	['virʒẽⁱ mɐ'riɐ]

duivel (de)	Diabo (m)	['djabu]
duivels (bn)	diabólico	[diɐ'bɔliku]
Satan	Satanás (m)	[sɐtɐ'naʃ]
satanisch (bn)	satânico	[sɐ'tɐniku]

engel (de)	anjo (m)	['ãʒu]
beschermengel (de)	anjo (m) da guarda	['ãʒu dɐ gu'ardɐ]
engelachtig (bn)	angélico	[ã'ʒɛliku]

apostel (de)	apóstolo (m)	[ɐ'pɔʃtulu]
aartsengel (de)	arcanjo (m)	[ɐr'kãʒu]
antichrist (de)	anticristo (m)	[ãti'kriʃtu]

Kerk (de)	Igreja (f)	[i'greʒɐ]
bijbel (de)	Bíblia (f)	['bibliɐ]
bijbels (bn)	bíblico	['bibliku]

Oude Testament (het)	Velho Testamento (m)	['vɛʎu təʃtɐ'mẽtu]
Nieuwe Testament (het)	Novo Testamento (m)	['novu təʃtɐ'mẽtu]
evangelie (het)	Evangelho (m)	[evã'ʒɛʎu]
Heilige Schrift (de)	Sagradas Escrituras (f pl)	[sɐ'gradeʃ əʃkri'tureʃ]
Hemel, Hemelrijk (de)	Céu (m)	['sɛu]

gebod (het)	mandamento (m)	[mãdɐ'mẽtu]
profeet (de)	profeta (m)	[pru'fɛtɐ]
profetie (de)	profecia (f)	[prufə'siɐ]

Allah	Alá	[a'la]
Mohammed	Maomé	[mau'mɛ]
Koran (de)	Corão, Alcorão (m)	[ku'rãu], [alku'rãu]

moskee (de)	mesquita (f)	[mə'ʃkitɐ]
moellah (de)	mulá (m)	[mu'la]
gebed (het)	oração (f)	[ɔrɐ'sãu]
bidden (ww)	rezar, orar (vi)	[ʀə'zar], [ɔ'rar]

pelgrimstocht (de)	peregrinação (f)	[pərəgrinɐ'sãu]
pelgrim (de)	peregrino (m)	[pərə'grinu]
Mekka	Meca (f)	['mɛkɐ]

kerk (de)	igreja (f)	[i'greʒɐ]
tempel (de)	templo (m)	['tẽplu]
kathedraal (de)	catedral (f)	[kɐtə'dral]

gotisch (bn)	gótico	['gɔtiku]
synagoge (de)	sinagoga (f)	[sinɐ'gɔgɐ]
moskee (de)	mesquita (f)	[mə'ʃkitɐ]

kapel (de)	capela (f)	[kɐ'pɛlɐ]
abdij (de)	abadia (f)	[ɐbɐ'diɐ]
nonnenklooster (het)	convento (m)	[kõ'vẽtu]
mannenklooster (het)	mosteiro (m)	[mu'ʃtɐjɾu]

klok (de)	sino (m)	['sinu]
klokkentoren (de)	campanário (m)	[kãpɐ'nariu]
luiden (klokken)	repicar (vi)	[ʀɐpi'kar]

kruis (het)	cruz (f)	[kruʃ]
koepel (de)	cúpula (f)	['kupulɐ]
icoon (de)	ícone (m)	['ikɔnɐ]

ziel (de)	alma (f)	['almɐ]
lot, noodlot (het)	destino (m)	[dɐ'ʃtinu]
kwaad (het)	mal (m)	[mal]
goed (het)	bem (m)	[bẽj]

vampier (de)	vampiro (m)	[vã'piru]
heks (de)	bruxa (f)	['bruʃɐ]
demoon (de)	demónio (m)	[dɐ'mɔniu]
geest (de)	espírito (m)	[ə'ʃpiritu]

| verzoeningsleer (de) | redenção (f) | [ʀɐdẽ'sãu] |
| vrijkopen (ww) | redimir (vt) | [ʀɐdi'mir] |

mis (de)	missa (f)	['misɐ]
de mis opdragen	celebrar a missa	[sɐlɐ'brar ɐ 'misɐ]
biecht (de)	confissão (f)	[kõfi'sãu]
biechten (ww)	confessar-se (vr)	[kõfɐ'sarsɐ]

heilige (de)	santo (m)	['sãtu]
heilig (bn)	sagrado	[sɐ'gradu]
wijwater (het)	água (f) benta	['aguɐ 'bẽtɐ]

ritueel (het)	ritual (m)	[ʀitu'al]
ritueel (bn)	ritual	[ʀitu'al]
offerande (de)	sacrifício (m)	[sɐkri'fisiu]

bijgeloof (het)	superstição (f)	[supɐrʃti'sãu]
bijgelovig (bn)	supersticioso	[supɐrʃti'sjozu]
hiernamaals (het)	vida (f) depois da morte	['vidɐ dɐ'poiʃ dɐ 'mortɐ]
eeuwige leven (het)	vida (f) eterna	['vidɐ e'tɛrnɐ]

DIVERSEN

198. Diverse nuttige woorden

achtergrond (de)	fundo (m)	['fũdu]
balans (de)	equilíbrio (m)	[eki'libriu]
basis (de)	base (f)	['bazə]
begin (het)	começo (m)	[ku'mesu]
beurt (wie is aan de ~?)	vez (f)	[veʒ]
categorie (de)	categoria (f)	[ketəgu'riɐ]
comfortabel (~ bed, enz.)	cómodo	['kɔmudu]
compensatie (de)	compensação (f)	[kõpẽse'sãu]
deel (gedeelte)	parte (f)	['partə]
deeltje (het)	partícula (f)	[per'tikulə]
ding (object, voorwerp)	coisa (f)	['kojzə]
dringend (bn, urgent)	urgente	[ur'ʒẽtə]
dringend (bw, met spoed)	urgentemente	[urʒẽtə'mẽtə]
effect (het)	efeito (m)	[e'fejtu]
eigenschap (kwaliteit)	propriedade (f)	[pruprie'dadə]
einde (het)	fim (m)	[fĩ]
element (het)	elemento (m)	[elə'mẽtu]
feit (het)	facto (m)	['faktu]
fout (de)	erro (m)	['eʀu]
geheim (het)	segredo (m)	[sə'gredu]
graad (mate)	grau (m)	['grau]
groei (ontwikkeling)	crescimento (m)	[krəʃsi'mẽtu]
hindernis (de)	barreira (f)	[be'ʀejrə]
hinderpaal (de)	obstáculo (m)	[ɔb'ʃtakulu]
hulp (de)	ajuda (f)	[ɐ'ʒudə]
ideaal (het)	ideal (m)	[i'djal]
inspanning (de)	esforço (m)	[ə'fforsu]
keuze (een grote ~)	variedade (f)	[verie'dadə]
labyrint (het)	labirinto (m)	[lɐbi'rĩtu]
manier (de)	modo (m)	['mɔdu]
moment (het)	momento (m)	[mu'mẽtu]
nut (bruikbaarheid)	utilidade (f)	[utili'dadə]
onderscheid (het)	diferença (f)	[difə'rẽsə]
ontwikkeling (de)	desenvolvimento (m)	[dəzẽvɔlvi'mẽtu]
oplossing (de)	solução (f)	[sulu'sãu]
origineel (het)	original (m)	[ɔriʒi'nal]
pauze (de)	pausa (f)	['pauzə]
positie (de)	posição (f)	[puzi'sãu]
principe (het)	princípio (m)	[prĩ'sipiu]

185

probleem (het)	problema (m)	[prub'lemɐ]
proces (het)	processo (m)	[pru'sɛsu]
reactie (de)	reação (f)	[ʀia'sãu]

reden (om ~ van)	causa (f)	['kauzɐ]
risico (het)	risco (m)	['ʀiʃku]
samenvallen (het)	coincidência (f)	[kuĩsi'dẽsiɐ]
serie (de)	série (f)	['sɛriɐ]

situatie (de)	situação (f)	[situɐ'sãu]
soort (bijv. ~ sport)	tipo (m)	['tipu]
standaard (bn)	padrão	[pɐ'drãu]
standaard (de)	padrão (m)	[pɐ'drãu]
stijl (de)	estilo (m)	[ə'ʃtilu]

stop (korte onderbreking)	paragem (f)	[pɐ'raʒẽ]
systeem (het)	sistema (m)	[si'ʃtemɐ]
tabel (bijv. ~ van Mendelejev)	tabela (f)	[tɐ'bɛlɐ]
tempo (langzaam ~)	ritmo (m)	['ʀitmu]
term (medische ~en)	termo (m)	['termu]

type (soort)	tipo (m)	['tipu]
variant (de)	variante (f)	[vɐ'rjãtə]
veelvuldig (bn)	frequente	[frɐku'ẽtə]
vergelijking (de)	comparação (f)	[kõpɐrɐ'sãu]
voorbeeld (het goede ~)	exemplo (m)	[e'zẽplu]

voortgang (de)	progresso (m)	[pru'grɛsu]
voorwerp (ding)	objeto (m)	[ɔb'ʒɛtu]
vorm (uiterlijke ~)	forma (f)	['fɔrmɐ]
waarheid (de)	verdade (f)	[vɐr'dadə]
zone (de)	zona (f)	['zonɐ]

www.ingramcontent.com/pod-product-compliance
Lightning Source LLC
LaVergne TN
LVHW022316080426
835509LV00037B/3176